京华棋局

高军飞　编著

人民体育出版社

图书在版编目(CIP)数据

京华棋局 / 高军飞编著．—北京：人民体育出版社，2009

ISBN 978-7-5009-3571-1

Ⅰ.京… Ⅱ.高… Ⅲ.中国象棋-对局（棋类运动）Ⅳ.G891.2

中国版本图书馆 CIP 数据核字(2008)第 200129 号

*

人民体育出版社出版发行

化学工业出版社印刷厂印刷

新 华 书 店 经 销

*

850×1168　32 开本　10 印张　240 千字

2009 年 5 月第 1 版　2009 年 5 月第 1 次印刷

印数:1—5,000 册

*

ISBN 978-7-5009-3571-1

定价:21.00 元

社址：北京市崇文区体育馆路 8 号（天坛公园东门）

电话：67151482（发行部）　邮编：100061

传真：67151483　邮购：67143708

（购买本社图书，如遇有缺损页可与发行部联系）

前 言

在北京的象棋史上，出现过许多卓越的棋手。上世纪三四十年代，京都二雄那健庭、张德魁名震华北。50年代谢小然与华南高手杨官璘分庭抗礼，一时各领半壁江山，遂有“南杨北谢”之称。1956年举办全国比赛以来，侯玉山、刘文哲、臧如意、傅光明、朱学增等先后成为国手，进入象棋大师行列。再后来张强、龚晓民、靳玉砚等也相继成为象棋大师。他们是北京棋坛不同时期的杰出代表人物。更可喜的是巾帼不让须眉，谢思明、唐丹先后技压群芳，夺得全国冠军，获得特级大师称号，又给京华棋坛添色增辉。

新中国成立后，首都北京的象棋活动蓬勃开展。京华这座象棋名城，曾汇聚全国精英，多次举行全国大赛、邀请赛。千姿百态的实战对局，使历史悠久、博大精深的象棋艺术得以发扬光大。众多名手、名家为此作出杰出贡献，令人难以忘怀。名局层出不穷，气势雄浑壮观；奇局罕见异常，令人拍案叫绝；妙局精巧独特，棋路耐人寻味。京华棋坛折射出全国棋坛繁荣的光辉，京华棋局是不同时期象棋技艺发展的缩影。

笔者从青少年时期起喜好象棋。上世纪60年代，有幸在北京市少年宫受教于董齐亮先生，也曾师从孙经存先生学习过排局拆解与创作，并协助孙先生在文化宫主持棋局猜解。我曾亲见谢小然、侯玉山、刘文哲等北京象棋界领军人物的棋艺风采，一些对局给我留下难以磨灭的印象。悠悠岁月，往事如烟，每当忆起，恍如昨日。为了不使一些难以忘怀的棋局湮没于世，笔者不揣浅陋，拾珠连缀，将其遴选编辑成册。

本书上编“对局集锦”，选收1951年至2007年京华对局70盘，其中有京华棋手在各种棋战中的对局，有外地棋手在京进行各类比赛的对局，颇具纪念意义，基本反映了北京象棋活动的状况；下编“排局汇编”，收入北京棋人（名宿、大师、名手、排局家、象棋爱好者）排拟的棋局70则，各具特色，精彩动人。选局注重趣味欣赏，力求广角多层，愿能给读者带来快乐和增添情趣。

在编写过程中，得到李湮、苏德龙、方长勤、陈宗明先生提供部分资料和帮助，以及孙经存先生长子孙铁云先生提供遗稿，在此一并致以谢意！对局部分有些评注借鉴参考了一些象棋资料，有的系笔者试加评注。上世纪五六十年代的对局，参照屠景明、王启宏等先生原有评注加以补充，文字上适当理顺调整。在此对原评注者表示衷心感谢！

限于棋艺水平，恐有不当和疏漏，恳望读者批评指正。

编著者

2008年12月

目 录

【上编 对局集锦】

【下编　排局汇编】

那健庭拟局

谢小然拟局

张德魁拟局

侯玉山拟局

董齐亮拟局

减如意拟局

王启宏拟局

钱俊拟局

高军飞拟局

孙经存拟局

上编

【对局集锦】

第1局　张雄飞（先胜）窦国柱

（1951年7月7日弈于北京）

中炮盘头马对屏风马

1951年7月初，窦国柱应北京棋界人士邀请，联袂围棋名手过惕生自沪来京，下榻于宣武门外大街歙县会馆，不久即与张雄飞进行友谊赛。这盘棋是张、窦比赛的第一局，对局记录刊于1951年9月15日福州出版《象棋月刊》第23期。友谊赛第二局弈于7月10日，张先行，结果激战成和。

窦国柱（1900—1978年），江苏扬州人。幼时从周焕文习弈，十六七岁时显露头角，与周德裕、朱剑秋合称“扬州三剑客”。窦对象棋、围棋均有较深造诣，棋坛称之为“双枪将”。棋风稳重雄健，开局不拘一格，随机应着，精于残局变化。1932年偕同名手连学正代表上海赴南京参加“沪宁埠际象棋比赛”，与万启有、邓春林交手，上海队得胜，窦获冠军。以后数年，足迹遍及北平（今北京）、天津、上海、广东等地，与各地名手交流。建国后为上海市文史馆馆员。编有《近代象棋名局选》。

张雄飞（1912—1962年），安徽芜湖人。现代著名棋艺理论家，棋类活动家。1940年结识谢侠逊向其学弈，其后广泛地接触象棋名手，成为棋坛上活跃人物，从而跻身于高手之林。从1947年起，开始撰文发表《竹香商兑》，对古谱《竹香斋》中的一些棋局提出疑义，并阐述自己的见解。解放后，起初在邮电部工作，业余时间奉献给群众性棋艺活动。1952年应邀担任北京市劳动人民文化宫棋艺组组长，当时的组员有杨长生、宋景岱、李景洵、张德华、孙经存等人。1959年1月调到国家体委武术棋类科任科长。曾担任第1届（1956年）、第2届（1957年）全国棋类比赛副裁判长。编著《象棋初步》。编译《现代国际象棋的理论问题》。生前散见象棋著作，由王启宏选编为《弈海鸿泥》，于1987年由人民体育出版社出版。

1. 炮二平五　马8进7　2. 马二进三　马2进3
3. 马八进七　卒3进1　4. 兵五进一　士4进5
5. 车一进一　象3进5

飞象度数缓慢，似应改走车9平8开车较为积极。

6. 车一平六　卒7进1　7. 马七进五　炮2进4
8. 兵七进一　炮2平7　9. 相三进一　马7进6

马跃河口，有嫌轻动，不及炮8进2稳健。

10. 兵五进一

进中兵及时，逼黑兑马后，红方即可打通中路，盘头马进攻自如。

10. …………　马6进5　11. 马三进五　车1平2
12. 车六平二　车9进2
13. 炮八平七　车2进6
14. 马五进四　炮7平8
15. 车二平四　卒5进1
16. 兵七进一　车2平3
17. 车九进二　后炮平6
18. 炮五进五

一炮换双象，大刀阔斧，颇具胆略。

18. …………　象7进5
19. 马四进五（图1-1）

马踏象即将卧槽，来势

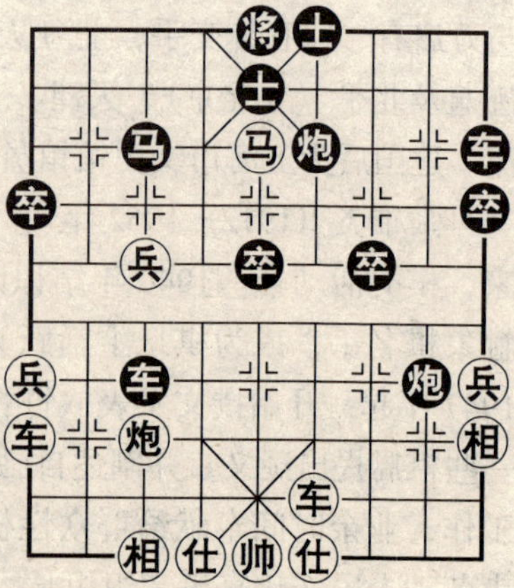

图1-1

汹汹，黑方面临考验。

19. ………… 炮8退5

退炮防止红马卧槽，有些消极。似不如改走车3退2吃兵，则马五进七，将5平4，以下红方有四种着法，黑方均有惊无险，并可取得优势。其变化试演如下：一、车四平六，炮6平4，车六进五，炮8进1，炮七平六，马3进4，炮六退一，炮8进2，仕四进五，车3退3，车六退一，将4平5，黑方大占优势；二、车四进二，炮8进1，炮七进一（如车四平六，炮6平4，炮七平六，马3进4，黑方得子，多卒胜定），炮8进2，仕四进五，马3进4，炮七平六，炮6平4，马七退六，卒5进1，红方无攻势，黑方缺象多子多卒占优；三、炮七退一，炮8退5，车九平六，炮6平4，马七进九，马3进4，车六平八，将4平5，黑方大占优势；四、车九平八，车3平4，炮七平六（如仕四进五，炮8平5，仕五进六，车4进3，黑方胜定），炮6平4，仕四进五（如车四进二，炮8进3，仕四进五，炮4进5，仕五进六，车9平4，仕六退五，炮8平4，黑方胜势），炮8平5，帅五平四，车9平8，黑方大占优势。

20. 车九平八　炮8平6　21. 车四平六　马3退4

软着，由此局面更显不利。应改走前炮进5，则马五进七，后炮平3，车八进七，炮3退1，车八平七，马3退4，炮七平五，车3平5，车六平四（如车六进五，炮6退2，以下如车六平五，则车5进1，相七进五，炮6平5，黑方胜；如仕六进五，则炮6平5，兑炮后黑方优势），炮6退1，兵七进一，卒5进1，以下有车5平4再平中炮手段，黑方多子占优。

22. 炮七平五　车3平5　23. 马五退七　前炮平3

24. 仕六进五　卒5进1　25. 车六进四　车9平4

26. 马七退五　车4进2　27. 兵七平六　炮3平5

28. 马五进三　炮 6 平 7

29. 车八进五

这一段过程黑方尽力抗衡，但仍无法摆脱困境。红方进车咄咄逼人，比径走车八进二抢得度数，是一步很好的顿挫。

29. …………　炮 5 平 3

30. 车八退三　炮 3 平 7

31. 炮五进二（图 1–2）

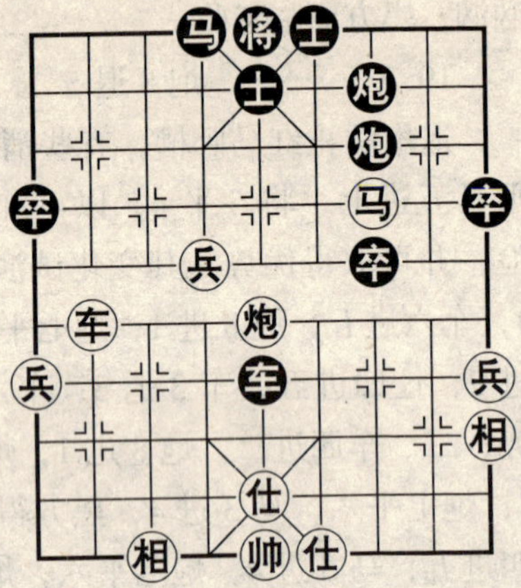

图 1–2

这几个回合，红车进退有方。中炮“带响”灭掉黑中卒后，红方进一步控制局面，胜利在望。

31. …………　车 5 退 1

一车换双，无奈之着。如士 5 进 6，马三进五再马五退四，黑方失车。

32. 车八平五　炮 7 进 2　33. 车五进二　后炮平 5

34. 相七进五　炮 7 退 2　35. 车五平一　卒 1 进 1

36. 车一平三　炮 7 平 9　37. 相一退三

落相细腻，攻不忘守，不给黑方任何反扑机会。

37. …………　炮 5 平 1　38. 车三平九　炮 1 平 9

39. 车九进一　炮 9 进 2　40. 车九平一　前炮平 4

41. 车一进一　马 4 进 3

几经周折，黑方以一炮代价换得一兵，形势稍有缓和。现在进马意欲谋兵，以图和局。

42. 车一退四　炮 4 退 4　43. 车一平七　马 3 进 5

44. 兵一进一　炮 4 进 2　45. 车七进五　炮 4 退 2

46. 车七平九

红方牢牢控制局面，末后吃死边卒。红车双兵仕相全必胜马炮双士单卒，黑方推枰认输。

第2局 侯玉山（先负）张德魁

（1951年8月26日弈于北京）

中炮巡河车对单提马直车

1951年8月，由民革主办的京津沪三地名手抗美援朝捐献义赛，在北京孔德中学（今27中）大礼堂举行。这是新中国成立后在首都进行的首次颇具规模的象棋赛。参赛者有窦国柱（上海）、马宽（天津）及北京的张德魁、谢小然和侯玉山。由于是义赛，得到不少棋艺名流的无偿支持。马致仪、佟醒华、孙经存、陈申芝、李毅侠担任评判员，宋景岱、张德华等担任记录员。票价虽然每张人民币3000元（旧币），赛场仍拥挤异常，几无隙地。比赛结果张德魁4胜3和1负积11分夺冠，侯玉山积10分获第2名，以下依次为马宽、谢小然、窦国柱。

侯玉山与张德魁共弈两局，张以一胜一和战胜侯，此为第一局。1951年10月15日出版《象棋月刊》第24期，刊登该局对弈记录和陈申芝简评。简评有言："按此局为夺冠军之主力战，故双方之着法均极稳健而精致。着虽繁多，绝少失算之处。末后张方之胜，亦由实力中得来，非侥幸所获。"

侯玉山（1911—1990年），北京人。象棋界名宿，象棋大师。上世纪30年代初露头角，1936年攻擂战胜张德魁，从此进入京中一流高手之列。解放后两度获北京市冠军。1956年在首届全国象棋比赛中获第5名。1958年后在先农坛青少年业余体校象棋训练班任教练。

张德魁（1897—1969 年），北京人，回族。华北象棋界名宿。少年时即敢于向北京第一高手孟文轩挑战，“孟少不当意，必受其窘，常致汗流浃背焉”（见 1930 年 3 月北平印行、胡士源编辑《橘中新趣》）。1929 年在京迎战南京高手万启有，4 胜 1 和 2 负，战绩颇佳。1931 年参加华北、华东区际大赛。1936 年获北京青年会主办的全市象棋赛冠军。新中国成立后曾任中国象棋协会副主席、北京棋艺研究社指导员。1950 年作为各行各业代表，受到毛泽东主席接见。1959 年张德魁与首都棋界其他名手受到了陈毅、贺龙元帅亲切接见和宴请。

1. 炮二平五　马 8 进 7　　2. 马二进三　卒 3 进 1

3. 车一平二　车 9 平 8　　4. 车二进四　炮 2 平 3

不落俗套，常见走法为马 2 进 3。

5. 马八进九　马 2 进 1　　6. 车九平八　卒 1 进 1

红平车似不如兵九进一。黑挺边卒及时，开通己方马路并遏制对方马路。

7. 兵三进一　车 1 平 2　　8. 炮八进五　象 7 进 5

9. 马三进四　士 6 进 5　　10. 马四进六　炮 3 平 4

11. 兵三进一

冲兵过河，佳着。黑方不敢卒 7 进 1 吃兵，否则红马六进四大占优势。

11. …………　炮 8 平 9　　12. 车二进五　马 7 退 8

13. 车八进一

开局未几，红已三子过河。现升车预伏单马换双象后移往黑左翼。但此着似应走兵三进一吃卒较好，若黑炮 4 进 1，则红可炮八退一保住过河兵，依然占先手。

13. …………　炮4进1

（图2–1）

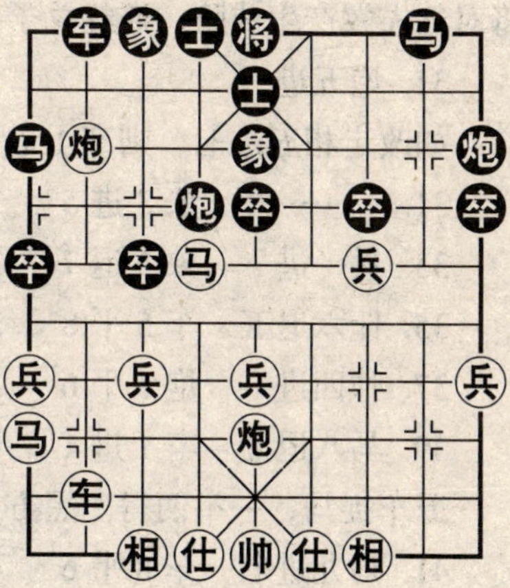

图2–1

佳着。此炮一升，使红方计划成空。

14. 车八平二　车2进2

15. 车二进八　士5退6

16. 炮五进四　士4进5

17. 兵三平四　车2进3

18. 炮五退二　车2平4

19. 马六进四　炮9平6

20. 仕四进五　炮4平2

21. 相三进五　车4退2

22. 车二退三　炮2平6

23. 兵四进一　车4平6

24. 车二退一

黑方这几回合走得相当细致，红方攻势被化解。此时红退车不及车二平一吃卒实惠。

24. …………　车6平5

25. 车二平四　卒7进1

26. 车四退一　马1进2

黑马跃出，已呈反先之势。

27. 兵七进一　卒3进1

28. 相五进七　马2进1

29. 相七退五　马1进3

30. 仕五进六　马3退4

（图2–2）

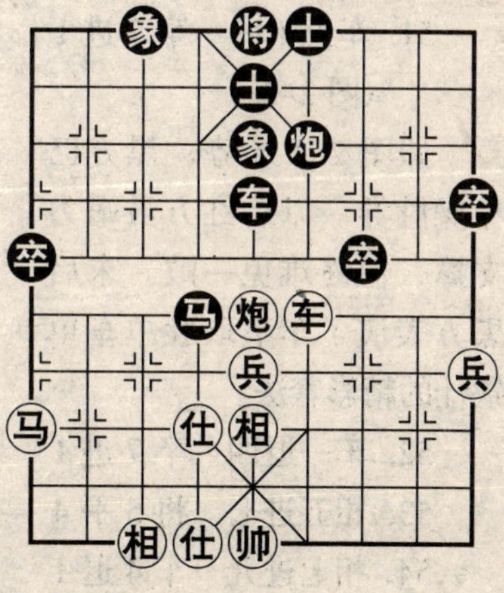

图2–2

黑退马准备再进2路，

将对红左翼产生威胁，逼红兑子。佳着。

31. 炮五进三

如改走相五进七，则卒1进1，红方仍处下风。

31. ………… 象3进5　32. 车四平六　车5进3

33. 兵一进一　象5退7　34. 马九进八　炮6平5

35. 仕六退五　车5平8　36. 帅五平四　车8进3

37. 帅四进一　炮5平6　38. 车六平五　卒1进1

39. 马八退七　卒1进1　40. 马七进九　车8退3

退车捉马，一举两得。黑方调运车炮展开攻势。

41. 马九进七　车8平6　42. 仕五进四　车6平5

43. 车五平四　车5退1　44. 车四进二　卒7进1

45. 帅四平五　卒7进1

以上几个回合，黑方运子俱见功力，现优势明显。

46. 马七进六　车5平9　47. 马六进四　士5进6

48. 车四平五　士6退5　49. 帅五平六　车9平4

50. 帅六平五　车4进4

51. 车五平一　卒7进1

(图2-3)

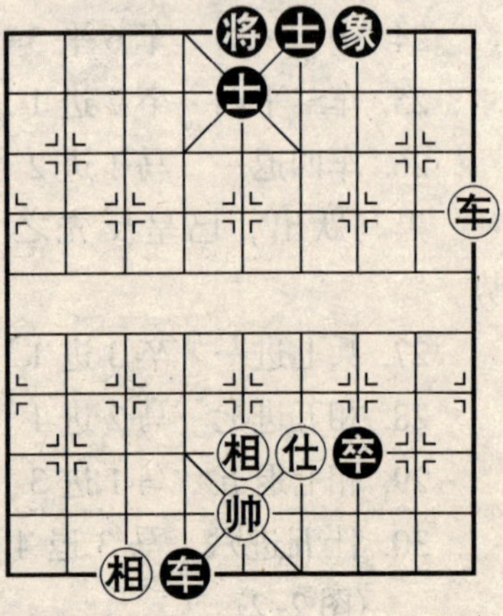

图2-3

如图2-3形势，黑方已稳操胜券。以后红方虽竭力支撑，但终难免一败。末后黑方表演了车卒取胜单车单缺仕的精彩着法。

52. 车一退四　卒7进1

53. 相五进七　将5平4

54. 相七进九　车4退1

55. 帅五进一　卒7平6

56. 仕四退五　车4平5　57. 帅五平四　卒6平7
58. 车一平二　将4平5　59. 车二进一　士5进6

末后黑方车卒海底捞月杀，红见无法解救而认负。

第3局　谢小然（先胜）朱剑秋

（1952年8月23日弈于上海）

飞相局对上马

1952年8月初，谢小然应上海窦国柱等棋友邀请，自京抵沪。在此期间，与上海一流高手何顺安、朱剑秋、董文渊以及广东杨官璘进行多场比赛。8月22日及23日，朱剑秋与谢小然两度在上海大利酒楼公开赛。首局朱以中炮战胜谢后手反宫马。次日谢小然以先手飞相对上马开局，40多回合较量后，谢取胜。此即该局。

谢小然（1913—1985年），华北象棋名家。祖籍河北武清，早年迁居北京。1941年东北、华北地区进行区际大赛，谢小然与张德魁、那健庭在北京迎战东北高手胡震洲、赵文宣，成绩优异。1956—1966年全国象棋比赛，连续9届任执行裁判、裁判长及竞赛委员会副主任。1958年起担任北京先农坛体校象棋训练班教练，亦曾开设围棋班。后任北京市象棋训练队教练。曾任全国象棋协会委员、北京市棋类协会顾问。与冯锦诸合著《象棋精编》。

朱剑秋（1909—1994年），江苏省扬州人。象棋大师。青年时与周德裕、董文渊被誉称为“扬州三剑客”。解放初期是上海象棋名手之一。1960年在全国棋类锦标赛中，为上海队夺得首届象棋团体赛冠军立下战功，在象棋个人赛中获得第4名。著有《象棋开局概要》《象棋全盘战术·过河车专集》《象棋鬼手百局》。与朱永康合著《象棋六冠军争雄谱》。

1. 相三进五　马8进7　2. 兵三进一　象3进5

3. 马二进三　车9进1　4. 仕四进五　卒3进1

5. 炮八平七　车9平4

飞相对上马无谱可循，双方大斗实力。黑方此时应改走马2进3，则兵七进一，马3进2，兵七进一，象5进3，马八进九，象3退5，黑马占据河口，控制了红左车出路，黑方布局满意。

6. 马八进九　马2进3　7. 车九平八　车1平2

8. 兵七进一　炮2平1　9. 车八进九　马3退2

10. 兵七进一　象5进3　11. 车一平四　马2进3

杨官璘在《弈林精华》中简评此着：改走炮1平3较佳。

12. 车四进六　马3进4　13. 车四平三　象7进5

14. 炮二进四（图3-1）

积极进取之着。红方即将炮打中卒，控制黑方卒行线，扩大优势。

14. ………… 炮8退1

15. 炮七平六　车4平2

16. 炮二平五　马7进5

17. 车三平五　车2进6

18. 车五平六　马4进3

19. 相五进七

飞相过于稳健。似应改走马三进四，则马3进1，马四退六，红方优势。

19. ………… 炮8平3

20. 车六平七　炮3平5

21. 帅五平四　炮5平6

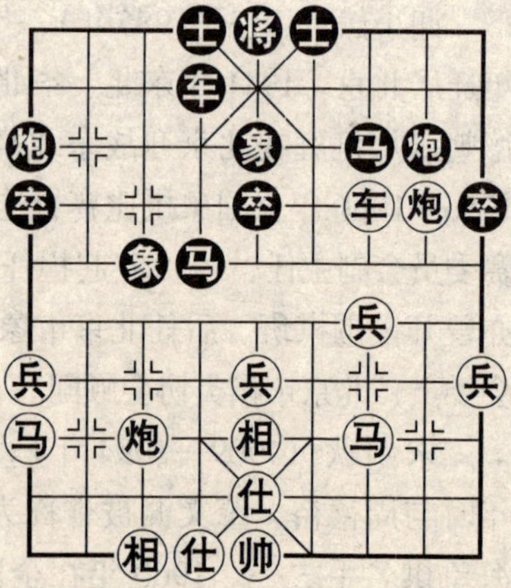

图3-1

22. 帅四平五　炮 6 平 5
23. 炮六平四　马 3 进 4
24. 车七平四　马 4 退 5
（图 3–2）

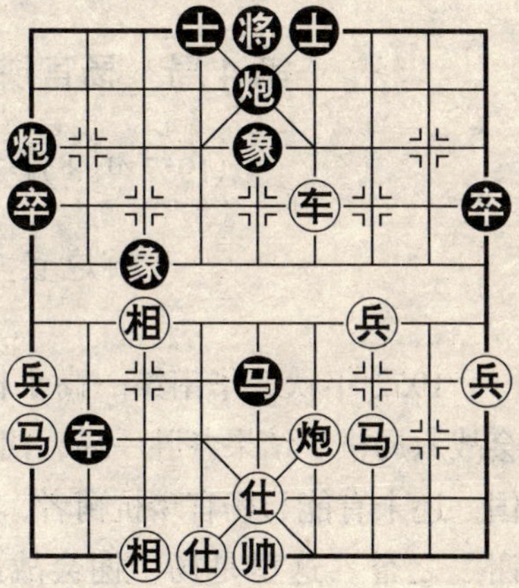

图 3–2

华而不实的空败之着。黑方应改走炮 5 进 5，以下炮四平五（如帅五平四，则士 4 进 5），车 2 退 1，虽然红方占优，但黑方不至于速败。现在黑方退马，诱红马三进四，车 2 平 6，仕五进四，马 5 退 4，车四平五，马 4 进 6，红车被打死，黑方多子大占优势。红方不为所动，反而借此之机退相打车，再跳马，扩大优势为胜势。

25. 相七退五　车 2 退 2　26. 马三进四
马跃河口，车描底士，红方大占优势。
26. …………　炮 5 平 3　27. 车四进三　将 5 进 1
28. 马四进五　马 5 退 4　29. 车四平六
黑方被红方灭掉双士，已在劫难逃。
29. …………　车 2 平 5　30. 马五退七　象 5 进 3
31. 车六退四　炮 1 平 3　32. 帅五平四　车 5 进 1
33. 车六进二　前炮进 7　34. 相五退七　炮 3 进 8
35. 帅四进一　车 5 平 9　36. 炮四平六　车 9 进 2
37. 帅四进一　车 9 退 2　38. 车六平四　炮 3 退 2
39. 炮六退一　车 9 平 1　40. 马九退八　炮 3 进 1
41. 车四退二
黑方将府支离破碎，停弈认输。

第4局　杨官璘（先负）谢小然

（1952年8月27日弈于上海）

顺炮直车对横车

1952年秋，华南第一高手杨官璘与谢小然相遇上海，先后会战六局棋。结果各胜一局，四局平手。因为当时在上海乃至全国，还未有能与杨官璘抗衡者，此战结束后，棋界遂有“南杨北谢”之誉。这里是杨、谢会战的第四局。前三局杨官璘以和、胜、和占得优势，故是局至为关键。谢小然背水一战，末后以精确的构思，造成巧妙绝杀取得胜利。

杨官璘，1925年生于广东东莞。象棋特级大师。中国棋坛元戎，一代宗师。自幼苦心钻研棋艺，攻守技术全面。1956、1957、1959、1962年四次获得全国个人赛冠军，多次进入全国赛前6名。1977年2月，参加“中、菲、马、港象棋名手邀请赛”获冠军。1987年获“健力士杯”象棋国际名手邀请赛冠军。五六十年代担任《象棋》月刊主编。曾任全国象棋协会副主席、广东省象棋协会主席。著作甚丰，主要作品有《弈林精华》《弈林新编》《象棋春秋》等。与人合著《中国象棋谱》（共三集）。2008年1月4日病逝于广州。

1. 炮二平五　炮8平5　2. 马二进三　车9进1

抢先出横车，以便布局按自己意图进展。如改走马8进7，则红方可能车一进一，使自己的横车计划落空。

3. 车一平二　马8进7　4. 车二进六　卒3进1

5. 炮八平七　马2进3　6. 兵七进一　马3进4

7. 兵七进一　马4进6　8. 兵三进一　马6进4

至此形成顺手炮中激烈的“天马行空”变例，由此可见谢小然志在必得的决心。

9. 马八进九　马 4 退 3

10. 车九平八　炮 5 退 1

11. 车八进六　象 3 进 5

12. 炮七进二

进炮顶马，削弱了黑方 3 路马的效率，好棋！

12. …………　炮 5 平 2

13. 车八平七（图 4–1）

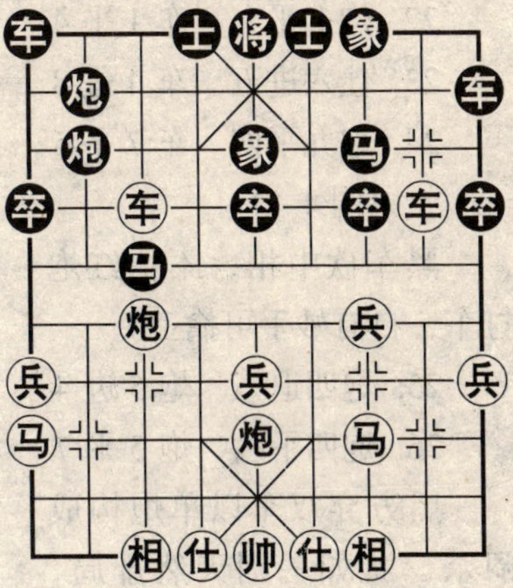

图 4–1

红车平七路稍软，似应平六路抢占肋道，以阻止黑方 9 路车平 4 为好。其变化试演如下：车八平六，士 4 进 5，车六进二，士 5 退 4，车六平一，马 7 退 9，车二平三，马 9 进 7，炮五平七，后炮平 7，车三平四，士 4 进 5，相三进五，红方稍占先手。

13. …………　车 9 平 4

黑车过宫占据要道，在右翼集结五个大子，已对红方左翼构成威胁。

14. 炮五平七　车 4 进 6　　15. 后炮进三　车 4 平 7

16. 车七进一　前炮平 1　　17. 相三进五　象 5 进 3

18. 车二平三

败着。应改走车七平三，以下象 7 进 5，炮七平九，炮 2 进 2，车三进一，红方虽落后手，但不失子。

18. …………　炮 2 平 7　　19. 车七平三　炮 7 进 2

20. 车三退一　炮 1 平 5　　21. 车三平五　士 4 进 5

22. 炮七平九　车1平4
23. 仕六进五　车4进8
24. 炮九平四　车7平5
（图4–2）

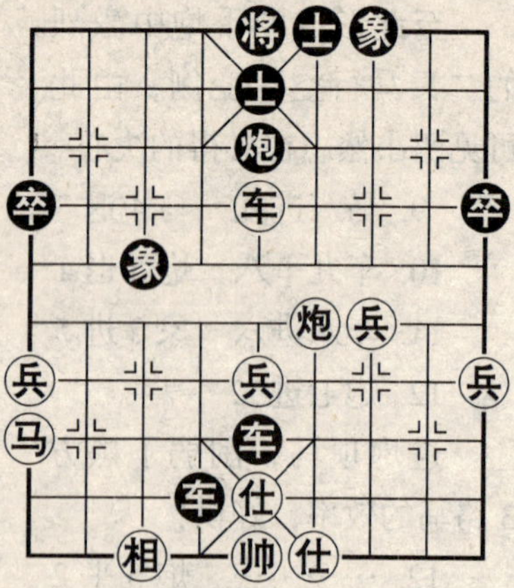

图4–2

黑车砍中相，不怕红炮打车，自有妙手可擒王。

25. 炮四退三　炮5进4
26. 炮四平六　炮5平7

黑方弃双车以单炮构成闷杀，犹如一则天然排局，精彩之极！

第5局　钱宗祥（先胜）赵景林

（1954年2月弈于北京）

五六炮对左单提马

1951年，中华人民共和国成立不久，经过许多老同志商议，由时任国家副主席的李济深向国务院提出了成立棋社的申请。经周恩来总理亲自批准，1952年7月1日北京棋艺研究社成立，地点设在什刹海南河沿甲2号（原是清朝两广总督张之洞的别墅），这是新中国第一个棋艺组织。当时的棋社属人民团体性质。棋社主任为罗任一，副主任黄绍熊、周士冠。创社初期，由于历史原因，棋社只设有围棋一个棋种，聘请在京围棋界知名人士过惕生、金亚贤、崔云趾等为辅导员。以后陆续设立了象棋和万国象棋（后来改称国际象棋）两个棋种，由张德魁任象棋辅导员，谢小然多次来此指导。

1954年新春伊始，北京棋艺研究社与本市文化馆联系，举办了新中国成立后首次大规模的群众性象棋赛。先由东单区、东四区（后来二区合并为东城区）、西单区（后来的西城区一部分）分区比赛，共计百余人。自2月3至7日（即农历正月初一至初五），经过分区初赛、复赛，产生分区冠军东单区钱宗祥（解放军）、西单区李德禄（工人）、东四区赵景林（工人）。嗣后三位区冠军并同前门区（后来的宣武区一部分）冠军马文良，在钟楼游艺厅进行循环赛。经过2月21日和28日两个下午决赛，结果钱宗祥得9分获得总冠军，李德禄、赵景林各得6分，李德禄退让，总亚军属于赵景林。

本局系冠亚军的争夺之战，对局记录刊于福州1954年6月1日出版《象棋月刊》第33期。

钱宗祥，1927年12月生于上海嘉定。参加解放军后在北京工作。上世纪50年代后期改弈国际象棋，1959年第1届全运会与黑龙江张东禄并列获得国际象棋赛亚军，1960年获得第4名。

赵景林是新中国初期的工人棋手。据张德华撰写《北京老棋手的绰号》（见1990年6月4日出版《象棋报》第3版）载，上世纪50年代初谢小然曾请赵景林和“毯子李”（李书田）、王振东到天然轩棋茶馆作过表演赛，赵还曾迎战过扬州来京棋手窦国柱。

1. 炮二平五　马8进7　　2. 马二进三　卒7进1

3. 车一平二　车9平8　　4. 马八进九　卒1进1

5. 炮八平六　马2进1

黑方第4回合进边卒似嫌稍缓，不如立即跳边马较为灵活。第5回合黑方右马屯边，形成少见的左单提马布局。这种布局最早见于古谱《适情雅趣》卷九第十二局，上世纪50年代初较为常见。从后来的发展看，以此对抗当头炮不如右单提马横车富于弹性，中路防守又不及屏风马稳健，即便如此，在后来的全国大赛中尚有所见。

6. 车九平八　车 1 平 2　7. 车二进六　象 7 进 5

随手棋，属于失着。飞象意为巩固中路，但却授人以隙，应改走士 6 进 5 为好。

8. 炮六进五

红方抓住战机，立即伸炮打马，由此扩大先手，控制局面。

8. …………　炮 2 平 3

应走士 4 进 5 较好。红如炮六平三，则炮 2 平 7，车八进九，马 1 退 2，炮五进四，马 2 进 3，炮五退一，卒 7 进 1，车二平三，卒 7 进 1，车三进一，卒 7 进 1，车三退五，炮 8 平 6，黑虽后手，但比实战为好。

9. 车八进九　马 1 退 2　10. 炮六平三　炮 3 平 7

11. 炮五进四　士 6 进 5　12. 兵五进一（图 5-1）

开局至此，红炮镇中，车拴黑车炮，红方显见优势。现进中兵一着两用：为中炮立根，兼策应上马。

12. …………　卒 7 进 1

黑左翼车炮被拴，挺卒意在兑子后平炮，解脱受困局面。

13. 车二平三　卒 7 进 1

14. 车三进一　卒 7 进 1

15. 车三退五　炮 8 平 6

16. 车三进二

升车巡河保中兵，要着。否则黑车 8 进 5 捉兵，黑方

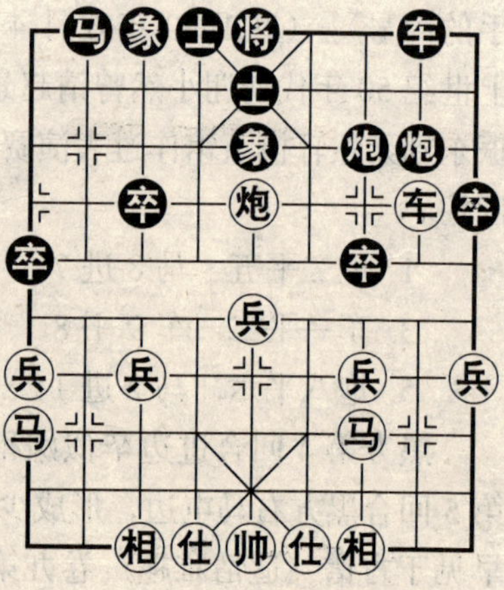

图 5-1

局势得到缓和。

16. ………… 卒3进1　17. 马九退七　马2进3

18. 炮五退一　车8进6　19. 马七进五　车8平9

20. 马五进四　车9平6　21. 马四进三　车6退3

劣着。应走车6平8防红马卧槽，红方如接走马三进四，则将5平6，黑方虽处下风，尚可支撑。

22. 马三进一

红马已无阻挡，径奔卧槽，红方大占优势。

22. ………… 炮6退2

无奈之着。如改走炮6退1，则马一进三，车6退1（如车6平5，车三平四，将5平6，车四平二，将6平5，相三进五，红方大占优势），车三平二，马3进5，车二进五，士5退6，车二退三，红方得马胜。

23. 马一进三　车6退2　24. 车三进二　马3进4

25. 仕四进五　卒9进1　26. 相三进五　马4进3

27. 炮五平二

佳着。逼黑炮打车离开6路后，退马既护兵又封车，形成三子归边之势。

27. ………… 炮6平7　28. 马三退四　炮7进2

如改走炮7平8，则炮二平五，红方胜；又如改走炮7平6，则炮二平四，车6平8，炮四平五，红方胜。

29. 炮二平四　炮7平6　30. 马四退六

红方退马打车，必得一子，已占绝对优势。

30. ………… 炮6平8　31. 车三进三　士5退6

32. 炮四平五　士4进5　33. 马六退七　卒3进1

34. 相五进七　车6进4　35. 车三退三　炮8进3

36. 车三平七　象3进1　37. 相七退五　炮8平5

38. 车七退二　炮5平4
39. 车七平八　车6退1
40. 车八进五　炮4退5
41. 车八退四　卒9进1
42. 车八平六　卒9进1
43. 马七进八　象1退3
44. 马八进七　炮4进3
(图5–2)

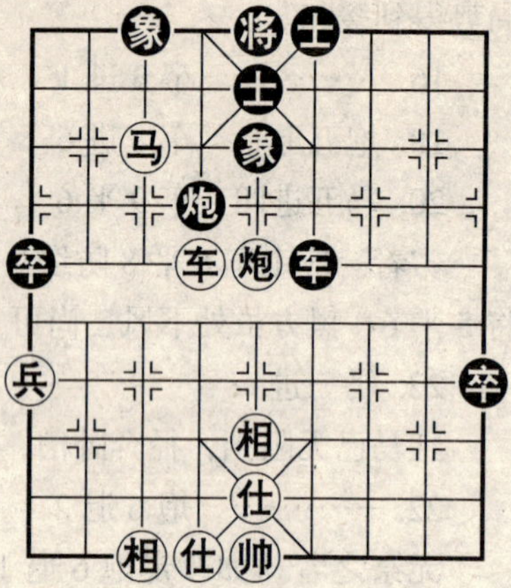

图5–2

45. 车六平九

如图形势，黑方意图换炮后再兑边兵，以求和棋，但这是一厢情愿。现红车杀边卒已胜定。也可马七退五，伏炮打将抽车来得干脆。

45. ………… 卒9平8　46. 车九平六

黑方少子受困，只得认负。

第6局　张德魁（先和）董齐亮

（1956年12月8日弈于北京）

中炮对右马横车

这是一盘难见的友谊赛对局。开局阶段黑方跳右马、起横车，左马直到第13回合才跳起，在名手对局中别具一格。

董齐亮，原籍浙江镇海，1928年10月生于上海。当代著名象棋理论家，特级国际裁判。学生时代已是上海名手。1954年来北京工作。1957年获第2届全市象棋赛冠军。1960年代表北京参加全国象棋赛，团体赛战绩斐然。1977年作为象棋代表团成员出访东南亚，在友谊交流赛中取得7胜3和不败的战绩。上世纪60年代初担任北京市少年宫象棋教练。在历届全国象棋赛中，多次担任裁判长。与陈日旭合著《漏棋实例剖析》。

1. 炮二平五　马2进3　　2. 马二进三　车1进1

别出心裁的着法，常见走法为马8进7。

3. 车一平二　炮8平7　　4. 马八进九

改走兵七进一较有先手。

4. …………　象7进5　　5. 炮八平七　炮2进2

6. 车九平八

仍应兵七进一较佳，可对黑方右翼产生压力。

6. …………　炮2平3

及时兑炮，解除右翼威胁，佳着。

7. 炮七进三　卒3进1　　8. 车八进六　车1平6

9. 炮五进四　士6进5

如改走马3进5去炮，则车八平五去马，车6进6，车二进二，马8进6，车五平九，各有千秋。

10. 炮五退二

失先之着。可改走炮五退一，以下车6进3，兵五进一，车6进1，相三进五，车6平5，车二进五，局势平稳。

10. …………　马3进4

11. 车八平六　马4进6

12. 马三退一　炮7进4

精警之着，打兵兼以开通马路。

13. 相三进五（图6-1）

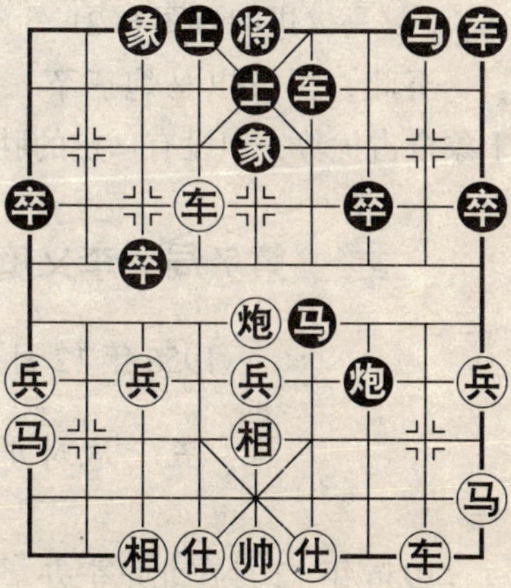

图6-1

如图 6-1 已进入中局阶段，黑方左马此时方欲跳动，可见布局之奇特。

13. ………… 马 8 进 7　14. 仕六进五　车 9 平 8

15. 车二进九　马 7 退 8　16. 兵九进一　马 8 进 7

17. 马九进八　马 7 进 5　18. 马八进六　马 5 进 7

19. 马六退四

改走车六平四兑车，局势较稳。

19. ………… 车 6 进 4

20. 马一退三　车 6 进 1

21. 帅五平六　将 5 平 6

22. 马三进二　车 6 平 5

23. 炮五平三　炮 7 平 3

24. 车六平三　炮 3 平 9

25. 车三平四　将 6 平 5

26. 车四退三　车 5 平 6

27. 马二进四（图 6-2）

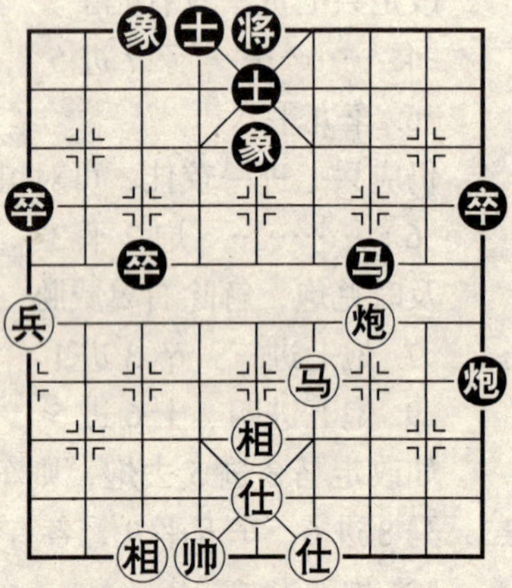

图 6-2

至此，黑方以马炮三卒士象全占优势，但没有一定的胜和规律，双方自愿作和。

第 7 局　李义庭（先负）侯玉山

（1956 年 12 月 24 日弈于北京）

五七炮对屏风马进 3 卒

1956 年 12 月在北京举办了首次全国象棋锦标赛，比赛结果前 6 名是：广东杨官璘、黑龙江王嘉良、浙江刘忆慈、湖北李义庭、北京侯玉山、上海何顺安。侯玉山在与李义庭的两盘较量中均获胜。这盘棋中局阶段，侯玉山弃子抢攻，以凌厉的攻杀勇夺胜利，着法精彩动人。

李义庭，1938 年生于湖北武汉。象棋特级大师。1953 年在武汉的首场公开表演赛上，力挫华南高手曾益谦，遂有“小神童”之誉。1954 年，在上海大新游乐场攻打当时棋坛顶尖人物杨官璘的擂台，以 2 比 2 的总成绩打平，从此名声大扬。1958 年全国赛获冠军，1959 年与王嘉良并列获亚军。其后至 60 年代中期，多次进入全国前 6 名行列。曾任湖北省棋协副主席。著有《巡河炮对屏风马》。

1. 炮二平五　马 8 进 7　　2. 马二进三　卒 3 进 1
3. 车一平二　车 9 平 8　　4. 马八进九　马 2 进 3
5. 炮八平七　马 3 进 2　　6. 车二进六　象 3 进 5
7. 兵五进一

红冲中兵为急攻着法，另有车九进一攻法。

7. ………… 士 4 进 5　　8. 兵五进一　卒 5 进 1

黑方冲中卒准备弃子抢攻，算度深远。

9. 车二平三　卒 5 进 1　　10. 炮七退一

如改走车三平八，则马 7 进 6，车八退一，卒 5 进 1，黑方弃马后反夺先手。

10. ………… 车 1 平 4　　11. 兵三进一　车 4 进 8
12. 兵三进一　炮 8 进 4

凶着！伏炮 8 平 7 或平 1 展开攻势。

13. 车三平八　炮 2 平 4

平炮弃马，准备打仕，来势汹汹。由此红方不敢吃马，穷于应付已处于下风。

14. 仕六进五　炮 8 平 7

借机打相，亮开8路车道，紧着。

15. 相三进一　车8进8
(图7–1)

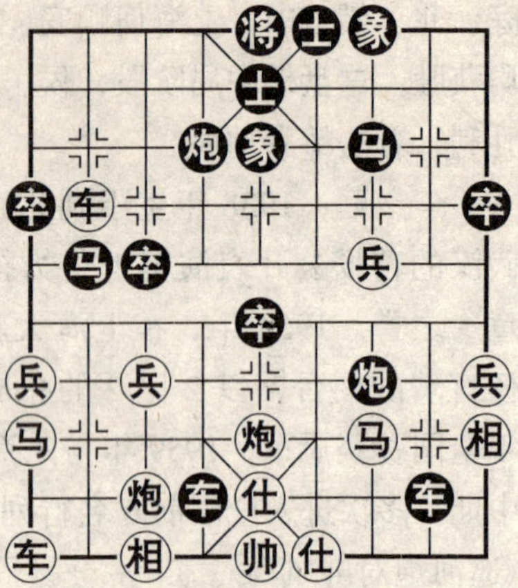

图7–1

如图7–1形势，黑方再度弃马，有胆有识之着。黑双车双炮钳型之势，已构成对红方强大威胁。

16. 车八退一　车8平7
17. 车八进四　炮4退2
18. 炮七进一　炮7平8
19. 仕五进四

如改走其他着法，则炮8进3，相一退三，炮8平9，再用车砍底相，黑方胜定。

19. …………　卒5进1　20. 马三进四　炮8进3
21. 仕四进五　车7进1
22. 仕五退四　车7退5
23. 仕四进五　卒5进1
24. 马四退五　车7进5
25. 仕五退四　车7退2
26. 仕四进五　车7平9
27. 马五进四　车9进2
28. 马四退三　炮8退2
29. 仕五退四　车4平6
(图7–2)

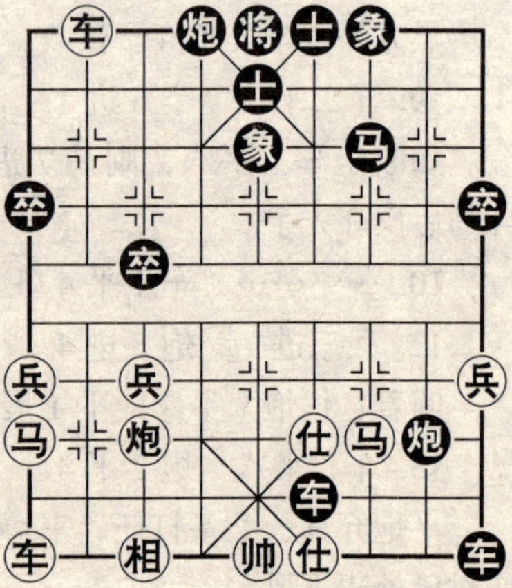

图7–2

黑平车左肋，红败局已定。

第8局　屠景明（先胜）宋景岱

（1957年1月1日弈于北京）

中炮巡河炮对屏风马

上海名手屠景明1956年12月间应邀来京进行友谊赛。次年元旦与宋景岱对弈两局，结果胜负各一。这盘棋双方攻守激烈，由于黑方在中残局搏杀中疏于防范，招致败局。

屠景明（1922—2008年），原籍吴兴（今湖洲市），出生于上海。象棋名手。荣誉裁判员。著名象棋作家。上世纪四五十年代先后任上海沪青棋社顾问、执委主任。1955年春末夏初，曾与何顺安联手征战广州、武汉、北京，与杨官璘、陈松顺、罗天扬、李义庭、张德魁、侯玉山、张雄飞、董齐亮、宋景岱、杨长生等进行公开赛，个人总成绩10胜6负15和，显示出雄厚的象棋功力。六七十年代任上海象棋队教练。多次担任全国象棋比赛裁判工作，曾任副裁判长。著述甚丰，出版近70部象棋著作，代表作有《中国象棋词典》《象棋实用残局》《象棋全盘战术·五七炮专集》《象棋风云》等。

宋景岱是北京著名工人棋手，棋风稳重，刚柔相济。1956年全市赛排名侯玉山之后获亚军。1960年获市冠军，并代表北京坐镇第1台参加全国象棋团体赛。

1. 炮二平五　马8进7　　2. 马二进三　车9平8

3. 车一平二　马2进3　　4. 兵七进一　卒7进1

5. 马八进七　象3进5　　6. 炮八进二　炮8进2

黑方左炮巡河，它的作用是不让红二路车过河压制左翼。此时黑方尚有炮2进2右炮巡河，准备进马打车变着。经过棋手实践与研究，感觉右炮巡河不及左炮巡河富于弹性，后来这种变化逐渐在重大比赛中淡出。如改走卒 3 进 1，则兵七进一，象 5 进 3，兵五进一，象 3 退 5，兵三进一，卒 7 进 1，炮八平三，炮 8 进 2，兵五进一，红方中路突破有攻势。

7. 兵三进一　炮 2 退 1　8. 车二进一

如改走兵三进一，则炮 2 平 8，车二进五，马 7 进 8，兵三平二，仍属红方先手。但因为单车的力量比双车较弱，所以红方也有顾忌。

8. …………　卒 7 进 1

冒险之着，易为对方所算。改走炮 2 平 7 较为稳妥。

9. 炮八平三　炮 8 平 7　10. 车二进八　马 3 退 2

11. 马三进四（图 8–1）

如图 8–1，红方宁舍底相也要进马，是富于进取、有胆有识的抢先之着。如改走马三退一，虽保住底相，但失去先手。

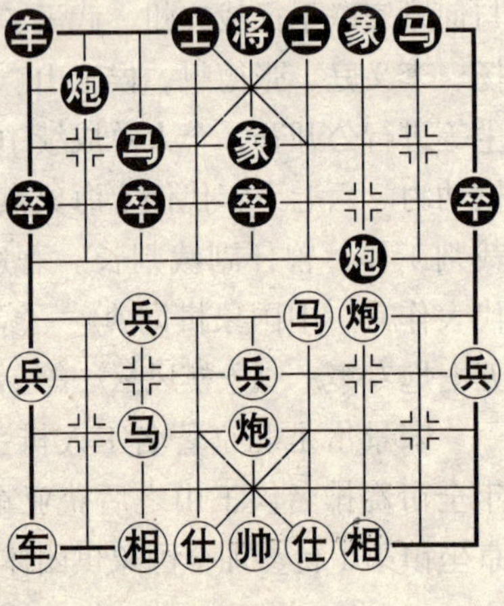

图 8–1

11. …………　炮 7 进 5

12. 仕四进五　马 8 进 7

13. 车九平八　炮 2 平 8

14. 炮五平二　马 7 进 8

15. 炮二进六　马 8 进 6

16. 马七进六　卒 3 进 1

黑方进卒，给红方可乘之机。应改走士 4 进 5 防红炮右移，以后可车 1 平 2 兑车，削弱战斗力量，则局势平稳。红方如接走车八进七捉马，则马 6 退 4 连环，形势仍平稳。

17. 马六进四　卒3进1

空着，给红马疾进的机会。

18. 马四进六（图8-2）

如图8-2，红马扑向卧槽，黑方局势处于险境。

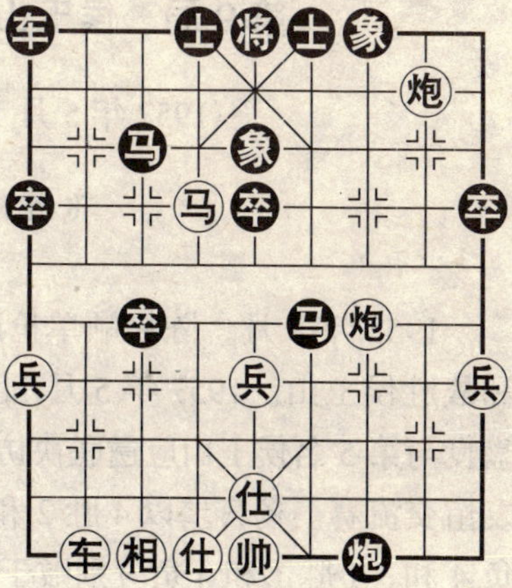

图8-2

18. …………　车1平3

19. 炮三平七　马3进4

20. 炮二平七

红炮再度打车，形成四子归边形势，红方已胜定。

20. …………　车3平1

21. 前炮平八

伏马六进七杀。黑如车1平3守卧槽，则炮八进一缚住黑车，亦红方胜。

21. …………　士4进5

22. 马六进七　将5平4

23. 炮八平五（图8-3）

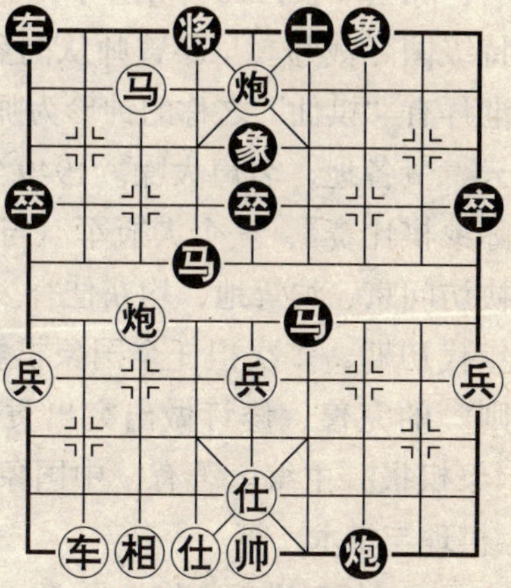

图8-3

精彩！炮打中士马踏车，黑车无路可逃，束手就擒。以下黑方聊且支应而已。

23. …………　马4进5

24. 马七进九　马6进8

25. 炮七退三　士6进5

26. 车八进三

捉死黑马，红方净多一车，黑方认负。

第9局 侯玉山（先胜）陈松顺

（1957年5月11日弈于广州）

飞相对中炮

1953年8月，陈松顺单枪匹马访问京华，曾以2胜1负1和战胜侯玉山。1957年5月11日至27日，去年全国赛亚军王嘉良与第5名侯玉山应邀联袂访问广州，与杨官璘、陈松顺进行友谊交流赛。杨官璘以4胜2和分别战胜侯、王，陈松顺则以2负4和、1胜1和4负分别败于王、侯。这盘棋是友谊赛的首场之战，侯玉山与陈松顺时隔4年的二度交锋。侯玉山布下飞相开局，先声夺人，取得胜利。

陈松顺，1920年出生，广东台山人。著名棋手。象棋名家。特级国际裁判。早年曾师从同乡名手雷法耀学弈。16岁时在香港拜有“棋仙”之称的钟珍为师。1942年后，挟技弈游湘、桂、云、贵各地，名声大噪。1949年代表香港参加“穗港澳三角埠际象棋比赛”，获个人冠军（与卢辉并列）。1951年与杨官璘联袂访问京、沪等地，均获佳誉。自1956年首届全国象棋赛至80年代初期，多次担任全国象棋赛裁判长，对《中国象棋竞赛规则》的完善、修订做出突出贡献。曾任《象棋》月刊副主编、《象棋报》主编。著有《中国象棋实用残局》《江湖棋局搜秘》《棋理与棋术》等。

1. 相三进五　炮2平5　　2. 马二进三　马2进3
3. 马八进七　马8进9　　4. 兵七进一　车1平2
5. 车九平八　炮8平6　　6. 车一平二　车9平8
7. 仕四进五　车8进6　　8. 炮八进一　卒9进1

9. 兵三进一　车 8 退 2 (图 9–1)

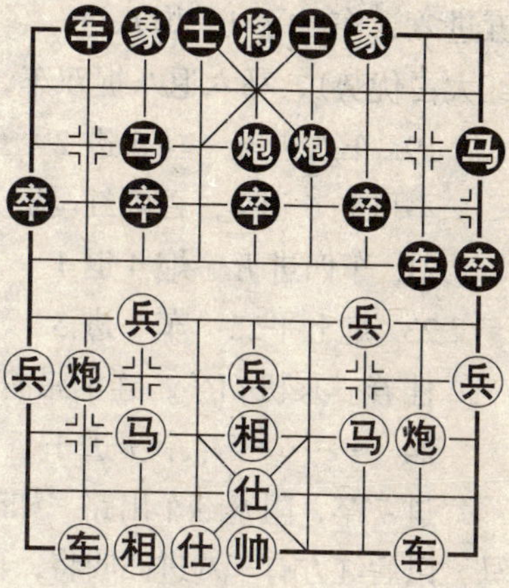

图 9–1

开局至此，成为先手屏风马对五六炮过河车阵势。现在黑车进而复退，白失一先。似应改走炮 6 进 4，以下炮八平四，车 2 进 9，马七退八，车 8 平 6，形势平稳。

10. 炮二进二　炮 6 进 2

11. 马七进六　炮 6 平 4

12. 炮八进三　士 4 进 5

13. 车二平四　炮 4 退 1　　14. 炮八进二　卒 3 进 1

应改走车 8 平 4，马六进四，卒 1 进 1，局势尚无大碍。

15. 马六进四

抢先之着。明为捉炮，实则渡兵，由此开始，红方甚有攻势。

15. …………　炮 4 退 1

16. 兵七进一　炮 5 平 6

17. 马四退六　车 8 平 3

18. 马六进五（图 9–2）

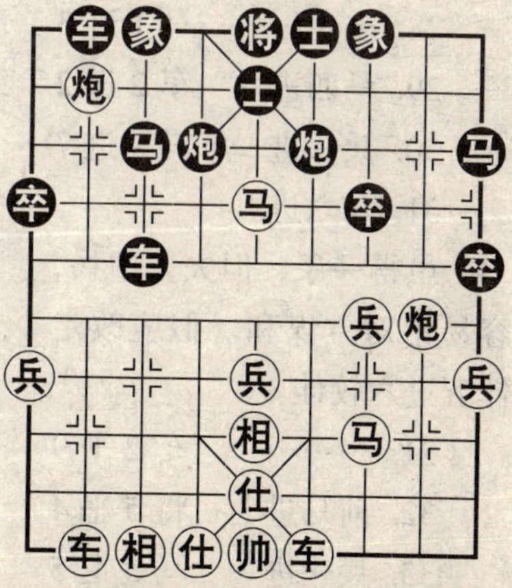

图 9–2

红方弃掉过河兵后，马吃中卒踏车，佳着。由此波澜起伏，黑方处于下风。

18. …………　车 3 平 2

如改走炮 4 进 1，则马

五进六，车2平1，炮八进一，马3退2（象3进1，炮8平4，红大占优势），马六退八捉双车，红方大占优势。

19. 车八进五　马3进2　20. 炮二进四　象3进5

不可士5退4，否则红马五进六，黑方失子。

21. 车四进五　炮4退1　22. 炮八平七　炮4平8

23. 炮七平二　车2进3　24. 车四平一

佳着。乘机扫卒，连消带打，并威胁黑马。

24. …………　卒7进1

进7卒，阻塞红车出路。如改走车2平5去马，则车一平八吃马，以后红方有车八进四叫将，再炮二平九威胁黑方右翼的着法。

25. 马三进四　卒7进1　26. 炮二退二　车2退1

27. 相五进三

飞相去卒后，红方多兵，各子活跃，大占优势。

27. …………　马2进1　28. 相三退五

退相稳固已方阵形，静观其变，徐图进取。

28. …………　马1进3

29. 马四进六　车2进2

30. 兵一进一　马9进7

31. 马六进五

虽得一象，但失去中兵，容易给对方谋和。似应改走仕五进六较佳。

31. …………　车2平9

32. 前马进七　将5平4

33. 兵一进一　马3退5

34. 兵一平二（图9-3）

如图9-3局势，黑方应

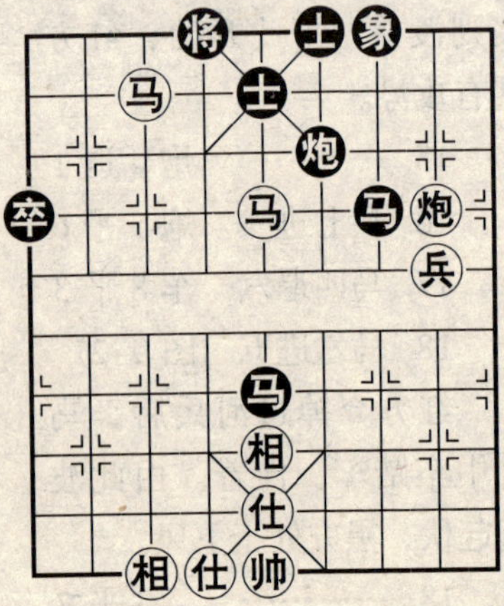

图9-3

接走马 5 退 4 防守，利用左翼马炮牵制红方，在劣势情况下，谋和的机会甚多。

34. ………… 卒 1 进 1

空着，从此失去谋和机会。

35. 马七退八

佳着。红方退马到八路，咬住河头的马位，迫使黑中马难以退回。以后无形中等于红方双马炮攻马炮单缺象，胜局已定。

35. ………… 马 7 进 5　36. 马五进七　将 4 进 1

37. 炮二平六　后马退 3　38. 炮六退五

退炮进一步控制局面，又起阻止黑马后退防守的作用。

38. ………… 象 7 进 5　39. 马七退五　士 5 退 4

40. 马八进七　将 4 平 5　41. 马五进三　马 3 进 4

42. 马七退六

这一段着法，红方走得非常老练，现在必得黑炮。黑方终于难以抵御红方攻势而告负。

第 10 局　侯玉山（先负）马宽

（1957 年 7 月 21 日弈于天津）

上仕转过宫炮对单提马

1957 年 7 月，侯玉山应邀到天津进行友谊交流赛，与当地名手马宽对弈两局。第一局马宽先行，以五六炮对屏风马进 7 卒，结果侯胜。这局棋侯玉山布出上仕的冷门开局，意在出奇制胜。马宽临场应变能力极强，算度精确，结果扳回一局。

马宽，1922 年生于天津，回族。少年好弈，青年时已为天津象棋高手。1959 年移居宁夏银川市。自 1957 年起，先后代表天津、宁夏多次参加全国赛，1960 年全国个人赛获得第 6 名。

1. 仕四进五　马 2 进 3　　2. 兵七进一　马 8 进 9

3. 马八进七　象 3 进 5　　4. 马七进六　车 9 进 1

出横车准备威胁红马，以求能攻能守。

5. 炮二平六

红炮过宫，避免黑车 9 平 4 捉马。

5. …………　车 9 平 6　　6. 相三进五　卒 3 进 1

7. 兵七进一　车 6 进 4　　8. 马六退七

如改走兵七进一，则车 6 平 4，兵七进一，炮 8 平 3，双方平稳。

8. …………　象 5 进 3　　9. 马二进三　象 3 退 5

10. 兵三进一　车 6 退 1　　11. 马七进六　车 6 平 8

12. 车一平四　士 4 进 5　　13. 车九进一　炮 2 退 1

预伏封锁车路。若红车九平七，则炮 2 平 3，红车无出路。

14. 炮八平七　马 3 进 2　　15. 马六进八　车 8 平 2

16. 炮七平九　车 1 平 3

17. 兵九进一（图 10–1）

进边兵，失先。应走炮九进四较好，可为九路车在边线打开出路。

17. …………　车 3 进 3

18. 车四进四　炮 2 平 3

19. 炮六进二　车 2 进 3

20. 马三进二　炮 8 进 2

升炮佳着。准备平至右翼，加强进攻力量。

21. 兵一进一　炮 8 平 5

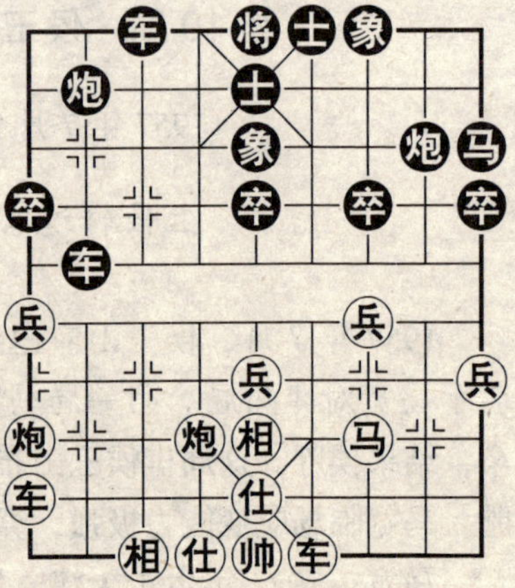

图 10–1

22. 兵五进一　炮5平2　23. 车四退一　车3进2
24. 炮六进二　炮2平3　25. 炮六平七　车3平5

乘机扫兵，奠定胜利的基础。

26. 车九平七　炮3平5　27. 炮七平六　炮3进8
28. 车七退一　车2平1　29. 炮六进二　车5平4
30. 车七进八　车1退2　31. 马二进一　车4平7

要着。顺手牵羊取得多卒优势，兼伏兑车后再1路车左移占肋，进一步控制局面。

32. 车四退三　车1平6
33. 车四平二　车7平9
34. 马一进三　马9进8
35. 马三退五　马8进7

(图10-2)

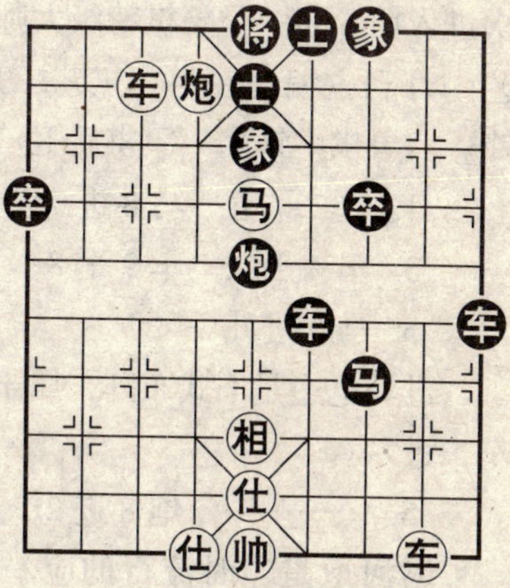

图 10-2

从第33回合起，黑方弈来得心应手，先平车捉马，再跃马捉马，顺利将子力调运到最佳位置。如图10-2形势，黑马咬住中相，如红车七退六，则马7进9，下一步卧槽杀。对弈到此，红方认负。

第11局　谢小然（先胜）王嘉良

（1959年6月6日弈于北京）

五七炮对屏风马

1959年6月6日，息影棋坛多年的谢小然先生兴之所至，与曾两获全国亚军的黑龙江名将王嘉良，在北京先农坛进行了一场表演赛。此局谢猜得先行，局势此起彼伏，妙手迭出。谢小然稳扎稳打，最终凭借雄厚的残局功底取胜。

王嘉良，1933 年生于山东龙口，幼年随家迁居黑龙江省，上世纪 40 年代中期定居哈尔滨。青少年时喜好象棋，曾得到哈市名手金启勳指教，精钻棋艺，刻苦磨炼，终于成为著名棋手。1956、1957 和 1959 年三次在全国个人赛中获得亚军，其后又多次进入前 6 名，是象棋特级大师中的重量级人物。曾任《北方棋艺》月刊主编，现为《棋艺》月刊主编。与人合著有《象棋前锋》《象棋中锋》《象棋后卫》《桔中胆》《象棋斗炮战》等。

1. 炮二平五　马 8 进 7　2. 马二进三　马 2 进 3

3. 车一平二　车 9 平 8　4. 兵七进一　卒 7 进 1

5. 马八进九

进马屯边是旧式布阵，属于稳健攻法，后来多走马八进七或车二进六。

5. …………　炮 8 进 2

巡河炮是当时流行的应着。后来王嘉良在回顾这盘棋时认为：不如改走炮 2 进 4 更为积极主动。

6. 车二进四　象 3 进 5

7. 炮八平七　车 1 平 2

8. 兵九进一　炮 2 平 1

9. 车九平八　车 2 进 9

10. 马九退八（图 11–1）

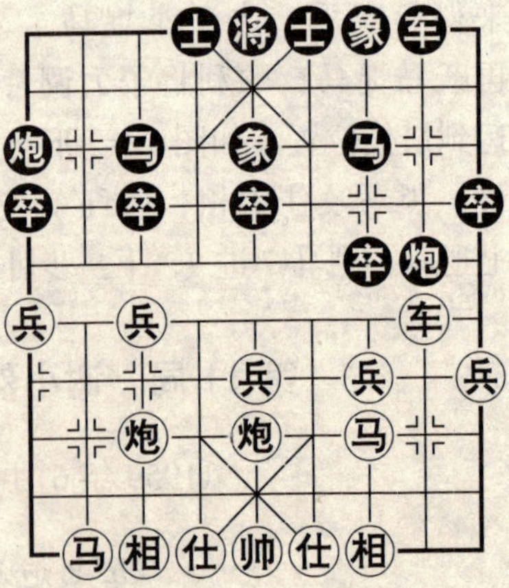

图 11–1

行棋至此，当时被认为是五七炮进七兵对屏风马布局的官着。

10. ………… 卒1进1

黑方脱离谱着，进边卒刻意求变，以试探对方应着。按常规走法，黑走卒3进1，则兵七进一，炮8平3，车二平七，炮3进3，马八进七，马3进4，双方均势。

11. 兵九进一 炮8平1 12. 车二进五 马7退8

13. 炮七进四 马8进7 14. 马八进七 马7进6

15. 炮五退一

退炮，准备平三路保兵，以便兑兵活马。佳着。

15. ………… 士4进5

补士过早。弈后复盘时，王嘉良认为当走后炮退1，以后再平7路为好。

16. 炮五平三 卒9进1 17. 兵三进一 卒7进1

18. 炮三进三 马3进1 19. 相三进五 后炮平3

20. 炮三进二 马1退2 21. 马三进四 卒5进1

22. 马七进八 炮1平2 23. 炮七平四

着法灵活。如改走炮七平五，则马2进4，马四进六，炮3平2，马六进八，马4进2，炮三平八，兑子后红方虽多一兵，但优势不大。

23. ………… 炮3进1 24. 炮三退五 炮3平5

25. 马八退七 马2进4 26. 炮三平四 炮5平1

27. 炮四进四

以炮兑马，着法老练。算准可取得多兵优势，并且兵种上优于黑方。

27. ………… 炮2平6 28. 炮四平六 炮1退3

29. 马四退二 炮1平4 30. 炮六平五 炮4平2

31. 马二进一 炮6进3 32. 马七进九

稳妥之着。如改走马七进八，则炮2进4，红马无出路。又如改走马七进六，则卒5进1，兵五进一，炮2进5，马六进七，炮2平5，黑方吃回一兵，易成和棋。

32. ………… 炮2进5 33. 炮五平六

平炮蹩马腿，准备七兵渡河。弈后，谢小然先生自评此着为软手，应改走仕四进五，避免黑方借骑河炮硬兑中卒。以下黑方如走炮6退1，则马九退七，炮2平1，马七进八；又如走炮6平9，则马一退三，炮2平7，相五进三。两种变化使黑中卒仍在危机之中，红方胜率较高。

33. ………… 卒5进1 34. 兵五进一 炮2平5

35. 仕四进五 马4进2 36. 马一退三 炮6退2

37. 马三进四 炮5退2 38. 兵七进一 马2退3

似应改走马2进1活跃马路，以攻兼守，较易谋和。现以马兑炮，兵种劣于对方，大为失策。

39. 兵七平六 马3进4

40. 兵六进一 炮5进1

(图11-2)

交换子力后，红方以多两兵的优势进入残局。黑方尽力坚持，以求谋和。如图11-2局面，双马双兵对双炮士象全是典型残局。红方处于绝对优势，但也要看如何下手。后面的对弈着实令人耐看。

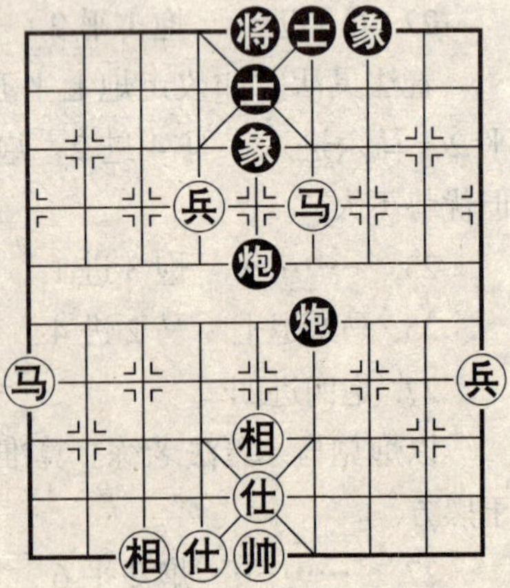

图11-2

41. 马九进七 炮5平7

42. 兵一进一 炮6退1

43. 马四进三 将5平4 44. 马七退五 炮6平1
45. 马三退二 炮7平8 46. 马五进三 炮1退1
47. 马二退四 象5进7 48. 马四退六 炮1进2
49. 马三退二 象7进5 50. 兵一进一 炮8进2
51. 马二进四 炮1退1 52. 马六进八 象7退9
53. 马八进七 将4平5 54. 兵一平二 炮8平7
55. 兵二进一 炮7退4 56. 马七退九 象9退7
57. 马四进六 炮7平6 58. 马六进四 象5进7
59. 兵六平七 炮1平5 60. 马九退八 炮6平1
61. 马四退三 象7进5 62. 兵二平三 象7退9
63. 兵七进一 象5退3 64. 兵七进一 炮1平6
65. 马八进七 炮5平3 66. 兵七平六 炮6退1
67. 兵三进一 炮3平4 68. 马三进五 炮4退2
69. 兵三进一 炮6进4 70. 马五进四

红方这一段着法非常细腻，兵力节节推进，皆处于最佳位置。黑方很难防守。

70. ………… 炮4进1 71. 马四退六 炮6退1
72. 兵三平四 士5进4 73. 马六退五

此后红方连续运马，俱见巧思。

73. ………… 炮6退1 74. 马五进四

红方形成“二鬼拍门”之势，算准兑换之后，马双兵必胜炮士象全。当年《北京晚报》发表了这个对局的残局片断，因当时棋规先行者为黑方，醒目的标题是《双卒制咽，一炮系囚》，恰如其分！

74. ………… 炮6平3 75. 马四进六 士6进5
76. 帅五平四

妙着，伏兵四进一，再马六进四杀。

76. ………… 炮3退1

77. 马六退八 炮3进1

78. 马八进七 炮3平6

79. 兵六平五 士4退5

80. 兵四平五 将5平6

81. 帅四进一（图11-3）

实战残局走到这个份儿上，实在难得。以下红马从帅后绕至右翼而取胜。

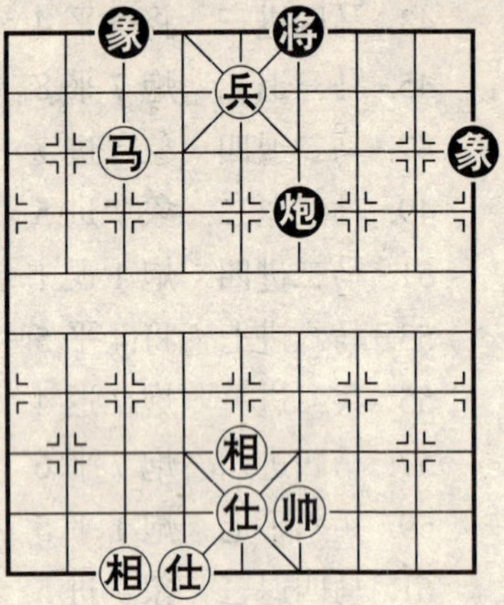

图11-3

第12局 侯玉山（先胜）王家元

（1959年9月14日弈于北京）

过宫炮对横车

1959年9月，新中国第1届全运会象棋赛在北京市劳动人民文化宫举行。预赛第一天，侯玉山与天津选手王家元相遇。侯避开中炮常套，以过宫炮揭开战幕。开局未几，在双方各子俱全的情况下，侯抓住王的一步疏漏，摧毁对方一士，挟优势直到终局，一举克敌。

王家元是天津市名手，曾多次参加全国赛。

1. 炮二平六 车9进1 2. 马二进三 车9平4

3. 仕四进五

红方上右仕，正着。如改走仕六进五，则炮8平5，车一平二，马8进7，以后进中卒，可形成古谱《梅花谱》所载“横车盘头马破过宫炮”局式，红方帅门被黑车控制，容易受到攻击。

3. …………　炮8平3　4. 马八进九　马2进1

5. 车一平二　马8进7　6. 车二进四　象7进5

不明显的软着，由此造成边马呆滞，局势受影响。似应改走卒1进1为宜。

7. 兵九进一　炮2进2

8. 相七进五　卒7进1

9. 炮八退一　卒3进1

10. 炮八平六　车4平6

11. 马九进八（图12–1）

伏后炮进八打士的凶着。

11. …………　车1平2

黑方未详察红方进马的企图，盲目出车，败着!结果白丧失一士，防线残缺，招来无穷后患。

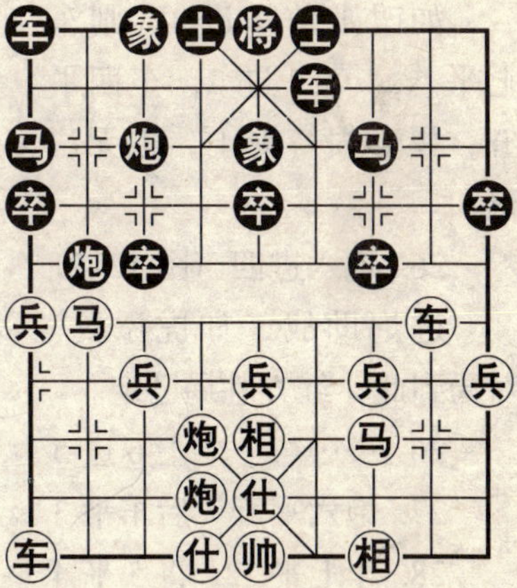

图 12–1

12. 炮六进八　将5平4

13. 马八进六　将4平5　14. 马六进七　炮2进5

15. 相五退七　车2进8　16. 相三进五　车6平4

平车目的为封住红七路马。如改走车6进7，则车二进二，士6进5，车二平三，将5平6（伏车2平5，马三退五，车6进1杀），车九平八，车2进1，车三进一，红方占上风。

17. 车二进三　马7进6　18. 车二平四　车4进1

19. 车四退二

老练之着。换马之后，黑方无后援，攻势难以发挥。

19. …………　车4平3　20. 兵九进一　卒1进1

21. 车九进五　车3平2　22. 车四进一　车2进1

23. 兵七进一　前车退 4

如改走卒 3 进 1，则车九平四，士 6 进 5，前车平一，黑方立刻溃败。又如改走马 1 进 2，则车九进三（接下来士 6 进 5，则车四进二），再车九平四，红方亦胜。

24. 车九退一　卒 3 进 1　25. 车九平七　卒 5 进 1

如改走前车进 1，则车七平八，车 2 进 2，车四平五，黑方损卒失士，也无法谋和。

26. 炮六进四（图 12–2）

进炮助战，如虎添翼。对局到此，红方胜局已定。

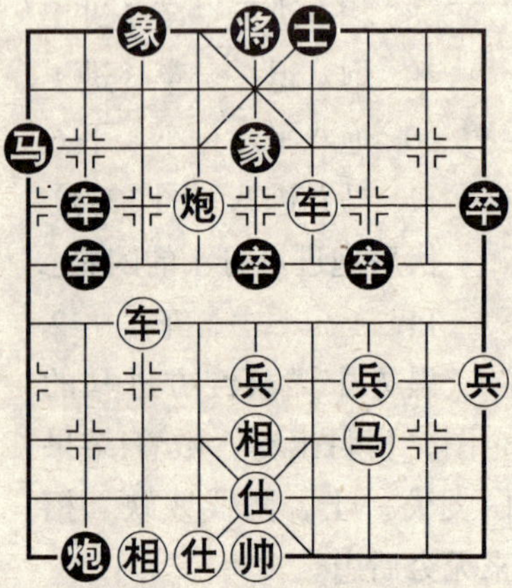

图 12–2

26. …………　士 6 进 5

27. 炮六平五　后车平 3

28. 车七平二　将 5 平 4

29. 车二平六　将 4 平 5

30. 车六进四

从第 28 回合起，红车平二路叫杀，再平六路将军，最后进下二路，着法有力，一气呵成。

第 13 局　李义庭（先和）王嘉良

（1959 年 9 月 20 日弈于北京）

五六炮对屏风马

第 1 届全运会象棋竞赛，湖北李义庭和黑龙江王嘉良在决赛中都是3胜4和，并列获亚军。他们之间的对局，被棋坛名家张雄飞、陈松顺、董齐亮、谢小然、谢侠逊评选为“最佳一盘棋”。1959年10月15日《体育报》发表了这盘对局评注。评述这盘棋的特点是：布局新颖，不落俗套，双方在互求复杂的变化中，寻找胜利的可能；中局着法紧凑，拼杀猛烈，一方弃子夺先，棋局上几度出现惊骇险恶、扣人心弦、变化极其繁复的场面；双方在残局阶段，经过深谋远虑、反复推敲，终于化险为夷，杀罢呈和。双方在这局棋中走出了不少妙着，基本上未出差错；这局棋在一定的程度上体现了解放十年来中国象棋技术水准的提高。

这是一盘历史名局，是象棋艺术发展中的杰作。战术机动灵活，局面几番波折；审慎细腻推敲，紧张形势缓和；双方斗智斗勇，最终激战成和。在今天看来，艺术价值依然存在，仍然值得借鉴与欣赏。

1. 炮二平五　马8进7　　2. 马二进三　卒3进1

第2回合就挺卒，目的是避开对方擅长的中炮进七兵巡河炮布局。李义庭在1958年出版象棋专著《巡河炮对屏风马》，王嘉良避其所长，战术可取。

3. 车一平二　车9平8　　4. 马八进九　马2进3

5. 炮八平六

这步棋红方常规走炮八平七形成五七炮，或进三兵后炮八进四形成五八炮。这步平六炮也体现了斗智。既然黑方另辟蹊径，红方也打破常规。

5. ………　车1平2　　6. 车九平八　象7进5

7. 车八进六　卒7进1　　8. 车八平七　马3退5

退马窝心，着法不落俗套。此时并无大碍，因红方双马不够灵活。

9. 车二进四

升车河沿，徐图进取。如车七平八，则炮 8 进 1，车八退二，马 5 进 3，红方无便宜。

9. ………… 炮 2 进 5

兑中炮亮出车道，又可减轻压力。

10. 兵九进一

不主动兑炮而开通马路，着法细腻。如改走炮五平八，则车 2 进 7，车二平六（如车七进一，马 7 进 6，红方不利），马 5 进 3，黑方反先。

10. ………… 炮 8 进 1　11. 车七进二　炮 2 平 5

12. 相三进五　车 2 进 3

抢占卒林要道，伏炮 8 退 2 打死车。

13. 马九进八　车 2 平 4　14. 仕六进五　炮 8 退 2

15. 车七退二　车 4 平 3　16. 马八进七　炮 8 平 9

17. 车二平四

着法积极。如兑车则局势平淡，易成和棋。又如改走车二平六，则马 7 进 6，车六进一，马 5 进 7，炮六进七，车 8 进 7，黑炮将要打边兵，呈反先局面。

17. ………… 车 8 进 7

18. 车四进四（图 13–1）

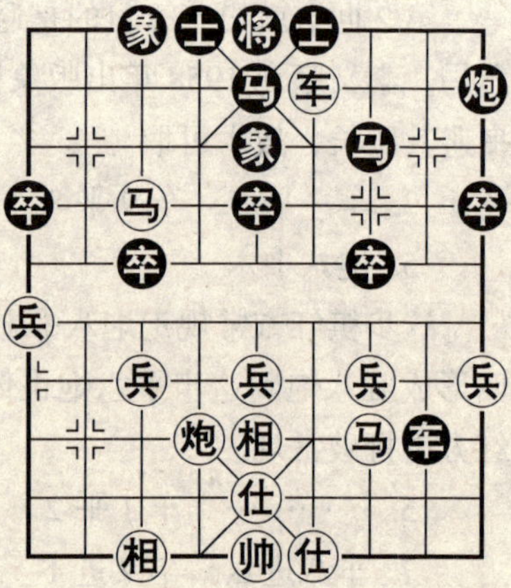

图 13–1

你打你的，我打我的，开始对攻，互不手软，局势掀起高潮。红车压象腰，伏马七进八要挂角杀。

18. …………　马 5 进 3　19. 炮六进五

佳着。伸炮射马，必得一子。

19. …………　车 8 平 7

弃子求杀，最好的应着。如改走马 7 退 5，则炮六进一，红方胜势。

20. 炮六平三　炮 9 进 5

弃子抢攻，算准以后多卒，足可与红方抗衡。

21. 炮三平七　炮 9 进 3　22. 相五退三　车 7 进 2

23. 车四平二　车 7 退 3　24. 车二退八　炮 9 退 3

黑方虽然少一马，但五卒俱全并得一相，局势不差。

25. 炮七平八（图 13–2）

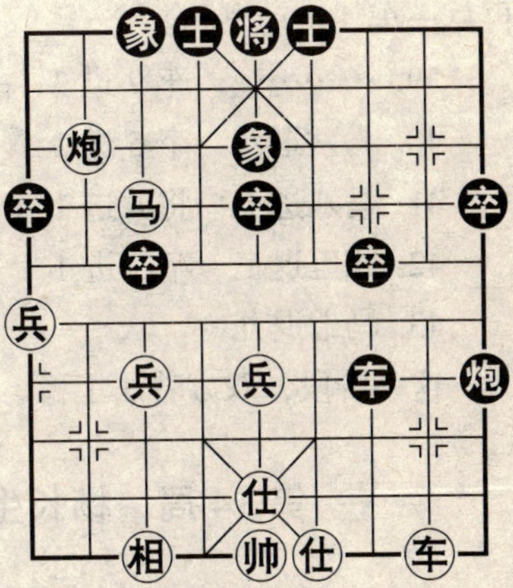

图 13–2

攻守兼备之着。既可进马塞象眼叫杀，又可退炮打中卒或回防。

25. …………　炮 9 平 5

如改走车 7 平 5，则炮八退四打车，兑炮后局势平淡易成和局。

26. 相七进五

似可走仕五进四，以免受到黑车炮的威胁。

26. …………　炮 5 退 1

27. 马七进六　士 4 进 5

28. 炮八进二　象 3 进 1　29. 马六退八　将 5 平 4

30. 马八退六　炮 5 退 1　31. 炮八退四

红方一时难以取胜，已看出潜在的危险，及时兑炮消除隐患。

31. ………… 车7平3　32. 炮八平五　卒5进1
33. 车二进四　车3平4　34. 马六进七　象1退3
35. 车二进二　车4退5　36. 车二平七

车二平六可成和，看来红方还想再较量下去。

36. ………… 卒9进1
37. 马七退六　车4平2
38. 车七退一　卒5进1
(图13-3)
39. 车七平八

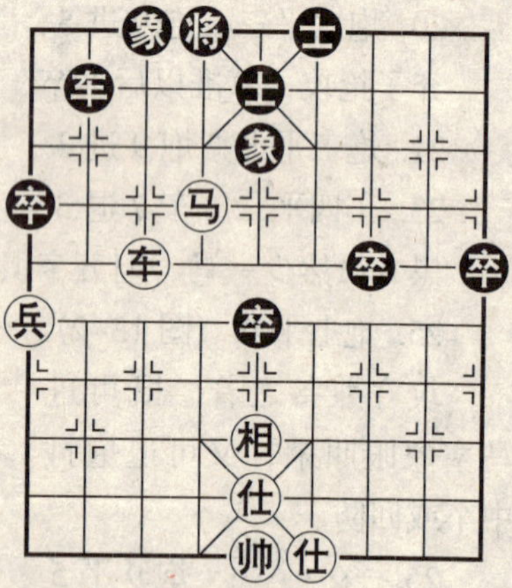

图13-3

如图13-3形势，黑卒过河欲有所为。红方当机立断再兑一车，主动谋和。

39. ………… 车2进3
40. 马六退八　卒5进1
41. 马八进七　将4进1
42. 相五退三　卒7进1
43. 马七退九

这一阶段，双方着法工稳，最后握手言和。

第14局　杨长生（先负）杨官璘

(1960年4月30日弈于北京)

中炮七路马对屏风马左象横车

1960年四五月间，广东省象棋队应邀至北京访问，同北京棋手进行多场友谊交流赛。杨官璘4战4胜，成绩最优，其中以对杨长生的一局最为精彩。这局棋，双方一开始就进行对攻，互相牵制，形势始终复杂而紧张。第33回合，执红棋的杨长生本来有一个很好的进攻机会却被错过，而接着又走了一步表面看似很好却华而不实的空着。结果被黑方沉炮叫将，利用双车一马配合作战，步步紧迫而取得胜利。

杨长生，北京著名工人棋手。曾获市冠军。1960年代表北京市参加全国团体赛。

1. 炮二平五　马8进7　　2. 马二进三　车9平8

3. 车一平二　马2进3　　4. 兵七进一　卒7进1

5. 马八进七　车1进1

常规走法，黑方以飞中象应对。现在出横车，有争取对攻的意味。这种走法，在1958年全国赛以后甚为流行。

6. 炮八平九　炮2进4　　7. 车九平八　炮2平3

8. 兵五进一　象7进5　　9. 仕六进五　炮8进3

黑方双炮过河，力图反击，这步棋比炮8进4要灵活。由此开始，渐渐进入紧张阶段。

10. 兵五进一　卒5进1　　11. 兵三进一　炮3平7

12. 马三进五　车1平6

平车控制肋道，正着。如改走卒5进1渡河，红方则车二进四吃炮抢先。

13. 兵三进一

应改走马五进六捉马较好，黑方如马3进5，则炮九进四，卒3进1，炮九进三，红方优势。

13. …………　炮8平7

抢先之着。开局至此，黑方已逐渐反先。

14. 炮五进三　马3进5　　15. 车二平一　车6进5

16. 马五进六　前炮退2　　17. 马六进八　车8进1

(图14-1)

黑方进车防马，有嫌过分小心。可改走前炮平5叫将比较有力，然后再士6进5，以备出将助攻。

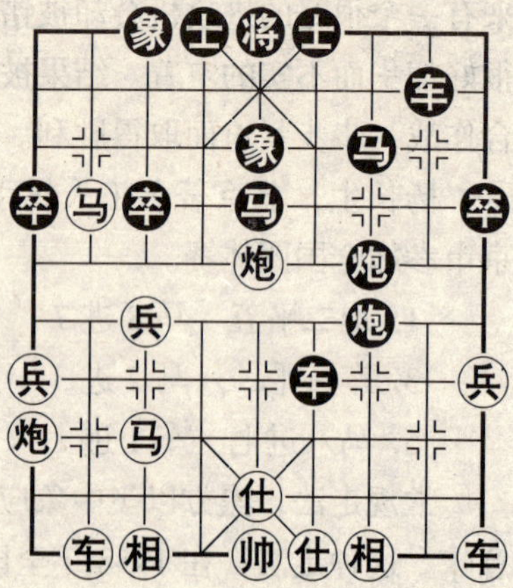

图 14-1

18. 相三进五　前炮平5
19. 车一平三　士6进5
20. 炮九进四　将5平6
21. 炮九退二　车8进4
22. 马八进七　车6平3
23. 兵七进一　车8退4
24. 车三进四　车8平6
25. 车三平五　马5进3
26. 车五退一　车3进1

这一段，红方多方设法终于兑去对方的当头炮，减轻了中路和右翼的压力。黑方在第24回合平车弃炮，准备先予后取，虽然好看，但不如立即走马5进3去兵保炮，比较实惠。

27. 炮九平三　炮7平8
28. 炮三平二　车6进7
29. 车八进四　炮8退1

凶着。伏炮8平5打车，再车3进2弃车杀。

30. 车五平三　炮8平5
31. 帅五平六　马7进8
32. 车八平六　马3进5

(图 14-2)

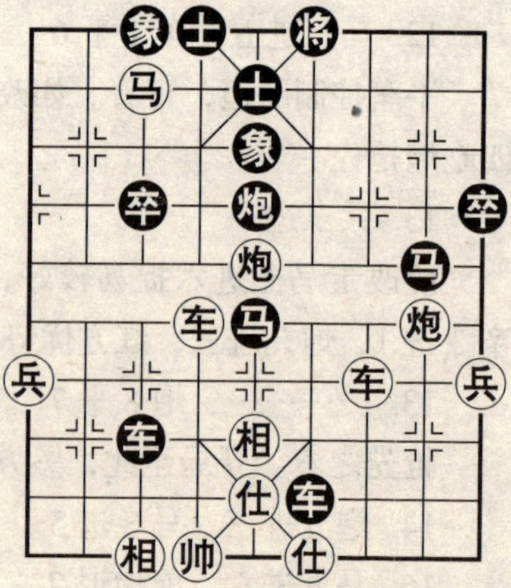

图 14-2

33. 车三平六

按当时棋规，双方各自有 90 分钟的自由支配时间。现在双方自由用时都已用完，以后将在 15 分钟内走完 10 步棋，否则判负。此时棋局的激烈程度已达白热化。在图 14–2 的形势下，红方双车并线，错失良机。此第一次失误。应改走车三进一捉马，演变下去，将取得极大的优势。以下如走：一、马 8 退 6，炮五平四，车 6 退 4，车三平五，炮 5 进 4（如炮 5 进 1，炮二平四，车 3 退 3，车六进二，红胜），相七进五，车 6 平 2 叫杀并用 6 路马捉车，车六平八，车 2 平 4，车五平六，红方得子可胜；二、车 3 退 3，炮二平五，车 3 平 5，炮五平四，下一步红方有炮四退二或车三进二杀势，黑方难以应付。

33. ………… 车 3 退 3

34. 炮五进二 炮 5 平 7

（图 14–3）

35. 炮五平七

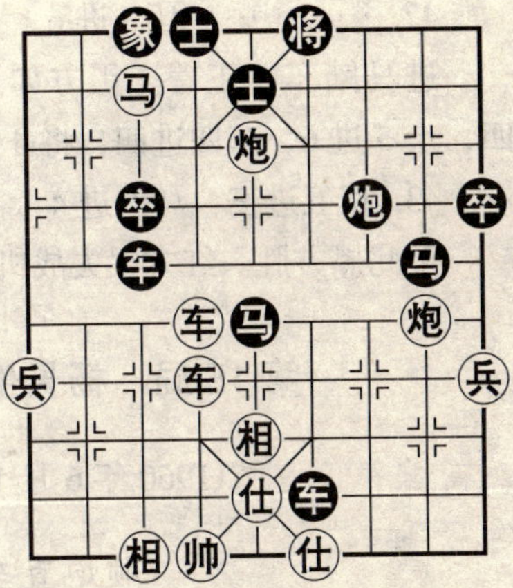

图 14–3

红方低估了黑方沉炮叫将后的威胁，走出平炮打车打象。看似好棋，其实是假棋。下一着被黑方沉炮后，主帅不安于位，局势危急。此第二次失误。如图 14–3 形势，红方应走炮二平三拦炮，以下象 3 进 5，车六平五。红方在得象的情况下仍占优势。

35. ………… 炮 7 进 6

36. 帅六进一 车 3 平 2

37. 前车平五 车 2 进 4

38. 帅六进一 车 2 退 1

39. 帅六退一 车 2 进 1

40. 帅六进

因时限吃紧，照将两次，以步数凑时间。

40. ………… 炮7退1

正着。如改走炮7退2，则相五进三，车6退1，车五退二，车6退1，车五进一，黑方难有作为。

41. 炮七进二 将6进1 42. 车五退一

退车联手，以防止被抽吃。但顾此失彼，被黑方进马捉车，红方立遭败局。此第三次失误。此时应改走车五平三，以下车2退1，帅六退一，车6退2，帅六退一，车6平4，帅六平五，红方虽然失去一车，但主帅已归位，尚可利用车马双炮的力量和对方较量。在双方时间都不充裕的情况下，结果难以预料。

42. ………… 马8进6

进马踏车，正着。黑方如急于求成走车6平5，则车五平四，士5进6，车四进四，将4进1，车六平四，红方反而得胜。

43. 相五进三 马6进4

至此黑方胜。红方误失战机，断送一盘好棋，殊为可惜！

第15局 杨长生（先胜）孟立国

（1960年6月17日弈于北京）

顺炮直车对横车

1960年6月，辽宁省青年棋手孟立国参加5省市棋赛获冠军后，归途经过北京，应邀在文化宫作了3场表演赛，结果孟2胜1负。孟与杨长生这盘棋双方对攻厮杀十分激烈，只因孟立国一步随手棋乃至败北。

孟立国，原籍辽宁新宾，1937年生于沈阳。象棋特级大师。

1958 年获沈阳市冠军。参加全国个人赛名次：1959 年第 8 名，1960 年并列第 6 名，1962、1965 年第 5 名，1974 年第 6 名。1978、1984 年全国团体赛冠军辽宁队主力之一。棋风泼辣猛勇，擅长中局搏斗，有“杀象能手”之称。著有《棋坛春秋》。与王嘉良合著《象棋斗炮战》，与孙志伟合著《五九炮过河车对屏风马平炮兑车》，与李中健合著《象棋残局技巧》，与殷波合著《象棋大师争战谱》。2008 年 8 月逝世。

1. 炮二平五　炮 8 平 5　　2. 马二进三　车 9 进 1

3. 车一平二　马 8 进 7　　4. 马八进九　车 9 平 4

5. 炮八平七　马 2 进 1　　6. 车九平八　车 1 平 2

以上是上世纪五六十年代顺炮直车对横车流行变例。红进边马平七路炮，再开直车，以便两翼均衡发展。

7. 车二进六　车 4 进 3　　8. 车二平三　卒 1 进 1

9. 兵三进一

如改走车八进六，则炮 5 平 4，以下有炮 4 进 1 打双车着法。再如改走车八进四，则马 1 进 2，黑方反先。现在挺三路兵设圈套，且看对方如何应付。

9. …………　士 4 进 5

如改走马 1 进 2，则炮七平八，炮 2 进 5，车八进二，炮 5 平 2，马三进四，车 4 平 6，兵三进一，炮 2 进 5（车 6 进 1，车八进三，红方占绝对优势），兵三平四，车 2 进 2，马四进二，黑方难以应付。

10. 仕四进五　炮 5 平 4　　11. 车八进四　象 3 进 5

12. 马三进四　车 4 平 2　　13. 车八平六　炮 2 进 1

14. 炮五平六

平炮邀兑抢先，好棋。

14. …………　卒 3 进 1　　15. 炮六进五　炮 2 平 7

16. 炮六平三　卒 3 进 1
17. 车六平七　炮 7 平 8
18. 炮三平九　炮 8 进 6
19. 仕五退四　后车平 4
20. 炮七平三　炮 8 退 4
21. 炮三平四（图 15-1）

经过一番搏斗，红方一车换三子，取得子力上优势。但河口马被黑炮牵制，成为互缠局面。

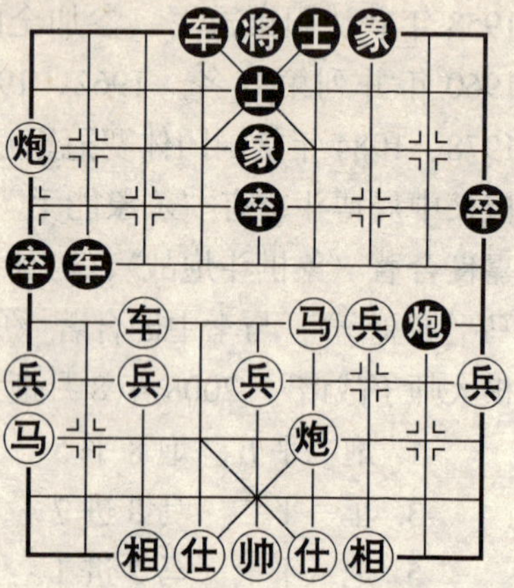

图 15-1

21. …………　车 2 平 5

平车捉卒，准备一决胜负，使局势趋向复杂。如改走车 4 平1，迫红炮九平七，再车 1 平 3 封住，则黑可夺回一子，成为平稳局面，可能以和棋告终。

22. 兵五进一　车 5 平 4　23. 仕六进五

迫不得已而弃马。如马四退五，则卒 5 进 1，黑方有攻势。

23. …………　炮 8 平 6
24. 兵五进一　前车进 1

准备平中炮叫将，好棋。如改走前车退 2 捉炮，则车七平四，前车平 1，兵五进一，红车马炮对黑双车士象全，红方占优。

25. 炮九进二　后车进 2（图 15-2）

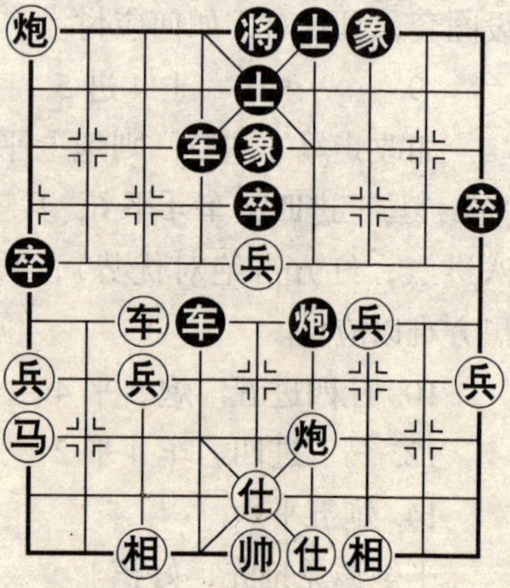

图 15-2

随手棋，败着。结果被红方所乘，因为红方仕角炮平八路叫杀时，黑方不能出将，必然失车而败局。此着应走后车进3。红如接走兵五进一，则后车进1，尚能应付。红如接走炮四平八，则炮6平5，仕五进六，将5平4，车七进五，将4进1，车七退一，将4进1，由于黑方随时可走后车平1跟炮，红方一时难以构成杀局。如此黑方有空头炮，又有进车吃仕的着法，在互缠中，鹿死谁手，尚难预料。

26. 炮四平八　炮6平5　27. 仕五进六　士5进6
28. 炮八进七　将5进1　29. 车七进四　后车退1
30. 炮八退一　卒5进1　31. 炮八平六

红方得车胜。一着失误，满盘皆输，这局棋就是最好的例证。

第16局　董齐亮（先胜）胡荣华

（1960年10月16日弈于北京）

中炮对后补列炮

1960年10月下旬至11月初，在北京举行了全国棋类（象棋、国际象棋、围棋）锦标赛，首次设立象棋团体赛。北京名手董齐亮在第2台获得第4名。其中在第2轮战胜上海胡荣华（第2台第1名）一局，巧设圈套弃马入局，足以显示其功力。

胡荣华，1945年11月生于上海。象棋特级大师，具有划时代意义的杰出棋手。1957年获上海市少年儿童赛冠军。1960年3月获上海市亚军，同年在全国团体赛为上海队夺冠立功建业，并获得全国个人赛冠军。1962至1979年9次蝉联全国冠军。

1983、1985、1997、2000 年又在全国个人赛中夺冠。2006 年 7 月获第 5 届象棋排名赛冠军。多次在国际比赛中名列前茅。任全国象棋协会副主席、上海棋院院长、《上海象棋》月刊主编。著有《反宫马专集》《胡荣华妙局精萃》。

1. 炮二平五　马 8 进 7　　2. 马二进三　车 9 平 8

3. 车一平二　卒 7 进 1　　4. 马八进九　炮 8 进 4

5. 车九进一　炮 2 平 5　　6. 仕四进五　马 2 进 3

7. 车九平六　车 1 平 2　　8. 炮八平七　炮 5 平 6

着法灵活。因黑方感到中炮已不起作用，平士角炮准备上象，使阵容完整。

9. 兵七进一

进七兵稍缓，攻势不易发展。似应改走兵五进一较好，黑方如士 4 进 5，则兵三进一，卒 7 进 1，车六进二，炮 8 退 2（如炮 8 进 2，兵一进一，以下红方有马三进一手段），相三进一捉死卒，红方子力灵活，仍有攻势。

9. …………　象 3 进 5　　10. 炮七进一　车 2 进 4

11. 兵一进一

改走进中兵兑炮较为积极，其变化为：兵五进一，炮 8 平 3，车二进九，马 7 退 8，马九进七，以下如马 8 进 7，则兵七进一，车 2 平 3，马七进六，士 4 进 5，兵五进一，卒 5 进 1，马三进五，红方虽失一兵，但有攻势；如车 2 进 2，则车六进二，马 8 进 7，兵五进一，卒 5 进 1，马三进五，红方亦有攻势；如车 2 平 6，则车六进二守兵线，形势难分优劣。

11. …………　士 4 进 5　　12. 兵九进一　卒 3 进 1

13. 兵七进一　车 2 平 3　　14. 车六进三　马 7 进 6

15. 车六平八（图 16-1）

马 3 进 4

如图 16-1 形势，红方右翼车马受阻。黑方各子灵活，已占优势。现进马河口，有嫌过急，应改走车 8 进 3 看守中卒后再进马捉炮，这样攻势较大。若红方接走兵三进一，则卒 7 进 1，车二进三，车 8 进 3，炮七平二，卒 7 进 1 捉双，黑方占先。

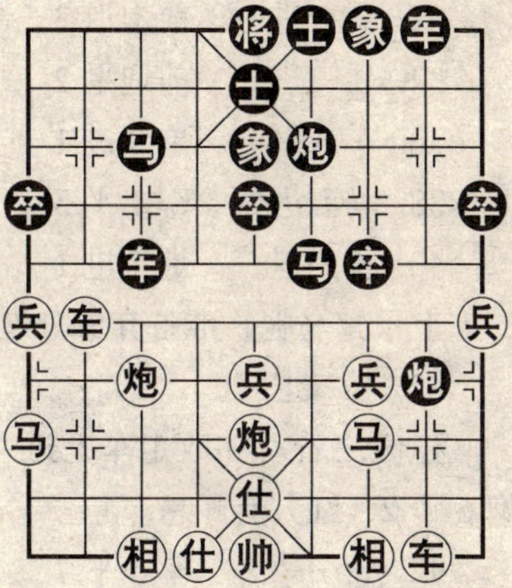

图 16-1

16. 车八进五　车 3 退 4

如改走士 5 退 4，则炮五进四，士 6 进 5，车八退四，将 5 平 6（如炮 8 平 5，仕五退四，黑方无便宜），车八平七，象 5 进 3，相三进五，结果黑方无便宜。

17. 车八平七　象 5 退 3　18. 炮五进四　象 7 进 5

19. 兵五进一　马 4 进 3　20. 马九进七　马 6 进 4

21. 炮五平四　马 4 进 2　22. 马七退五　卒 7 进 1

送卒以便车炮活跃，抢先之着。

23. 兵三进一　炮 8 平 5　24. 炮四平二　马 2 进 3

25. 帅五平四　炮 5 平 6　26. 炮二平四　马 3 退 4

27. 帅四平五　车 8 平 7　28. 相三进一　车 7 进 3

29. 炮四退一　车 7 平 3

似应马 4 进 2 捉相更显灵活，子力易于开展。

30. 车二进三

正着。红目的是牵制黑子力，以下再平炮捉子可多兵得势。

30. …………　车 3 进 6　31. 炮四平五　马 4 退 5

32. 兵五进一　前炮退3　33. 车二平七　车3平1

34. 兵三进一　前炮平2　35. 车七平八　炮2平3

36. 车八平七　炮3进1　37. 兵三进一　车1退4

38. 马五进四　车1平5　39. 兵五平六　炮3平1

40. 相一退三　炮1进1　41. 马四进二　象5进7

上象蹩马腿，准备弃象分炮搏杀。甚有胆魄！

42. 马二退三

稳健之着。如改走车七进六吃象，则士5退6，兵三平四，炮6平2，红方有顾忌。

42. …………　车5平7　43. 相三进五　炮1进4

44. 相五退七　象7退5　45. 兵三平四　炮6平8

46. 后马进一　车7平2　47. 马三进四　车2平9

48. 马四进二　车9平8　49. 马一进三　炮1退4

50. 仕五退四　车8退1　51. 兵六平五　炮1平6

52. 车七平五　炮6进3　53. 兵五进一　象5进3

54. 帅五进一

这一段过程，红方化解了黑方攻势，兵力逐渐推向对方阵地。红方长考后突然进帅捉炮，胸有成竹。

54. …………　炮6平8

（图16–2）

黑方平炮打马中圈套，应改走车8进4较好。

55. 马二进四

妙着。毅然弃马换士，是获胜关键。

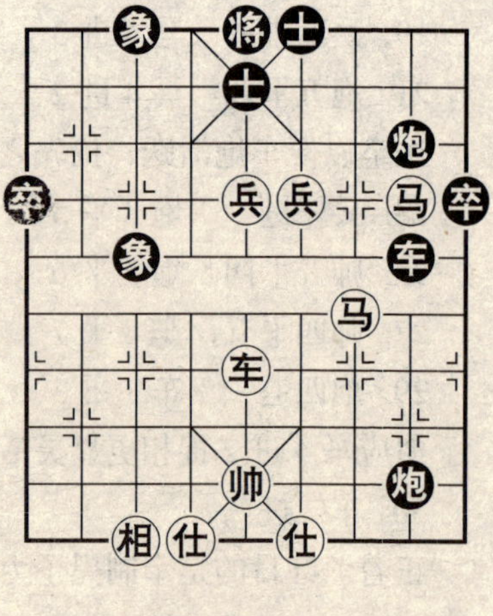

图16–2

55. ………… 士5进6

如改走将5平4，则车五平六，士5进4，兵五进一，士6进5，兵五进一，红方速胜。

56. 兵四进一　车8平7　57. 兵五平六　象3进5

如改走将5平4，则车五进六再兵四平五，红方胜。

58. 兵四平五　车7进1　59. 兵五平四　将5平4

60. 车五进六　将4进1　61. 兵四平五　车7平5

62. 相七进五　士6进5　63. 兵五平六

最后局势，黑方必失车，以后红方车兵必胜黑双炮残缺士象，战斗到此结束。

第17局　董齐亮（先和）蔡福如

（1960年10月28日弈于北京）

进马局对挺卒转单提马对中炮

董齐亮在1960年全国团体赛中出线，参加了个人赛。第3轮遇到广东名将蔡福如。董以软功布局开盘，蔡以挺卒转中炮应战。开局未几，黑方频频发动攻势。经过一番激战，子力消耗殆尽，终成和棋。

蔡福如，原籍广东番禺，1938年出生于广州。象棋特级大师。少年时在当地显露头角。1958年获广州市等级赛甲组冠军。1960年获广州市冠军。1960年广东省棋类锦标赛象棋赛，排名杨官璘之后获亚军。1960年与队友合作，助广东队获全国团体赛亚军。1960年获全国个人赛并列第6名。以后全国个人赛名次：1962、1974年第4名，1964年亚军，1966年第3名，1975年第5名。1991年获高级教练称号。棋风雄放，善于攻杀。1964

年全国赛力胜杨官璘、李义庭、胡荣华三冠军，遂被象棋界誉称为“羊城小霸王”。

1. 马二进三

上马布局，在上世纪60年代大赛中很少见。红方使用冷门布局有备而来，企图出奇制胜。

1. ………… 卒7进1　2. 马八进九　炮8平5

3. 炮八平六　炮2进5

要着。先手打马，再跳起右马，把右翼子力迅速调动，避免红车九平八捉炮的先手。

4. 相三进五　马2进3　5. 兵九进一　车1平2

6. 炮二进二　卒3进1　7. 仕四进五　马3进4

8. 炮二平六　马4进6　9. 车九平八　马6进8

进马抢攻，必走之着。否则，红兵三进一逼兑，黑马失去威力。作为后手方，不到10个回合，马炮迅速进入红方重地，黑方雄劲棋风，于此可见一斑。

10. 车一平四　炮2进1

11. 后炮退一　后马进9

12. 前炮平八　炮2平1

13. 炮六平八

似应车四进六较佳。以下有出帅或吃中卒等争先手段，局势不错。

13. ………… 车9平8

14. 车四进五　车2进2

（图17–1）

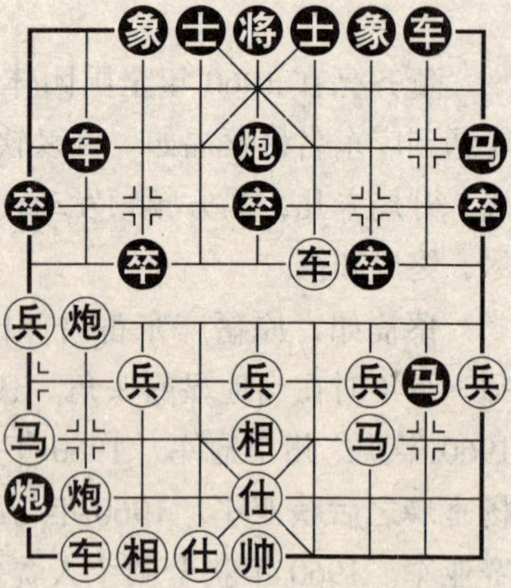

图 17–1

黑方高车抢先，不怕红炮打车。如红方接走炮八进六（如帅五平四，炮 5 平 6，车四平六，车 2 平 3，黑方反先），则马 8 进7，车四退四，炮 1 平 6，交换后黑方有攻势。

15. 车四退四　车 2 平 4　16. 后炮平七　炮 5 平 7

17. 车八进一　炮 1 平 3　18. 车八平七　炮 7 进 4

19. 仕五退四　卒 9 进 1　20. 车四进二　卒 7 进 1

21. 兵七进一　车 4 平 7　22. 车四进五　车 7 退 1

23. 车四退二　马 9 进 8

黑方鉴于过河卒受阻，攻势难以展开，因此跃出边马助攻。

24. 车四平五　士 6 进 5

(图 17–2)

25. 马三退一

如图 17–2 形势，黑方攻势正浓。此时退马邀兑，消除卧槽马威胁，是化先的佳着。如误走炮八平三，则马 8 进 6，车五平四，马 6 进 7，炮三退二，炮 7 平 9，红方右翼仍受到攻击。

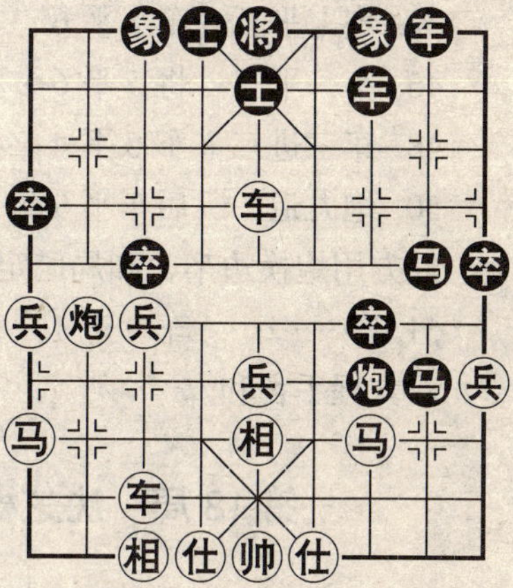

图 17–2

25. …………　马 8 进 6

26. 车五退二　炮 7 平 9

27. 马一进二　炮 9 进 3

28. 相五退三　车 8 进 6　29. 车七平三　炮 9 退 4

30. 兵七进一

在双方互相牵制中，红方毅然吃卒打开僵局，算准一车换马炮后，将形成车马炮三兵对双车三卒子力相等局势。红方的车马炮显然比黑双车活跃，红方优势。

30. …………　马 6 进 5　31. 相三进五　炮 9 平 5

32. 兵五进一　卒7进1　33. 炮八平七　象3进5
34. 兵七平六　车7进3　35. 兵五进一　卒7进1
36. 车三平七　车8平2　37. 马九进七　车7进2
38. 马七进五　车7平5　39. 马五进三　卒7平6
40. 炮七进二　车5平7　41. 马三退五　车7平6
42. 马五退四

退马吃卒，先立于不败之地，着法明智。红方因为车马炮一时尚不能构成攻势，如果被黑方过河卒破仕，红方亦有顾忌。

42. ………… 车6进1　43. 车七平一　车6退4
44. 炮七平五　车2平6　45. 仕六进五　后车平9
46. 车一平三　将5平6　47. 兵六进一　士5进6
48. 车三进三　车6平4　49. 炮五平九　车9平4
50. 炮九退一　后车平9　51. 炮九平一

红方用炮换边卒，和局已定。

51. ………… 车9进1　52. 车三平五

双方握手言和。

第18局　沈芝松（先负）杨长生

（1960年10月22日弈于北京）

中炮对单提马横车

杨长生在1960年全国团体赛中打第3台。在与浙江名将沈芝松对阵中，杨在反先后，积极进取，迫使对方弃车解围。最后以一卒的微弱优势，取得胜利。

沈芝松，1939年生，浙江省杭州人。杭州名手。上世纪60年代初入选浙江省队。1960年起，多次参加全国赛。70年代后期，任杭州市象棋队教练。

1. 炮二平五　马2进3　　2. 马二进三　马8进9

3. 车一平二　车9进1　　4. 兵七进一　车9平6

红方挺七兵，黑横车平6不过宫，正确。如改走车9平4，则兵七进一，卒3进1，炮八平七，红方车炮分别捉马炮，黑方势必失子。

5. 炮八平七

用七路炮攻单提马横车，看似积极，但黑车占据河口后，可从容防守。似应走马八进七，进攻路线较为宽广。

5. ………… 车6进3　6. 兵七进一

送兵过急，宜走马八进九，再出九路车，使左翼子力活跃，可对中炮起助攻作用。

6. ………… 车6平3　　7. 炮五退一　卒9进1

很好的诱着。借进马打车之机，把红车逼到卒线。如径走炮8平5，少挺一步边卒，红车以后可选择巡河的有利地位。

8. 车二进六　炮8平5　　9. 炮五平七

打车无便宜，不如走飞中相缓图进取较好。其变化可能是：相三进五，车1平2，炮五平七，车3平2，马八进九，马3退5，后炮平四，马5进7，仕四进五，红方阵形较为巩固。

9. ………… 车3平2　10. 前炮进五　炮2进7

11. 前炮平一

失策之着。担子炮有着良好的防御功能，无条件放弃，殊为可惜。似应走车九进二，如马9进8，则兵三进一，红方局势无危机。

11. ………… 象7进9　12. 车二平三　车1平2

13. 相三进五　前车进3　14. 仕四进五　车2平3

15. 炮七平九　炮5平3

（图18–1）

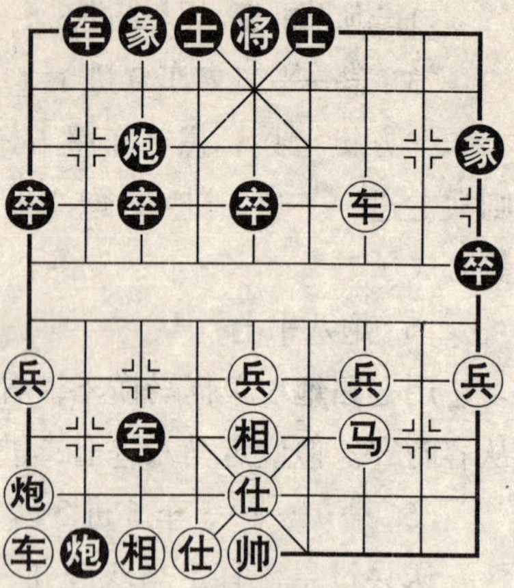

图18–1

掌握战机，随时应变，大胆卸炮，以求进攻。获胜关键之着。

16. 车三进一　车3平5

17. 车三平七

如改走车九平八，则车5平7，车三平七（车八平九，炮3平5，红方难应付），车2进9，车七退一，车2退7，炮九进五，卒5进1，黑多子胜势。

17. ………… 车5平7　18. 炮九进五　车7进2

19. 仕五退四　车2进6　20. 车九平八　车2进3

21. 车七退一　车7退3　22. 车七平五　士6进5

23. 车五退一　象9进7

用象护卒，要着。如失去黑卒，红方车炮双仕可守和双车。

24. 相七进五　车2退6　25. 炮九退一　象3进5

过于稳健。此时车2进4捉相为佳，以下变化为：相五进七（如炮九平三，车2平5，仕六进五，象3进5，炮三平四，车5退1，车五平九，车7退2，黑车拴住车炮，胜定），车2平3，相七退九，车3退1，兵五进一，车3平1，黑方胜定。

26. 炮九平八　车7平9　27. 兵九进一　卒9进1

28. 兵九进一　车9进1　29. 相五退七　车9平3

30. 车五退一　卒9进1　31. 车五平一　卒9平8

32. 兵五进一　车 3 进 2
33. 兵五进一　车 3 平 1
(图 18-2)

细腻之着。不给红方留双兵，杜绝和棋的可能性。

34. 兵五平四　车 1 退 5
35. 炮八平五　将 5 平 6
36. 车一平四　车 2 进 3
37. 仕四进五　卒 8 平 7
38. 兵四平三　将 6 平 5
39. 车四平五　车 2 平 6
40. 兵三进一　卒 7 进 1

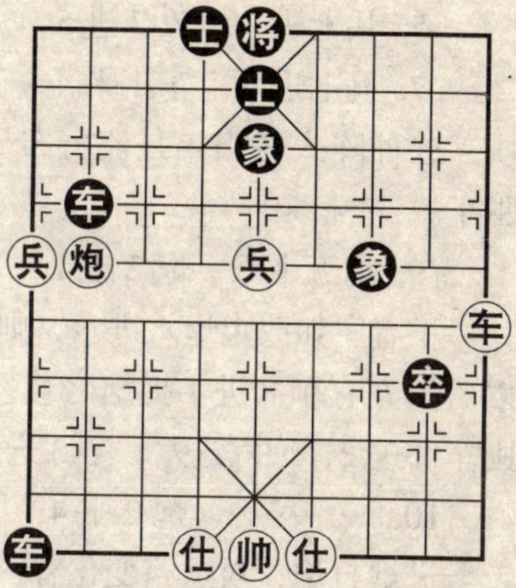

图 18-2

由于红方车炮被黑车牵制，已无法解脱，只得认输。

第 19 局　孟立国（先负）胡荣华

(1960 年 10 月 27 日弈于北京)

中炮过河车对屏风马左象横车

1960 年全国象棋团体赛结束，上海胡荣华以 10 胜 2 和 2 负积 22 分居第 2 台第 1 名，辽宁孟立国以 9 胜 4 和 1 负居第 1 台第 4 名，皆进入个人赛。在第 2 轮，孟胡对阵。全盘对弈过程紧张激烈，妙手迭出，开、中、残局均有佳构。当年这局棋被选为“最佳残局”，由竞赛委员会负责评选，张雄飞先生执笔撰文介绍，发表于 1960 年 11 月 24 日《体育报》。

1. 炮二平五　马 8 进 7　　2. 马二进三　卒 7 进 1
3. 车一平二　车 9 平 8　　4. 车二进六　马 2 进 3

5. 兵七进一　象 7 进 5　　6. 马八进七　车 1 进 1

7. 马七进六　车 1 平 4　　8. 炮八进二　卒 3 进 1

这种阵式在当年是流行布局，黑方进卒不怕红方炮五平六驱车。

9. 炮五平六　炮 2 进 1　　10. 车二退二

正着。如改走炮六进六，则炮 2 平 8，兵七进一，象 5 进 3，以后黑方有车 8 进 1 捉炮之着，可以反先。又如改走车二进一，则车 8 进 2，炮六进六，卒 3 进 1，黑方可夺回一子，抢占主动。

10. …………　炮 2 平 4　　11. 炮六进四

进炮打炮，对这路变化有一个认识过程。后来以马六进七取而代之。再后来发现红马六进七后，炮 4 进 6，车九进二，炮 4 退 1，兵七进一，马 7 进 6，黑方足可抗衡。由于执先方得不到令人满意的收效，在 1963 年后的大赛中，这一变例逐渐淡出。

11. …………　卒 3 进 1　　12. 炮六平七　卒 3 平 4

13. 炮七进三　士 4 进 5　　14. 车九平八　车 4 平 2

15. 炮七平九　卒 1 进 1

意图车 2 平 1 吃死炮，但改走马 7 进 6 更紧凑有力。

16. 炮八进三　车 2 平 1

17. 炮九平七　马 7 进 6

18. 车二退三　车 8 进 1

（图 19–1）

进左车，准备以后扬士双车同线，以解除左翼车炮被封局面。

19. 车八进五

进车马口而捉马，以便

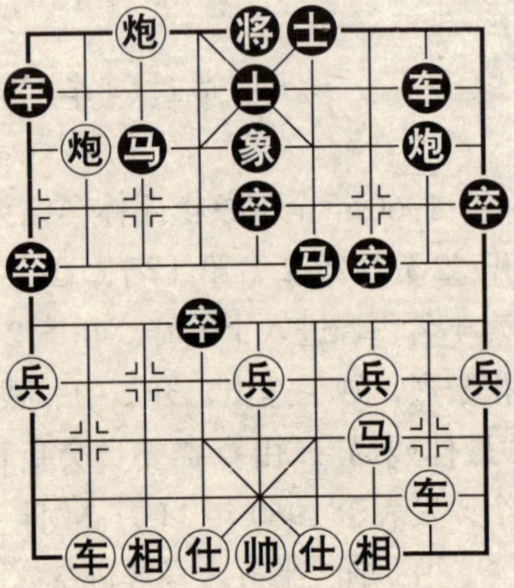

图 19–1

炮打中象，精彩！

19. ………… 马6退4　20. 炮八平五　士5进6

21. 车八进一

改走车八平七较好。黑方如走马3进1，则车七进一，炮8平5，车二进七，车1平8，车七平九（如车七平六，马1进3，车六退二，车8进6，车六平七，黑方残局形势略优），呈复杂局面，双方机会均等。

21. ………… 炮8平5　22. 车二进七　车1平8

23. 车八平六　车8进6

紧着。进车捉马，以便中炮发威，造成多卒残局。

24. 车六进一　将5进1　25. 车六平七　车8平7

26. 车七进一　将5退1　27. 车七退二　车7退1

28. 车七平六　炮5进4　29. 车六退二　卒5进1

30. 车六进一　卒5进1　31. 车六平九　卒7进1

32. 车九平三　卒5平4

33. 炮七退三　炮5退1（图19-2）

34. 炮七平三

应改走车三平五，以下士6进5，炮七平五，炮5退2，车五进一，车7平9，车五平三，必可吃回一卒。红方虽处于下风，但一车仕相全可守和车双卒。

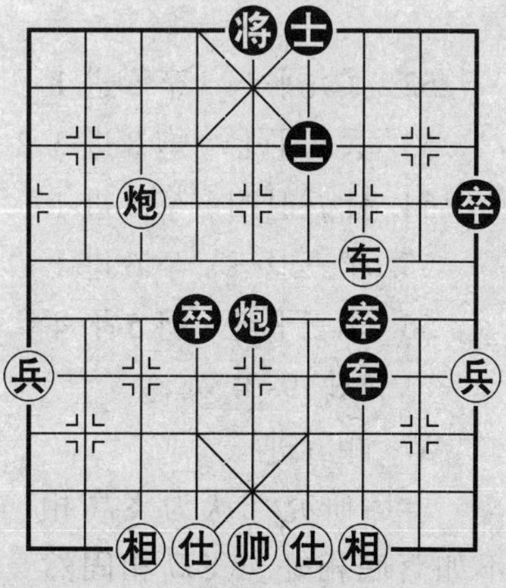

图19-2

34. ………… 车7平5

35. 仕四进五　车5平9

36. 相七进五　卒7平6

37. 炮三进三　士6进5　38. 炮三平一　车9平8
39. 车三进四　士5退6　40. 车三退三　士6进5
41. 车三进三　士5退6　42. 车三退六　车8退6
43. 炮一退一　车8进1　44. 炮一进一　车8退1
45. 炮一退一　车8进3

黑方多卒想取胜，当然必须主动变着。否则“两打还一”，按棋规可判和。

46. 车三进四　炮5进1　47. 兵九进一　士6进5
48. 车三进二　士5退6　49. 炮一进一　将5进1
50. 车三退一　将5进1　51. 兵九进一

在一番搏斗后，黑方仍保持多卒优势，但主将已被赶到九宫顶。而红方驱兵过河，黑方也将受到威胁。此时形势已更趋紧张。

51. ………… 炮5平8

平炮转攻侧翼，机警之着。

52. 兵九平八　卒6进1
53. 兵八平七　炮8进3
54. 仕五退四　卒6进1
55. 车三退三　卒6进1
56. 车三平五　将5平4
(图19-3)
57. 相五进三

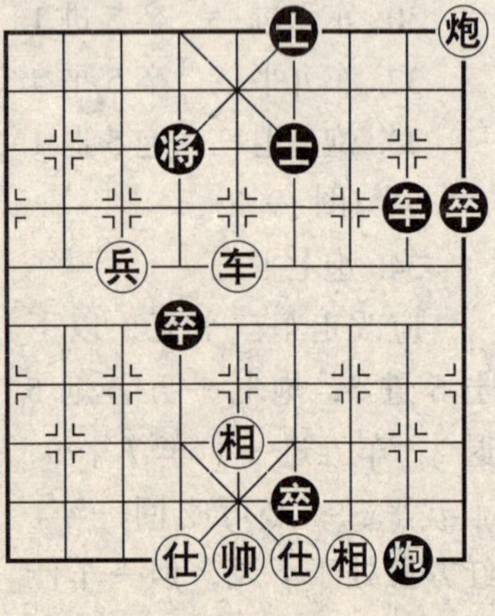

图19-3

事后研究，认为飞高相不如落底相好。飞高相固然可以阻止黑方以后车8进2骑河再平中兑车，同时也可预防黑车8平7威胁三路底相，但红方将来如退车吃卒后，高相将阻碍红车右移，同时相五退七还可加强左翼的防守。

57. ………… 卒4平5

送卒解杀，好棋。如误走车8平4，则兵七进一，黑方立成败局。

58. 炮一退一

准备必要时平四看住黑方6路卒，同时又使黑方不便撑士，以便红兵向前连冲，施行反击。

58. ………… 车8进3　59. 车五平六

可改走车五退一吃卒，较有周旋余地。黑方如接走车8平4，则仕六进五，车4进2，兵七平六，车4平1（如车4退4，炮一平四，红方略有谋和希望），帅五平六，将4退1，兵六进一，将4退1，兵六进一，士6进5，兵六进一，将4平5，车五平七，士5退4（将5平6，兵六平五，士6退5，车七平四叫将，吃回6路卒，黑方无胜算），兵六进一，将5进1（将5平6，车七平四要杀，吃回黑卒），车七进四，将5进1，车七平二捉炮，红方反而占优。

59. ………… 将4平5　60. 仕六进五

应走车六平五，待黑将5平4后，再车五退一吃卒，着法如第59回合评注。

60. ………… 将5退1

妙手。既防红方出帅反杀，又使红炮不能平四捉卒。至此红方再无反击机会，黑方胜定。

61. 车六平五　将5平6　62. 车五退一　车8平3

63. 车五进一

如改走车五平四，则车3进3，仕五退六，车3退1，黑方胜定。

63. ………… 车3进2

红方无法解救黑卒6平5杀，至此认负。

第20局 杨长生（先和）张德魁

（1961年4月8日弈于北京）

中炮过河车对屏风马

由北京宣武区工人俱乐部和先农坛体育场联合举办的“北京象棋名手邀请赛”，于1961年4月1日揭开战幕。参赛者有棋坛宿将张德魁、谢小然、侯玉山，1960年北京市冠亚军获得者宋景岱、杨长生，前沈阳市冠军王启宏，前长春市冠军朱学增。棋赛于5月11日结束。侯玉山以不败纪录获得冠军，第2名朱学增，第3名王启宏。

这局棋黑方走得沉稳，有一些巧妙着法。可惜在中残局时错失得子机会，最终成和。

1. 炮二平五　马8进7　　2. 马二进三　车9平8

3. 兵七进一　卒7进1　　4. 车一平二　马2进3

5. 车二进六　马7进6　　6. 马八进七　象3进5

7. 炮八进二

巡河炮对左马盘河是老式着法。当时流行的攻法是炮八进一或兵五进一。

7. ………… 卒7进1　　8. 车二平四

可改走车二退一，以下马6退7，车二退二，卒7进1，车二平三，马7进8，车三进一，红方略占先。

8. ………… 卒7进1

如改走马6进7，则炮五平四，士4进5，炮八平三，红方略占先。

9. 马三退五 马6退4
10. 车四平二 炮2进1
(图20-1)

似拙实巧，解脱车炮被拴的好棋。

11. 车九进一

正着。如改走炮五平二或相七进九，则卒3进1，准备再续走马4进3，黑可争到先手。

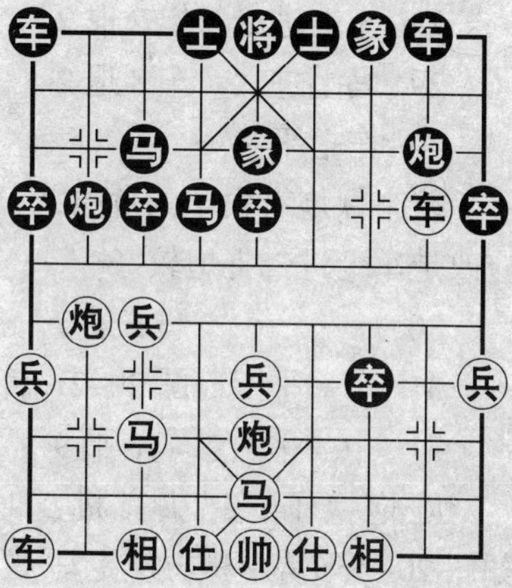

图 20-1

11. ………… 车1进1
12. 车九平六 车1平6
13. 车六进三 士6进5 14. 炮五平二 马4进3
15. 炮二进五 将5平6 16. 马五进四 车6进5
17. 仕六进五 车6退4 18. 炮二进一 马3进2
19. 车二退二 卒3进1 20. 相七进五 将6平5
21. 炮二平一

平炮邀兑车，是平稳着法。可改走车六进二捉炮，封住黑方右翼比较有力。

21. ………… 车8进5 22. 炮八平二 车6平8
23. 炮一进一 士5退6 24. 炮二平五

炮平中路无意义，不如走炮二平三生根。

24. ………… 卒5进1 25. 炮五平四 卒3进1

应改走车8进3牵住红车炮较好。红方如接走车六进三，则车8平6，车六平七，马2进1，黑方有攻势。

26. 炮四平七 马2退3 27. 车六平七 马3退5

佳着。退马转到左翼，可以威胁红方的沉底炮。

28. 车七进二　炮 2 退 2

29. 马七进六　车 8 退 2

30. 车七平一

杀卒保炮有失子的危险，应改走车七进二捉炮较好。

30. …………　马 5 进 7

31. 车一平三（图 20–2）

31. …………　车 8 平 9

吃炮换子，错失良机。如图 20–2 形势，黑方应走马 7 退 9，马六进七，炮 2 进 1，困死红炮，黑方可得子占优。

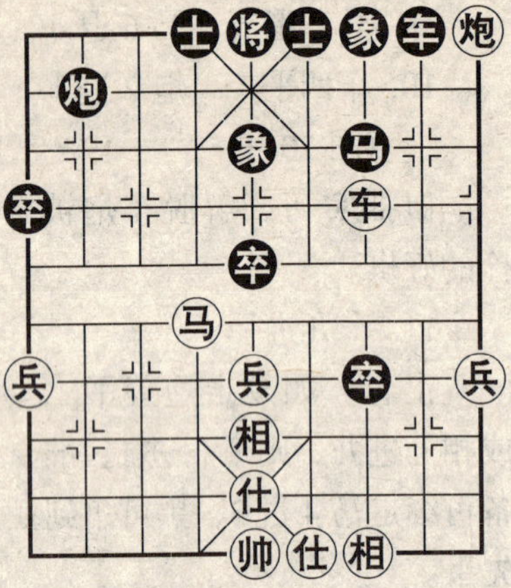

图 20–2

32. 车三进一　车 9 进 6　33. 马六进七　炮 2 进 8

34. 马七退五　士 6 进 5

至此双方子力相当，均无建树，同意作和。

第 21 局　宋景岱（先负）侯玉山

（1961 年 4 月 9 日弈于北京）

中炮过河车对屏风马左象

在北京名手邀请赛上，宋景岱对侯玉山这局棋，中局阶段双方对攻。黑方沉着冷静，抓住红方一步疏漏夺得优势，一举取胜。

1. 炮二平五　马 8 进 7　2. 马二进三　车 9 平 8

3. 车一平二　马 2 进 3　4. 兵七进一　卒 7 进 1

5. 马八进七　象 7 进 5　6. 车二进六　马 7 进 6

7. 车九进一　卒 7 进 1　　8. 车二平四　马 6 进 7

9. 炮五平四　车 1 进 1

正着，准备平至左翼加强攻防。

10. 车九平二　车 1 平 7　11. 马七进六　车 7 进 3

似应车 8 进 1 为宜，双车联手后应付裕如。

12. 车二进五

如改走马六进四，则卒 7 平 8，红方失子。

12. …………　士 6 进 5

13. 车四退一（图 21–1）

好棋，争先之着。

13. …………　车 7 退 3

退车避让，只能如此。如兑车，红马过河后，黑方右翼呆滞，红方占优。

14. 炮八平七　卒 7 平 6

诱着。红方如车四退一，则炮 3 进 3 拴链车马，黑方取得便宜。

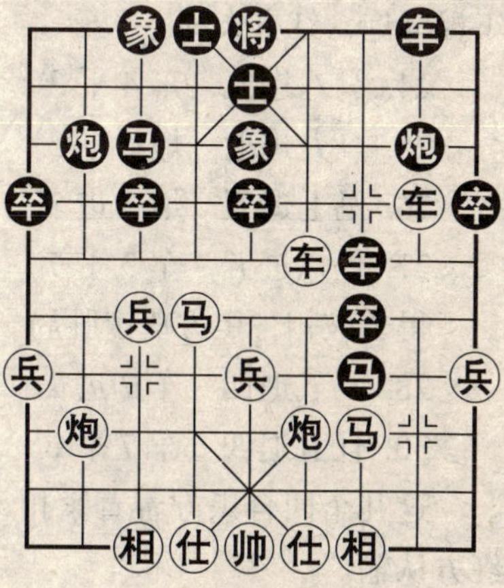

图 21–1

15. 车四平八　炮 2 平 1

16. 马六进七　车 8 进 1

17. 炮四平六　炮 8 平 6　18. 车二进二　车 7 平 8

19. 车八进三

要着。进车下二路，红方在黑方右翼展开攻势。

19. …………　炮 1 进 4　20. 炮六进六　车 8 进 3

21. 马七进五　车 8 平 4　22. 马五退七

如改走炮七进五，则炮 6 平 3，马五进三，将 5 平 6，黑方占优。

22. ………… 车4进3

(图21–2)

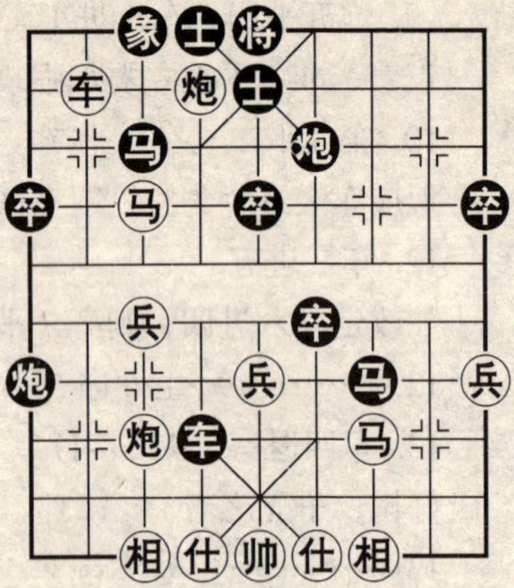

图21–2

23. 马七退八

败着。应走马七退六，如车4退2，则炮七进五，兑子后，仍属对攻局势。

23. ………… 炮1平2

佳着。黑方平炮打车，车捉马炮，红方失利。

24. 马八进九　车4平3

25. 马九进七　炮2平3

26. 马七退五　炮3进3

27. 仕六进五　车3平7

得子破相，黑方奠定胜局。

28. 马五退四　车7进2　　29. 炮六退五　炮3平6

30. 仕五退四　车7平6

这几个回合黑方着着紧扣，一气呵成。末后车杀仕抽吃马，红方认输。

第22局　王启宏（先负）谢小然

（1961年4月16日弈于北京）

中炮横直车对屏风马高车保炮

1961年4月16日，北京市官园体育场举行体育竞赛表演大会，谢小然和王启宏应邀进行象棋表演赛。王在开局阶段取得优势，谢临危不乱，沉着应战，走出弃炮妙手，使局势缓和。以后谢弃车吃炮，以一连串的精妙着法反夺主动，最后凭借多兵获胜。

王启宏，原籍江苏苏州。北京名手，象棋活动家。上世纪50年代中期，在苏州崭露头角，1957年参加全国棋赛上海分区赛。后来曾获沈阳市冠军。50年代末，由东北来京在建筑工程学院工作。60年代北京市甲级棋手。多次担任全国象棋赛裁判与编排工作。棋文散见于《象棋》月刊、《北京晚报》《体育报》等。

1. 炮二平五　马2进3　2. 马二进三　卒7进1
3. 车一平二　车9进2　4. 马八进九　马8进7
5. 车九进一　炮2进2　6. 炮八进二

进炮巡河，一着三用：炮八平一打死车；如黑马7进8，则炮八平二；如黑炮2平3，则炮八平七拦。

6. …………　卒9进1　7. 车二进六　马7进6
8. 车九平四　卒3进1　9. 炮五进四　马3进5
10. 车二平五　炮8平5　11. 炮八平五　士4进5
12. 车五平八（图22-1）

开局至此，红方攻势很紧。炮镇中路，车平八路捉炮，红方已占很大优势。

12. …………　车9平8

平车弃炮，佳着！如改走炮2平1，则兵九进一，马6进7（如炮1进3，车四进四，红方先手更大），车四进二，炮1进3，车四平三，红方优势。

13. 车四平六

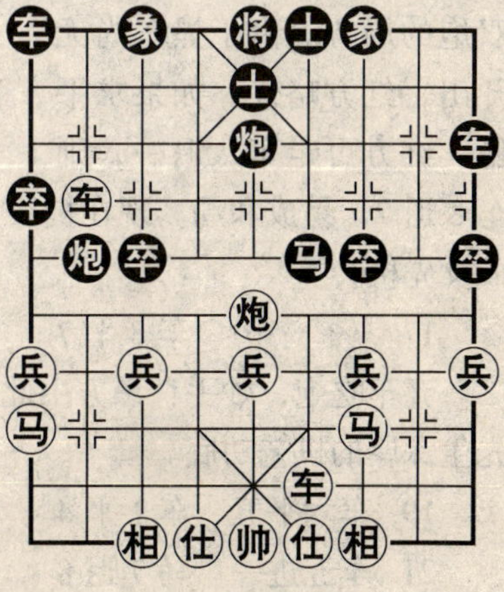

图22-1

如改走车八退一，则马6退4，车八退一，卒3进1，黑方吃回一子，反占优势。现在平车控制将门，急于求杀，似不如改走仕六进五巩固中路为宜。以下黑方如走车8进3，则炮五平九（如车八退一，马6退4，车八进一，马4进5，兵五进一，车8平5，黑方弃子得先），炮2平1，车八退一，马6进5，马三进五，车8平5，车四进二，炮5进4，相三进五，车1进2，双方对抢先手。

13. ………… 车8进3
14. 仕六进五 马6进5
15. 车六进三 马5进7
16. 帅五平六 象3进1
（图22-2）
17. 兵三进一

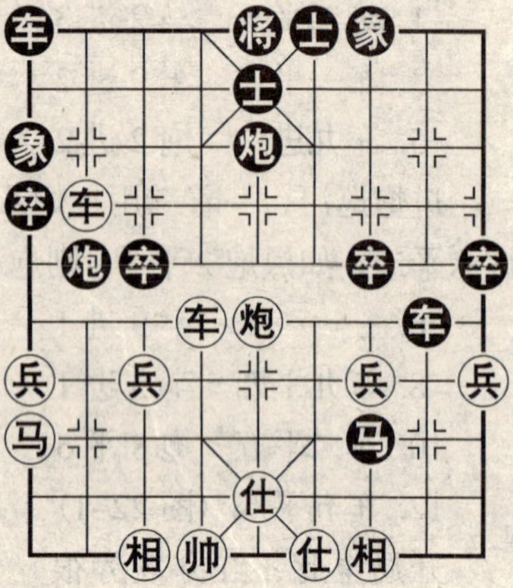

图22-2

如图22-2形势，红方可走车八平六叫杀，逼黑方用车换炮，成为双车马对车马双炮的局势。由于黑车尚无开出，红方略优。如果求平稳，红方可走车八退一，则车8退2，易成和局。现在挺兵用炮捉车，似佳实劣，给黑方造成反先机会。

17. ………… 车8平7　18. 车八退一 车7平5

弃车吃炮，妙手！黑方由此转为优势。这步棋显示了谢小然先生深厚的棋艺功底。

19. 车六平五 车1平4　20. 帅六平五 车4进5
21. 车五进一 马7退8　22. 车八进四 士5退4
23. 车八退七

王启宏先生自评：退车防马，似不如改以中车换炮，再走仕五进四为好。因为留着“活”车在外，吃卒谋和的机会可以较多。

23. ………… 马 8 进 6　24. 车五进二　象 7 进 5
25. 车八平四　车 4 进 1　26. 兵九进一　卒 7 进 1
27. 相三进五　卒 7 进 1

进卒后，红车受困，黑方大占优势。

28. 马九进八　车 4 平 3　29. 马八进六

不如马八进九吃卒较好。

29. ………… 车 3 平 1　30. 马六进五　车 1 退 1
31. 马五退三　卒 9 进 1　32. 兵一进一　车 1 平 9

至此，黑方多三卒，胜定。余着从略。

第 23 局　孙登魁（先负）刘文哲

（1962 年 4 月 4 日弈于北京）

中炮急进中兵横车对屏风马过河炮

1962 年春，北京市体委在劳动人民文化宫举办新中国成立后的全市首次象棋等级赛，包括名宿张德魁、侯玉山在内，共有 412 人参赛。经过初赛（淘汰制）、复赛（循环制）产生甲级棋手 8 人、乙级棋手 16 人、丙级棋手 24 人。4 月份在 8 名甲级棋手之间进行决赛。当年《北京晚报》载：决赛于 4 月 15 日结束，时年 21 岁的刘文哲 7 战全胜夺魁，27 岁的朱学增 4 胜 2 和 1 负获得亚军，24 岁的臧如意 4 胜 1 和 2 负名列第三。孙登魁名次在张德魁之后、宋景岱之前取得第 5 名。本局系决赛对局。

孙登魁系上世纪 30 年代北京棋坛所谓“二十八宿”之一。

早年曾同沈阳名手徐词海作友谊赛，分先两局皆战和。50 年代谢小然经营天然轩棋社时，请孙到那里镇盘，外地棋手到京拜访谢小然时，多由孙迎战。孙当时已年过花甲，谢称他为“老黄忠”。孙登魁 1964 年过世，年近七十。

刘文哲，祖籍大连，1940 年 10 月生于哈尔滨。1951 年随父举家迁京。少年时师从名宿谢小然先生。1955 年获首届北京市少年儿童象棋比赛冠军。1956 年获全国八大城市大中学生象棋比赛第二台（中学生组）冠军。1957 年北京市象棋赛获亚军。1962 年参加全国个人赛获第 6 名。自 1963 年 10 月在北京市“象棋八名手邀请赛”中，刘以 6 胜 1 和（胜臧如意、宋景岱、杨长生、傅光明、朱学增、侯玉山，和王启宏）不败战绩获得冠军后，全部精力致力于国际象棋，基本不再参加各种象棋赛事。1978 年首次荣登国际象棋全国冠军宝座。80 年代获得象棋大师、国际象棋特级大师称号，并成为国际象棋国家集训队总教练。

1. 炮八平五　马 2 进 3　　2. 马八进七　卒 3 进 1
3. 马二进三　马 8 进 7　　4. 兵五进一　士 6 进 5
5. 车九进一　象 7 进 5　　6. 车九平四　车 1 平 2
7. 兵五进一

红方可直接走马三进五，以下炮 8 进 4，兵五进一，炮 8 平 5，马七进五，车 9 平 8，车一进二，卒 5 进 1，马五进三（如马五进四，则马 7 退 9，红方车马攻势难以发挥），红方局势灵活。

7. ………… 炮 8 进 4

黑炮过河意欲平 3 射兵，威胁红方底相，在当时这是一步以攻助守的创新着法。

8. 兵三进一

红方进兵阻止黑过河炮右调，却与盘头马布局相悖。此时似应改走马三进五形成中炮夹马炮布局，黑方如炮 8 平 5，则马七进五，卒5进1，炮五进三，红方仍操主动权。

8. ………… 卒5进1　9. 车四进二　炮2进4

黑方吃掉红中兵后，形势转为主动。红车捉炮正合黑方心意，黑右炮再次过河，算准红方进七兵后，红马仍不能盘头。

10. 兵七进一　炮8退2

黑方撤回左炮巡河，预伏兑卒以后调往右翼的计谋。

11. 兵七进一

应改走炮二进二，不让黑右炮左移为好。

11. ………… 炮8平3

开局至此，黑方阻止了红方盘头马中路进攻计划，布局成功。

12. 马七进六　炮2进3　13. 马六进七　马7进5

14. 炮五进四　马3进5

15. 马七进六　车2进3

（图23–1）

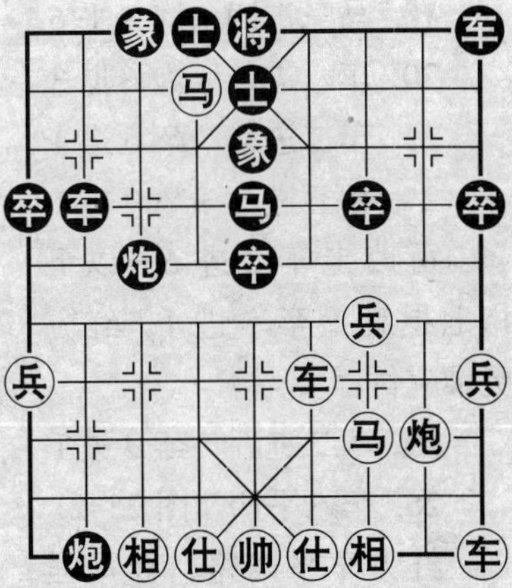

图23–1

黑方升车，妙！不怕红方车或炮捉马。如图23–1形势，红方如走炮二进四，则车2平4，马六退五，车4进6，帅五进一，车9平8，车一平二，炮3进3，黑车双炮围攻红方右翼，老帅危在旦夕。又如红方走车四进三，则车2平4，仕四进五，车9平8，炮二进二，车4退2，车四平五，车4进5，车一平二，车4平7，马三退四，车7退1，黑方优势。

16. 车一平二　卒5进1

进卒，静观其变，精警之着。如改走车 2 平 4，则马六退五，车 4 进 6（如车 4 平 5，炮二进七，以后上右仕出帅，红方有攻势），帅五进一，炮 3 进 4，炮二进七，以后红方有马五进三或帅五平四的进攻手段，黑方后果不堪。

17. 仕四进五　马 5 进 6

徐家亮先生在评注此局时认为，黑马进 6 路为稳健之着，但不如马 5 进 4 更为有力，可以速胜。其变化如下：马 5 进 4，炮二进七，车 2 进 3，车四进五，车 2 平 3，帅五平四，卒 5 平 6，车四退四，炮 3 进 5，帅四进一，炮 2 退 1，仕五进六，马 4 进 6，车二进八，马 6 进 5，帅四平五，车 3 进 2，帅五进一，炮 2 退 1，仕六退五，车 3 退 1，仕五进六，车 3 退 1，仕六退五，炮 3 退 2，黑方胜。

18. 马三进四　炮 3 平 6　　19. 车四平六　卒 5 平 6

20. 车六进二　炮 6 退 3　　21. 炮二进七　炮 2 平 1

22. 车二进二　卒 6 进 1　　23. 相三进五　卒 6 平 5

24. 相五进七　卒 9 进 1

可改走车 2 进 6，以下相七退九，卒 5 进 1，红方更难应付。

25. 车二进五　卒 9 进 1

26. 车六平四（图 23–2）

红方车平四路，弃马强攻，大有孤注一掷味道。

26. …………　炮 6 平 4

如图 23–2 形势，黑方大胆吃马，算准以后有惊无险。

27. 帅五平四　士 5 进 6

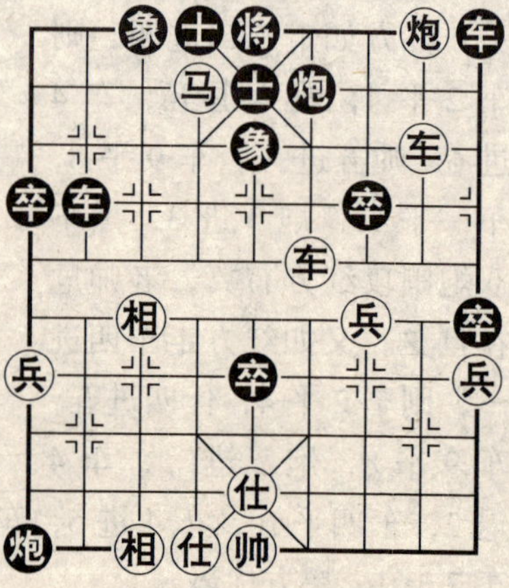

图 23–2

28. 车四进二　车9进1　29. 车四进二

如改走车四平五杀象，则士4进5，车五平七（如炮三平七，车9平8兑车），车9平6，帅四平五，车2平5，车七进二，士5退4，红方无法解黑方冲中卒攻势，亦负。

29. ………… 将5进1　30. 炮二退一　车9平8

31. 车二进一　炮4平8　32. 车四退一　将5退1

33. 车四平二　卒9进1

至此黑方必胜，红方认负。

第24局　刘文哲（先胜）赵连城

（1962年4月弈于北京）

中炮过河车边马对屏风马平炮兑车

赵连城是京城一位长于拼杀的工人棋手，在1962年北京市首次等级赛复赛阶段第1组中，战胜臧如意、王启宏等名手，以不败纪录取得第1名进入决赛圈，成为甲级棋手。其后在60年代中期获得北京市象棋赛第5名。

刘文哲在复赛第3组名列前茅进入决赛。与赵相遇开盘不久，刘设套诱敌，围困窝心马，先后弃掉两马一车，仅25回合就干净利落地结束了战斗。此为当年等级赛中短小精悍的佳局。

1. 炮二平五　马8进7　2. 马二进三　马2进3

3. 车一平二　车9平8　4. 兵七进一　卒7进1

5. 车二进六　炮8平9　6. 车二平三　炮9退1

7. 马八进九　车8进8

红进边马是当时流行的布局，它的特点是子力发展平衡，稳步进取。黑方伸车进入下二路威胁对方底线，意图平2封锁红方左翼，属于对攻之着。从本局以后发展来看，此着不如改走车8进5骑河捉兵，以下红如兵五进一，则士4进5（如马3退5，炮八进四），炮八平七，炮9平7，车三平四，卒7进1，车九平八，车1平2，车四进二，炮2退1，车八进八，双方对攻。

8. 炮八平七

红方另有两种着法：一、仕四进五，马3退5，以后演变下去,黑方子力开扬易走；二、兵五进一，车8平2，以后演变结果，红方多兵，黑方兵种好，局势各有千秋。这两种变化具体着法，详见人民体育出版社1989年版，刘彬如、徐家亮著《中炮过河车新编》第48局。

8. ………… 车8平2 9. 仕四进五

红方似应走兵七进一积极有力，黑方如马3退5，则兵七平六，红方过河一兵，仍保持先手。

9. ………… 车2退4

按照象棋理论，开局时某一大子不宜频繁移动。黑车进而又退，连续走三步，乃开局大忌，因此造成局面呆滞，局势不利。

10. 马九进七 炮9平7

11. 车三平二 马3退5

12. 兵七进一（图24–1）

佳着！挺兵捉车诱使黑车捉马，巧设弃子困死对方窝心马的圈套。

12. ………… 车2进2

13. 马七进五 卒5进1

红马进中路，看似无出

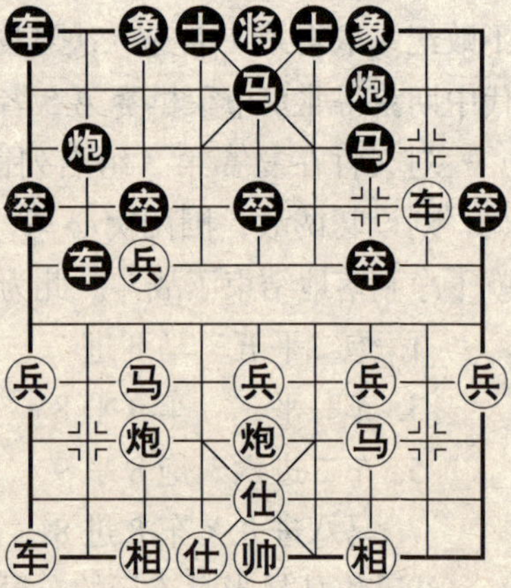

图24–1

路，其实是红方预定计划。黑方缺乏警觉，轻率冲中卒中计。此着应改走炮2平3较为稳健。

14. 兵七平六 卒5进1 15. 炮五进二 象3进5

至此红方按预定计划，达到弃子制马目标，先手扩大。

16. 车二平七 马7进8 17. 车九进二

红方针对黑方窝心马的弱点，此时高车，精心策划再度弃子攻杀的谋略。

17. ………… 卒7进1 18. 兵三进一 炮7进6

黑方渡卒过河欺马，红方顺遂黑意进兵去卒，胆大心细再弃一马。精妙之着！

19. 炮七进三 马8进7 20. 炮五进一

防止黑马咬炮，保持中炮对窝心马的控制，剽悍有力。

20. ………… 炮7平2

21. 车七平四（图24-2）

平车肋道，准备出帅要杀。紧要之着。

21. ………… 马7进8

22. 炮七退四 后炮进2

23. 炮五进一 马8退9

24. 车九平八

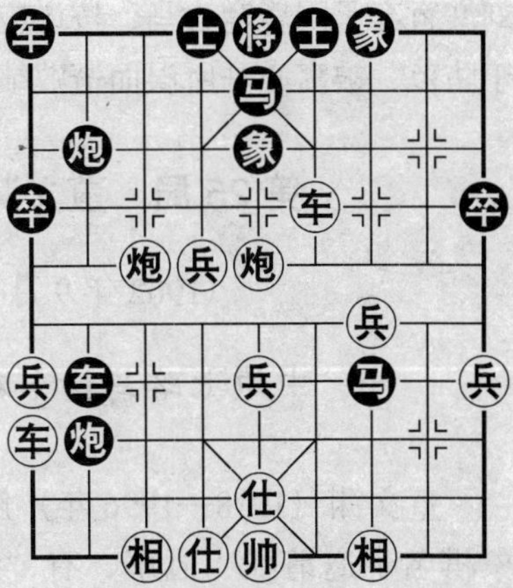

图24-2

黑方意识到红炮镇中路出帅助攻之威胁，以上几个回合试图兑炮、用马阻帅，以解燃眉之急。不料红方又施妙手。此着弃车砍炮石破天惊，迫黑方即刻束手就擒。如改走帅五平四，黑方尚可支撑，即马9进7，帅四进一，马7退5，相七进五，马5退6，兵六进一，车2平6，仕五进四，车6进1，帅四平五，红方不但难以成杀，且有后顾之忧。

24. ………… 马9退7

黑如改走车2进1，则帅五平四，马9进7，帅四进一，马7退5，相七进五，马5退6，兵六进一，黑无法解救下一步红进车铁门闩杀。现在黑方想兑车解围，岂料红方妙手迭出。

25. 车八平四

红方一车已在马口，再献一车落入马口，双车要杀。因为随便吃掉哪个车后，红车吃马后再出帅形成铁门闩绝杀。黑方眼睁睁且无可奈何，只得推枰认负。

结局十分有趣——在红方凌厉的攻杀下，竟使黑右车无暇出动，自始至终停在原位，是为此局之一奇！

棋谚云“马入窝心，老将发昏”，本局就是一个很好的例证。刘文哲弃子困毙窝心马，按说应深知窝心马弊病；但他也曾因疏于防范，被窝心马所误而遭败绩。且看第25局。

第25局 董文渊（先胜）刘文哲

（1962年9月1日弈于北京）

中炮七路马横车对屏风马平炮亮车

董文渊（1918—1996年）解放前曾在杭州获得“华东地区象棋名手邀请赛”冠军，有“四省棋王”之誉。1962年董44岁，“头脑聪颖，感觉敏锐，着法犀利”。他的围棋和象棋都堪称一流（1962年代表浙江省参加全国围棋赛获得第4名），是难得的双枪将。

1962年秋董文渊来京，在劳动人民文化宫与京城几位棋手进行了数局对抗赛，先后战胜宋景岱等人，唯与刘文哲各有胜负平分秋色。刘着法灵巧，富于搏杀，不久前获得北京冠军，余勇犹存。两位双枪将相逢，一番拼杀煞是好看。

1. 炮二平五　马8进7　　2. 马二进三　马2进3

3. 兵七进一　卒7进1　　4. 马八进七　车9平8

5. 马七进六　炮8平9　　6. 车一进一　象3进5

从后来的变化看，这步飞象不如士4进5较为灵活多变，可有较强的反弹力。以下的着法可能是：炮八平七，车8进5，车一平六，炮2进3，马六进七（如兵七进一，卒3进1，炮七进五，炮9平3，马六进五，马7进5，炮五进四，象3进5，车六进五，车1平4，车六进三，将5平4，相七进五，炮2进2，黑方优势），车8平3，马七退八，车3平2，车六进五，象3进5，车六平七，马3退4，炮五进四（如车九进一，马7进6，车九平四，马6进4，车七退三，后马进2，车四进五，车1平4，黑方子力活跃），马7进6，炮五退一，马6进5，马三进五，车2平5，炮五进一，车5进1，相七进五，均势。

7. 炮八平七　车8进5　　8. 车一平六　炮2进3

黑方骑河炮攻马试图抢攻，红方如马六进七，则车8平3反先。不料红方突施妙手，获得进攻机会，全局由此掀起波澜。

9. 兵七进一　象5进3　　10. 兵三进一

红方连续弃掉两个兵，是抢先之着。此时如改走炮五退一，则士4进5，车九平八，车1平2，炮五平三（如相三进五，则车8进2；又如兵三进一，则车8退1，红方均不利），车8进3，相三进五，士4进5，双方互缠；红另如改走相三进一，则士4进5，兵三进一，车8进1，黑方满可应付。

10. ………… 　车8平7

欠妥，应走车8进1或退1较好。

11. 相三进一　车 7 进 1

12. 马六进八（图 25–1）

紧着。准备马八进七兑马后，再车六进六捉双得子。

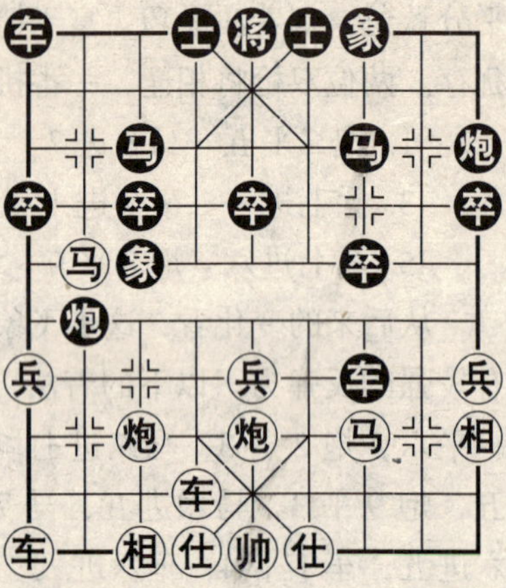

图 25–1

12. …………　马 3 退 5

黑方退窝心马，不如改走士 4 进 5 较为稳妥。

13. 车六进三　炮 2 进 3

14. 车九进一　炮 2 进 1

15. 车九平四　车 1 平 2

16. 马八退七　车 7 平 8

17. 马七进五　车 8 退 3

18. 车四进七　炮 2 平 1

黑方平炮勉强对攻，是疏于防范的空着。似应改走炮 2 退4，虽处下风，但不至于迅速崩溃。

19. 炮七进四

进炮轰车，佳着。由此红方总攻开始，准备弃子入局，构成精妙杀法。

19. …………　卒 5 进 1

20. 马五进三　车 8 平 3

21. 炮五进三　象 3 退 5

22. 车六平四　车 3 平 7

（图 25–2）

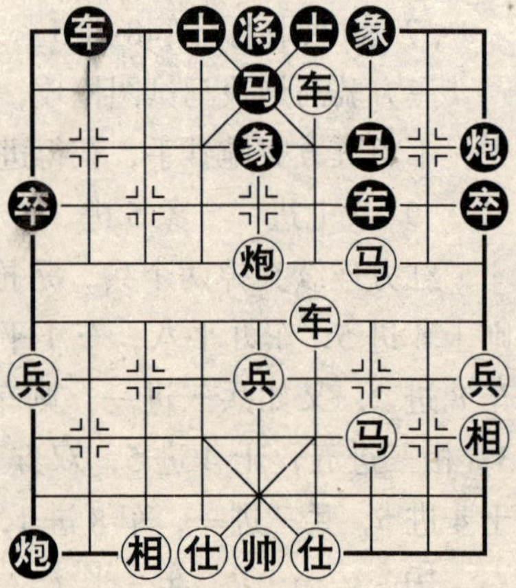

图 25–2

红方平车四路，伏前车进一，马 7 退 6，马三进四成杀。黑方平车挡马，无可奈何之着。如改走炮 9 退 2，则马三进四，炮9 进 2，车四平五杀。如图 25-2 形势，红方再弃一马，连出妙手，着着紧逼，迫使黑方签城下之盟。

23. 后马进二　车 7 进 1　24. 马二进一　车 7 平 6

黑方不能车 7 平 5 吃炮，否则红方马一进三绝杀。

25. 马一进三　车 6 进 1　26. 车四退四　炮 9 退 2

27. 马三进一　象 7 进 9　28. 仕四进五

红方抓住黑窝心马的弊病，以紧凑的着法牢牢控制局面，下一步出帅成杀。

第 26 局　刘文哲（先胜）陈柏祥

（1962 年 11 月 11 日弈于合肥）

中炮盘头马对屏风马右炮过河

1962 年 11 月全国象棋赛在安徽省合肥市举行。京华名手刘文哲初次参加全国赛，结果获得第 6 名进入国手行列。征战途中坎坷曲折自不必言。值得一提的是，第 8 轮与广东名手陈柏祥激战的一局十分有趣。进入中局后，高潮迭起。陈柏祥集车马双炮于一侧，迫使刘文哲在第 17 回合元帅逃离主位。其后时进时退竟然完整地绕九宫一整圈，一直到第 67 回合，历经风险才得峰回路转，始归帅位。临结局时，红帅又坐中堂，为随后的获胜立一大功。如此一来，红帅在九宫的每一点都曾驻足，真是巧极，十分奇特。

陈柏祥，1934 年出生，广东番禺人。象棋大师，国家级象棋裁判。上世纪 50 年代广州市甲级棋手。1960 年初次参加全国赛，在团体赛中第 3 台获第 4 名，为广东队获得亚军作出贡献。当年个人赛获得并列第 10 名。1966 年获全国个人赛第 5 名。80 年代担任广州棋社副社长、广东队教练。

1. 炮二平五　马 8 进 7　2. 马二进三　卒 7 进 1
3. 马八进七　车 9 平 8　4. 车一进一　马 2 进 3
5. 兵五进一　士 4 进 5　6. 车一平六　炮 2 进 4
7. 兵五进一　象 3 进 5　8. 马七进五　卒 5 进 1
9. 马五进七

急攻着法。稳健的走法是炮五进三。另如改走马五进六，则车 1 平 4，车九进一，马 3 退 1，红方无便宜。

9. …………　炮 8 进 2

稳健的应着。如改走炮 2 平 7，则马三进五，红方攻势强盛。

10. 马七进八　车 1 平 3　11. 炮八平七　卒 5 进 1
12. 车九平八　炮 2 平 7
（图 26–1）
13. 炮七进四

如图 26–1 形势，黑炮打兵，来势凶猛。红方感到逃相后落后手，决然炮轰 7 卒，展开对攻。

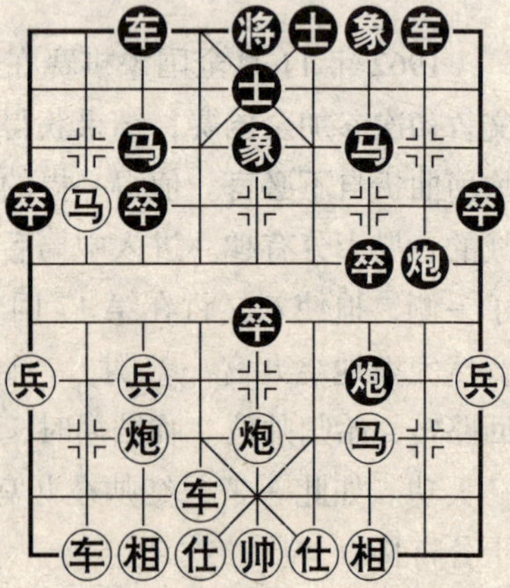

图 26–1

13. …………　炮 7 进 3

面对弃底相，黑方长考后毅然打相，局势由此进入高潮。

14. 仕四进五　马 3 退 1

正着。如改走马 3 退 2，

则炮七平五，马7进5，炮五进四，车3平4，马八进七，马2进4，车六进七，红方胜。又如改走马3进5，则炮七平九，以后再沉底炮叫将，再送马，下底车杀，红方胜。再如改走炮8进5，则马三退二，车8进9，炮七进三，炮7平4，仕五退四，炮4平2，相七进九，士5进4，马八进七，将5进1，炮五平八，马3进2，炮七平八，红方胜。

15. 马八进九　炮8进4

伸炮打车，佳着。如改走炮7平9，则马三进二，黑方8路炮被阻拦。

16. 车六进五

如改走仕五进四，则炮8进1，马三退二，车8进9，车八进四，炮7退3，帅五进一，车八退一，红方失车。

16. …………　炮7平9　17. 帅五平四（图26–2）

黑双炮深入红方腹地，甚有攻势。红帅被迫离开主位，开始转圈绕城的第一步。

17. …………　炮8进1

18. 帅四进一　车8进8

19. 帅四进一　卒5进1

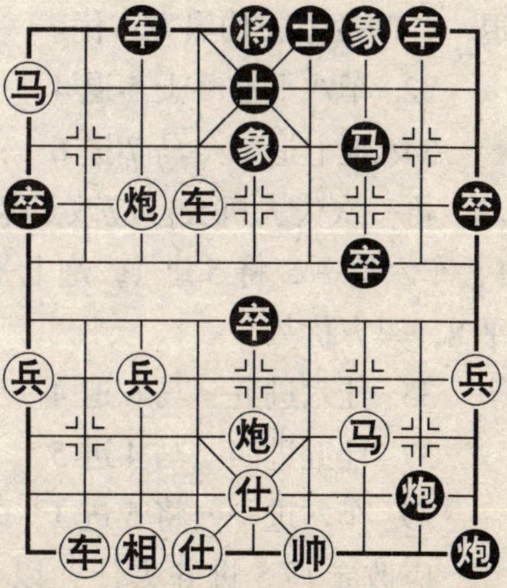

图26–2

进卒看似加强攻势，实则失去胜机。董齐亮先生在评注这步棋时指出，黑方应改走马跳河口，可以速胜。其变化如下：马7进6，马九进七，马6进7，车八进九（如炮七平一，卒5进1，炮五平八，卒5进1，相七进五，马7退5，黑方胜），炮9退2，马三退二，车8平6，马二进四，马7进8妙杀，黑方胜。

20. 炮五进五　象7进5　21. 马九进七

红方吃车，局势更加复杂，一时变幻莫测。

21. …………　炮9退2　22. 马三退二　车8退1

23. 帅四退一　车8进1　24. 帅四进一　卒5平6

25. 帅四平五　车8退1　26. 仕五进四　车8进1

27. 仕四退五　车8退1　28. 仕五进四　车8退4

应改走卒6进1，以下帅五退一，车8进1，马二进四，马7进6，车六退三（如车八进九，卒6进1，帅五平六，马6进5，帅六进一，车8退1，相七进五，车8平5，帅六平五，马5进7，黑方胜），炮9进1，红方难以应付。

29. 马二进一　车8平4　30. 车八进九　车4平5

31. 帅五平六　象5退3

应改走车5平4再用卒吃仕，则不论红方走帅五平四或帅五退一，演变下去均黑方占优。

32. 车八平七　士5退4　33. 车七平六　将5进1

34. 炮七退二　马7进6

再一次失去机会。应改走卒6进1，以下马一进三，卒7进1，车六退一，将5进1，炮七平五，将5平6，马三进一，卒7平8，黑方优势。

35. 仕六进五　马6退4　36. 帅六退一　卒6进1

37. 仕五进四　马4进5　38. 车六退一　将5退1

39. 车六进一　将5进1　40. 帅六退一　马5进3

应改走马5进6去仕，以下马一退三，车5平8，马三进五，车8进6，帅六进一，车8平5，车六退七，卒7进1，黑方虽少一子，但对红方仍有一定的威胁。

41. 马一退三　车5平8　42. 相七进五　车8进6

如改走车8进5，则车六退六，马3进2，帅六平五，车8平7，仕四退五，车7平8，炮七退四，黑马无路可逃，必被捉死。

43. 马三退五　车8退1　44. 马五进六　车8进1

45. 马六退五　马3进5　46. 仕四退五　车8退1

47. 车六退一　将5退1　48. 车六退五　马5退6

49. 车六平五　士6进5　50. 炮七平五　士5进4

51. 车五平四　马6退8　52. 仕五进六　车8平3

53. 马五进四　车3进1　54. 帅六进一　车3退1

55. 帅六退一　卒7进1　56. 炮五退四　卒7平6

57. 车四平五　将5平6　58. 马四进二

红方历经风险，终于转危为安。现在进马出击，开始反攻。

58. …………　车3平6　59. 马二进三　卒6平7

60. 仕六退五　车6退4　61. 车五进二　车6平5

62. 炮五进五　马8进9

63. 马三进一　马9进7

64. 仕五进四　马7退6

65. 马一进三　将6进1

66. 炮五退四　马6进5

67. 帅六平五

到此为止，红帅行遍九宫各点，复归原位。实为罕见！

67. …………　士4退5

68. 炮五平四　士5进6

69. 帅五进一（图26–3）

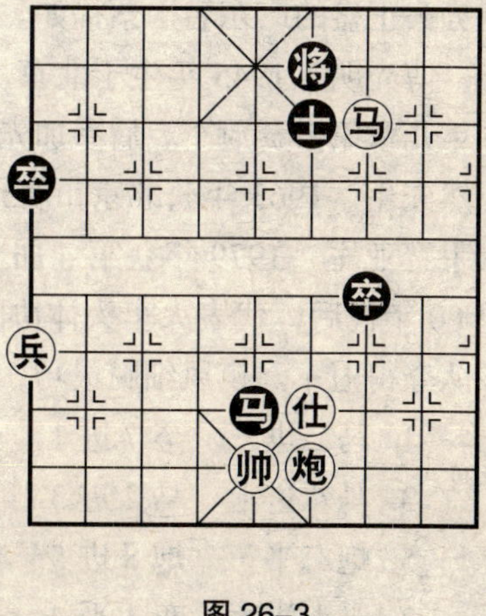

图26–3

现在红帅驱马，又为最后获胜建功。

69. ………… 马5退4 70. 马三进二 将6退1

71. 炮四平一

马后炮绝杀，红方胜。

第27局 傅光明（先胜）蔡福如

（1964年5月6日弈于杭州）

起马局对仙人指路

1964年初夏，全国象棋赛在杭州举行。年仅19岁的北京新秀傅光明，初次参加大赛。开始几轮战绩欠佳，后来奋起直追，最终以8胜6和4负积22分，因小分少于李义庭，名次位居第7。傅光明在与这次大赛的前6名交锋中，胜蔡福如（亚军）、杨官璘（第5名）、李义庭（第6名），和何顺安（第3名）、王嘉良（第4名），仅负于冠军胡荣华。这盘棋是第9轮，傅光明力克势头正盛的广东名手蔡福如。

傅光明，1945年生于北京。象棋大师。1959年获得北京市少年儿童象棋赛冠军。后参加先农坛体校象棋训练班，受教于谢小然先生。1963年获北京市赛冠军。1964年8月获北京市甲级棋手赛亚军。1979年获第4届全运会象棋个人赛第3名。上世纪80年代后，代表火车头体协队参加全国象棋团体赛，1992年该队夺得冠军。棋风细腻灵巧，善斗无车棋。

1. 马二进三 卒7进1 2. 兵七进一 马8进7

3. 马八进七 马2进3 4. 炮二进四 象3进5

5. 炮二平三 炮8进5 6. 相三进五 士4进5

7. 马七进六 车1平4 8. 马六进四

进马过急，不如车一平二各捉一子，兑子后局势较稳。如黑方不愿兑子而走车9平8，则马六进四，红方先手。

8. …………　车4进8

弃马进车，着法雄健。红方如马四进三吃马，则车9进2，黑方可吃回一子，红方步数上吃亏。

9. 车一平二　炮8平5　10. 炮八进二

如改走马四进三，则车9进2，马三进二，车9平6，黑方大占优势。

10. …………　炮2进2　11. 车九进二　炮5平2

12. 仕四进五（图27-1）前炮进2

杨官璘先生认为，此为软弱之着。如图27-1形势，黑方应走车4平3较佳。以下红方有三种着法：一、炮三平七，车3退3，马四进三，车3平2，兵九进一，后炮平三，黑方优势；二、马四进三，前炮平3，仕五退四，炮2平5，相七进五，炮3平7，车九退二，车9进2，马三进二，车9平6，黑方胜定；三、兵七进一，前炮平3，车九平七，车3退1，兵七平八，车3平7，马四进三，车9进2，马三进二，车9平6，黑方大占优势。

13. 车九平六　车4退1

14. 仕五进六　卒3进1

15. 兵七进一

应改走马四进六，以下卒3进1，车二进四，卒3平2，车二平八，各有千秋。又如改走马四进三，则卒3

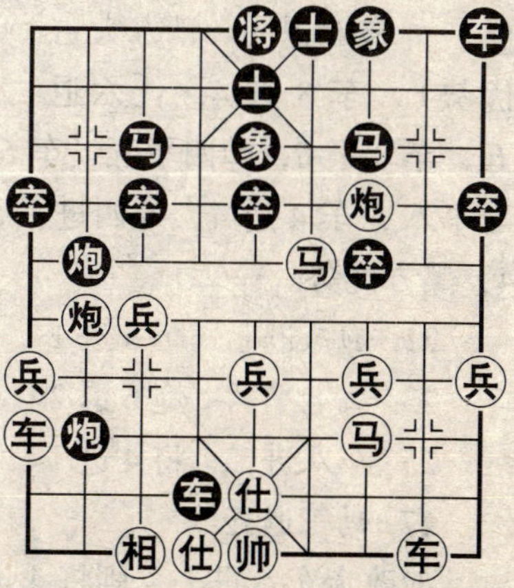

图27-1

进1，炮八退三，炮2平5，后马退五，车9进2，马三进二，车9平6，黑方大占优势。

15. ………… 后炮平6 16. 车二进七 车9平8

似改走车9进2较好。

17. 车二平三 车8进7 18. 炮八退二 车8进1

19. 炮三进三 象5退7

20. 车三平七（图27-2）

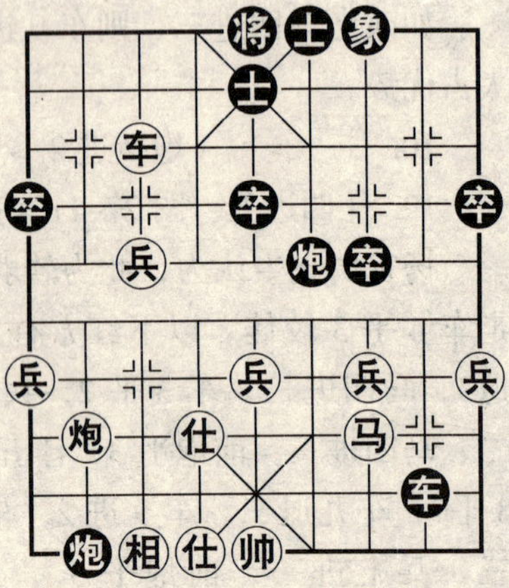

图27-2

红方虽多一兵，但缺相怕炮攻，黑车双炮已构成威胁。

20. ………… 车8平3

如图27-2形势，黑方应走炮6平5，以下帅五平四，车8退7，炮八进六（如仕六退五，则车8平6，炮八平四，炮5进4，炮四退一，炮5退1，黑方大占优势），车8进4，仕六退五，车8平6，帅四平五，车6平4，帅五平四，炮5进4，车七平八，车4进4，帅四进一，炮2退8，马三退五，炮2平4，黑方优势。

21. 炮八进七 车3进1 22. 车七平八 炮2平1

23. 兵七平六 炮6退2 24. 炮八平九 将5平4

25. 车八进二 将4进1 26. 车八退一 将4退1

27. 马三退五

如改走车八进一，则将4进1，马三退五，车3退9，车八退九，车3平1，车八平九，车1平3，车九平七，车3进9，马五退七，炮6平5，成平稳局势。

27. ………… 车3退3　28. 车八退八　炮1退2
29. 车八进九　将4进1　30. 车八退一　将4退1
31. 车八进一　将4进1　32. 车八退七　炮6进5
33. 车八进六　将4退1　34. 车八进一　将4进1
35. 车八退三　象7进5
36. 兵六进一（图27-3）
将4退1

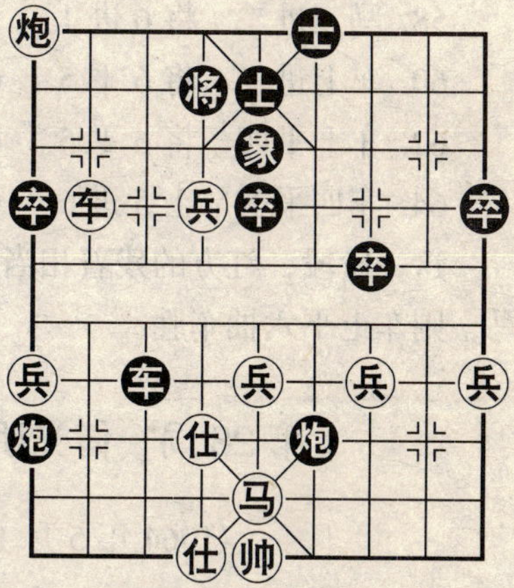

图27-3

劣着，度数缓慢。如图27-3形势，黑方应走车3平5，困住窝心马，以互相牵制，以后不难走。现在退将，红窝心马跳出，黑方则处于被动局面。

37. 马五退三　车3平5
38. 仕六进五　炮6平5
39. 帅五平四　车5平7
40. 马三进四　卒5进1
41. 车八进三　将4进1　42. 炮九平四

佳着！弃炮破士，切合时机，是获胜关键。黑方如接走士5退6吃炮，则兵六进一，将4平5，车八退一，将5退1，兵六进一，红方速胜。

42. ………… 车7平4　43. 炮四退一　士5进6
44. 兵六平七　将4平5　45. 车八退一　将5退1
46. 兵七进一　车4平3　47. 兵七平六　将5平6
48. 炮四平七　炮1平3　49. 车八进一　象5退3
50. 炮七平九　车3退5　51. 炮九进一　将6进1

52. 车八退三　炮3退4　53. 马四进二　卒7进1

54. 马二进三

红马跳出，配合车炮兵作战，如虎添翼。黑方的败局，已不可挽回。

54. ………　卒7平6　55. 兵六进一　车3平4

56. 车八平七　车4进5　57. 车七进二　士6退5

58. 马三进二　将6进1　59. 车七退一　士5进4

60. 车七进二　将6平5　61. 马二退四　将5平6

62. 车七平四　将6平5　63. 炮九退二　士4退5

64. 车四平七　士5进6　65. 马四进六

这一阶段，红方的残着相当老练，最后弃马成杀。黑将如吃马，则车七平六抽车胜。

第28局　傅光明（先和）陈柏祥

（1964年5月10日弈于杭州）

中炮过河车对屏风马平炮兑车

这是1964年全国赛第12轮的一个对局。开局不久，对抢先手。进入中局，黑方稍稍反先。红方以“宁失子，勿失先”的原则，弃子抢攻，取得优势。黑方权衡利弊，也机警地送还一子，终于使局面风平浪静。最后两无进取，平分秋色。

1. 炮二平五　马8进7　2. 马二进三　车9平8

3. 车一平二　卒7进1　4. 车二进六　马2进3

5. 兵七进一　炮8平9　6. 车二平三　炮9退1

7. 马八进七

进七路马，攻势虽不及挺中兵锐利，但左右两翼均衡发展，甚为稳健。

7. ………… 士 4 进 5　8. 炮八平九　炮 9 平 7

9. 车三平四　马 7 进 8　10. 车九平八　车 1 平 2

11. 车四进二

如改走炮五进四，则马 3 进 5，车四平五，炮 7 进 5，成对攻局势。

11. ………… 炮 2 退 1

如改走炮 7 进 5，则相三进一，炮 2 进 4，成另一种变化。

12. 车四退三

退出骑河，希望黑方补象保卒，则可车八进七捉马抢先。

12. ………… 炮 2 进 5

进炮封车，抢先之着。

13. 兵七进一

如改走车四平三吃卒，则炮 7 进 5，相三进一，象 7 进 5，车三退一，车 8 平 7，车三平二，车 7 进 4，黑方局势颇为开朗。

13. ………… 马 8 进 7

14. 车四平三　马 7 进 5

15. 炮九平五　炮 7 进 6（图 28-1）

16. 马七进六

如图 28-1 形势，红车不吃炮，而毅然马跳河口，准备弃子夺先。这步棋体现了棋理：“宁舍一子，不失一先”。

16. ………… 炮 7 退 1

17. 兵七进一　象 3 进 5

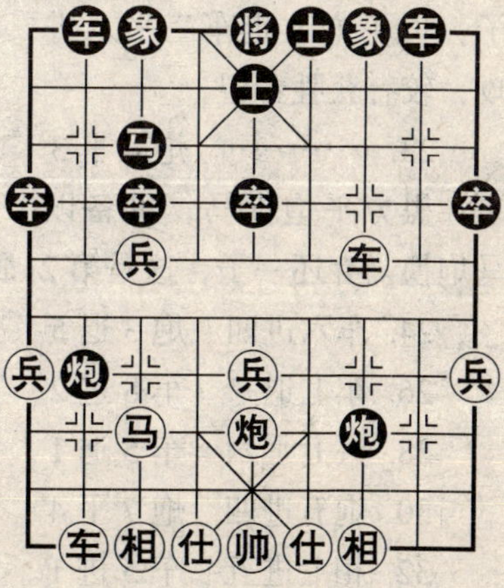

图 28-1

18. 车三退一　炮2平4

平炮兑车是必走之着，从后来的发展看，这步炮平3路较为稳妥。

19. 车八进五

逼红方兑车，又抢一先。好棋。

19. …………　车2进4　20. 马六进八　马3退2

21. 马八进六（图28-2）车8进4

明智之着。升车巡河，支援右防，准备弃还一子以谋求局势平稳。如图28-2形势，黑方如走士5进4，虽多一子，但被动挨打，凶多吉少。

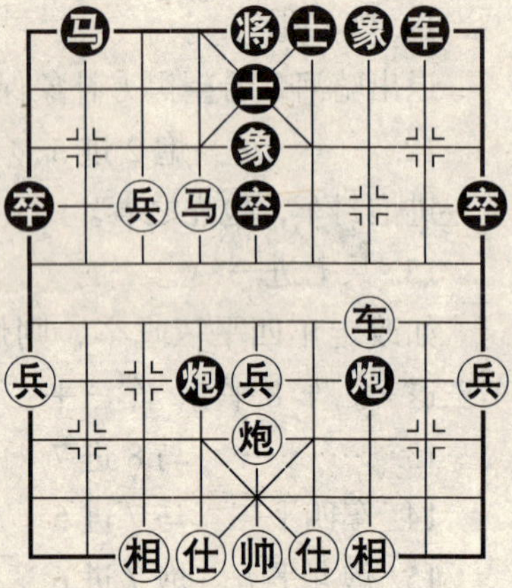

图28-2

22. 马六进七　马2进4

23. 车三平六

平车捉马，虽可夺回一子，但不如改走车三平八进攻，较有获胜希望。

23. …………　炮4平3

黑方平炮捉马，准备以马炮换马弃还一子，这是第21回合时的预定策略。

24. 车六进四　炮3退5　25. 车六平七　炮7退5

26. 车七退一　车8进2　27. 兵五进一　车8平5

28. 兵七平六　车5退1　29. 仕四进五　炮7进2

30. 炮五进四　炮7平4　31. 炮五平九　炮4平5

32. 相七进五　车5进1　33. 兵九进一　车5退1

34. 炮九平一　车5平1

黑方虽少一卒，但于局势无大碍。双方同意作和。

第29局　张政（先负）傅光明

（1965年9月5日弈于北京）

过宫炮对左中炮

1965年北京市象棋等级赛于7月25日揭开战幕。经过丙级阶段和乙级阶段的争夺，8月下旬，11名选手进入甲组比赛。9月5日比赛结束，产生甲级棋手8名。傅光明获得联赛冠军，以下名次是：臧如意、朱学增、杨长生、朱伯良、羡君为、张政、王玉琦。

张政由乙级阶段出线。在甲组赛中，最后一轮与傅光明相遇，他们的对弈是联赛中比较精彩的一局棋。

1. 炮二平五　马8进7　　2. 马二进三　车9平8
3. 车一平二　马2进3　　4. 兵七进一　卒7进1
5. 车二进六　炮8平9　　6. 车二平三　炮9退1
7. 马八进九　车8进5

黑车骑河，对攻之着。另有车1进1变着，以下炮八平七，车1平6，车三退一，车8进8，车三平八，炮9平7，黑方准备弃子，形成互相抢攻局势。

8. 兵五进一　马3退5　　9. 兵五进一

常见走法是炮八进四或兵三进一，现进兵稍急，引来麻烦。

9. …………　炮2平5

针对挺中兵，黑反架中炮，造成对红方过河车的潜在威胁。

10. 仕四进五

可考虑走炮八进四，黑方如炮9平7，则车三平五，马7进

5，炮八平五，红方弃子得势，形成复杂变化。

10. ………… 车1平2 11. 车九平八 炮5进2

正着。如改走车2进6，则炮五进四，马7进5，兵五进一，黑方以马卒兑红炮，略显吃亏。

12. 炮八进四 车2进3

必走之着。弃车砍炮，准备以后再捉死红方右车。

13. 车八进六 炮9平7 14. 车三进一

以车换马，只能如此。如改走兵三进一，则车8平7，车三平二，车7进2，车二退六，马5进6，车八退三，马6进7，车八平四，车7平6，车二进三，后马进6，黑方大占优势。

14. ………… 马5进7 15. 车八平七 卒7进1

16. 马三进五 炮7平5

如改走卒7进1，则炮五进三，卒5进1，黑方亦占优。但这步平中炮更佳，从以后的过程可以看出其意味深远。

17. 炮五进三 炮5进3 18. 相七进五 卒7进1

至此红方右翼空虚，受到攻击。黑方各子灵活，大占优势。

19. 马五进四 车8进4

20. 帅五平四（图29-1）

炮5进4

弃马炮轰中仕，佳着。如图29-1形势，黑方如走马7进6，红车吃卒吃炮后，双方子力相同，易成和局。

21. 仕六进五

无奈之着。如改走马四

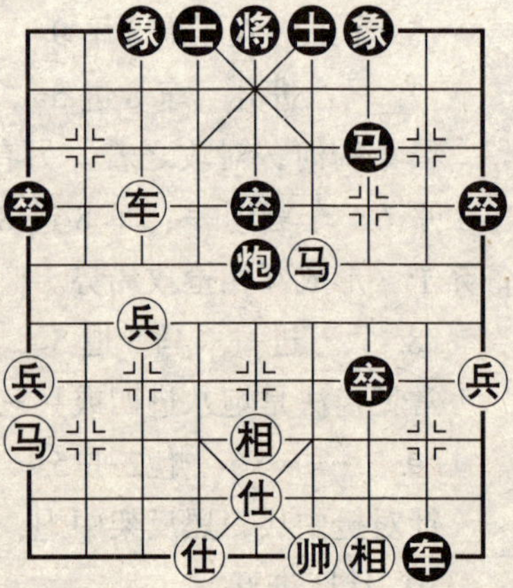

图29-1

进三吃马，则炮5平9，黑方虽少一子，但车炮卒三子归边，大有攻势，红方难以抵挡。

21. ………… 马7进6
22. 车七平五 士4进5
23. 马九进七 车8退1
24. 帅四平五 卒7进1
25. 马七进五 卒7进1
26. 马五进四 卒7平6
27. 帅五平六 车8平7
28. 仕五退四 马6进4
29. 车五退二 马4进3
30. 帅六进一 车7退2

(图29-2)

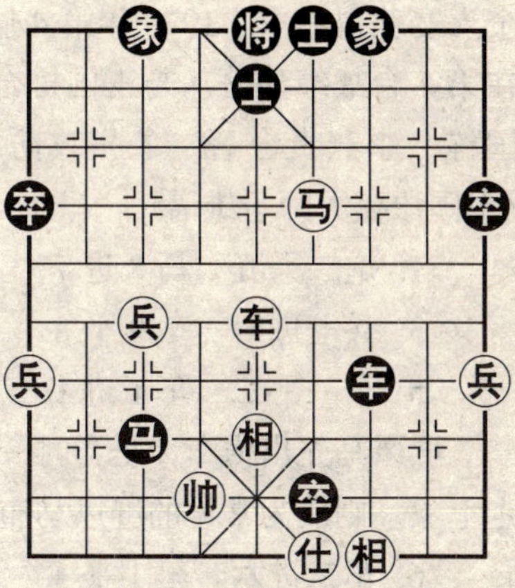

图29-2

这一段着法，黑方运子有方，车马卒攻入红方腹地，末后退车成杀。

第30局　臧如意（先胜）朱剑秋

（1965年11月25日弈于银川）

中炮过河车对屏风马横车

1965年全国象棋锦标赛于11月在宁夏银川市举行。北京选手臧如意首次参加全国大赛，在前4轮中虽败3阵，但毫不气馁。以后的几轮中勇猛顽强，敢闯敢拼，结果连克强手，勇夺第4名。在最后一轮中，他与上海老将朱剑秋相逢，中局阶段妙退边炮，迫使黑方一车换二子，造成多子局面取胜。

臧如意，1939年生于北京。象棋大师。棋风剽悍雄放，中局奇诡突兀，善于弃子攻杀。1964年7月获北京市工人赛冠军。1965年3月获北京市名手邀请赛冠军。1966年第二次参加全国个人赛获得亚军。1979年第4届全运会为北京队获得团体季军，在第1台战绩显著。与王国栋合著《顺炮直车对缓开车》，与王国栋、李燕贵合著《象棋攻防指南》，与李来群、方长勤合著《中国象棋大师争雄谱》。

1. 炮二平五　马8进7　　2. 马二进三　卒7进1
3. 兵七进一　车9平8　　4. 马八进七　马2进3
5. 车一平二　车1进1

屏风马先出横车，是当时一种新兴布局，变化甚为繁复。如走上象，则成为常见的屏风马布局。

6. 车二进六　车1平4　　7. 炮八平九

平边炮准备出左车，威胁黑方右翼子力。另一路变化是车二平三压马。

7. ………… 炮2进4　　8. 兵三进一

先弃后取，是一步争先的好棋。如改走车九平八，则炮2平7，相三进一，炮8平9，车二进三，马7退8，局势平稳。

8. ………… 卒7进1　　9. 车二平三　炮8进4
10. 车三退二　马7进6　　11. 车三平四　炮8平7

弃马打相，似嫌过急，应车8进4为好。

12. 车四进一　炮7进3　　13. 仕四进五　炮7平9
14. 车九平八　炮2平3　　15. 炮五平六

细腻之着。卸中炮准备上相，以便活动左车威胁黑炮。

15. ………… 车8进9　　16. 车四退五　炮3进3
17. 车八平七　车8平7　　18. 车七平八　车4平7
19. 马七进六　车7进4　　20. 马六进四　后车退1

21. 马四进六　车 7 平 4

(图 30-1)

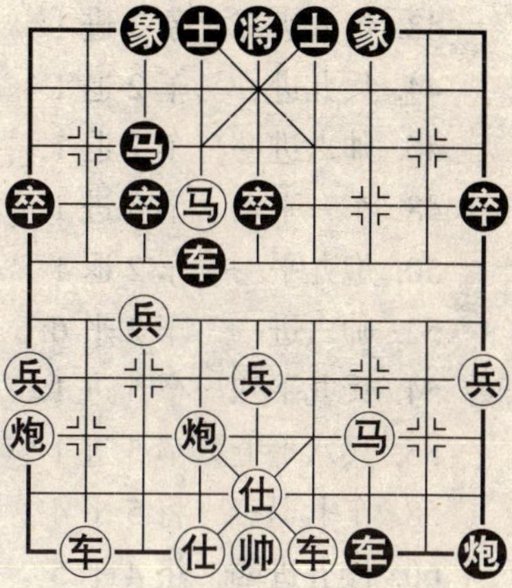

图 30-1

22. 炮九退一

精妙之着。迫使黑方一车换双，红方可形成多子局面。

22. …………　车 4 退 1

23. 炮九平六　车 4 进 4

24. 仕五进六　象 7 进 5

25. 车八进七　马 3 退 5

26. 车八平六　马 5 进 7

27. 车六进二　将 5 进 1

28. 仕六进五　炮 9 平 6

无奈之着，否则车炮总被牵制。现在打车后少子，黑方只能在下风中求和。

29. 马三退四　马 7 进 6

官着。如改走车 7 退 3，则车六退一，帅 5 退 1，车六平三，黑车马被牵制。以后必兑车，红方胜定。

30. 炮六平九　车 7 退 3　31. 车六平四　马 6 进 5

32. 炮九进五　卒 5 进 1　33. 车四退五　卒 9 进 1

34. 兵九进一　马 5 进 3　35. 兵一进一　卒 9 进 1

36. 车四平一　车 7 平 2　37. 仕五退六　马 3 进 4

可改走车 2 平 4，则仕六进五，马 3 退 4，尚有周旋余地。现在黑方马踏仕之后形成换马，负局已定。

38. 帅五平六　车 2 进 3　39. 帅六进一　车 2 退 1

40. 帅六退一　车 2 进 1　41. 帅六进一　车 2 平 6

黑方连续叫将再吃马，是时限凑着的需要。

42. 炮九进三　象 3 进 1　43. 兵九进一　车 6 平 2
44. 兵九进一　车 2 退 1　45. 帅六退一　车 2 进 1
46. 帅六进一　车 2 退 1　47. 帅六退一　车 2 退 6
48. 车一平六　卒 3 进 1　49. 兵七进一　象 1 进 3
50. 炮九平一　车 2 退 1　51. 炮一退三　车 2 进 8
52. 帅六进一　车 2 平 6　53. 炮一平六　车 6 退 6
54. 兵九平八　卒 5 进 1　55. 车六进一　车 6 平 5
56. 兵八平七　卒 5 进 1　57. 车六平七　卒 5 平 4
58. 车七退三　将 5 平 4　59. 仕六退五　象 5 退 7
60. 仕五进四　将 4 平 5　61. 炮六进三　象 7 进 9
62. 炮六平二　车 5 进 1　63. 炮二退九　车 5 进 5
64. 炮二进一　车 5 退 4　65. 炮二进一　车 5 退 1
66. 车七进二　卒 4 平 5　67. 车七平六　卒 5 进 1
68. 炮二平五（图 30-2）

以炮换兵，简化局势。以下红车兵必胜单车象。

68. …………　车 5 进 3
69. 兵七进一　车 5 平 6
70. 兵七平六　车 6 进 1
71. 帅六退一　车 6 进 1
72. 帅六进一　车 6 平 5
73. 兵六进一　将 5 退 1
74. 车六平七　将 5 平 6
75. 车七平四　将 6 平 5
76. 车四进四

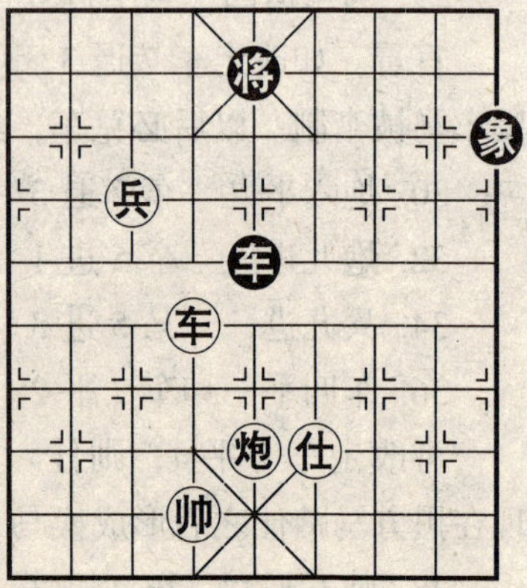

图 30-2

红方下一步车四平二伏兵六平五，车5退8，车二进一杀。黑方负。

第31局 臧如意（先胜）胡荣华

（1966年5月6日弈于郑州）

中炮对反宫马进7卒

这是1966年全国个人赛第10轮的对弈。在上一年全国个人赛上，臧如意同胡荣华有过交锋，结果胡以飞相局对过宫炮获胜。这次再度交手，臧如意执先，用过河车急攻。中局弃车抢攻，其后挟多子优势合围黑将，以妙杀结局。在这次大赛上，胡荣华以8胜1和2负积17分第5次获冠军，藏如意以6胜2和3负积14分获亚军。

1. 炮二平五　马2进3　2. 马二进三　卒7进1
3. 车一平二　炮8平6　4. 车二进六　马8进7
5. 车二平三　车9进2　6. 兵五进一　士4进5

补士消极防守，是典型的老式反宫马着法，容易处于被动局面。后来胡荣华在所著《反宫马专集》中，此着改进为炮6平5，以下马八进七，车1进1，炮八平九，炮2退1，车九平八，炮2平7，车三平四，马7进8，黑马顺利跃出，反先。

7. 兵五进一　炮2进1　8. 兵五平六　卒3进1
9. 兵六进一　马3进4　10. 马八进七　炮6进5

抢攻之着。明知红方跳正马是诱着，黑方依然进炮串打，不怕起波澜。如改走马4进6，则车三平四，马6进7，车四进一，红方占优。

11. 马七进五（图 31–1）

马 4 进 6

如图 31–1 形势，红方中路献马，好棋。黑马跳 6 路咬车，是针锋相对之着。如改走：一、炮 6 平 2，则马五进六，炮 2 平 7，马六进四，伏卧槽叫将抽车，红方大优；二、马 4 进 5，则炮八平四，马 5 进 7，车九平八，车 1 平 2，炮五平三，红方优势。

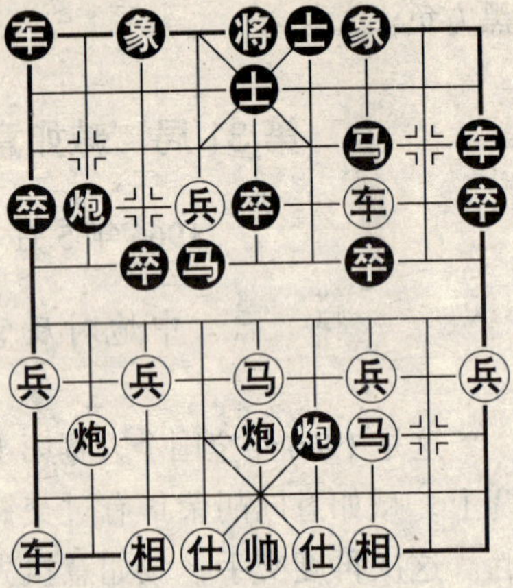

图 31–1

12. 炮八平四

用炮吃炮，毅然弃车，佳着。你打你的，我打我的。全局在胸，抢先入局。局势由此进入高潮。

12. ………… 马 6 退 7　13. 车九平八　车 1 平 2

14. 兵六平五　炮 2 进 3　15. 兵七进一　前马进 9

16. 兵一进一

捉死黑马，保持攻势，红方弃子抢攻战术成功。

16. ………… 卒 3 进 1　17. 兵五平四　将 5 平 4

18. 车八进二　卒 3 平 4　19. 车八平六　炮 2 平 4

20. 兵一进一　车 2 进 3　21. 炮四退一

退炮左移，加重攻势，紧着。

21. ………… 车 2 平 6　22. 炮四平六　车 6 平 4

如改走炮 4 进 2，则车六进二，将 4 平 5，马五进六，车 6 平 5，马六进八，红方胜。

23. 车六平七　象 7 进 5

24. 炮五平六　将 4 平 5

(图 31-2)

25. 后炮进二

第 23 回合起，红方平车捉象，卸中炮串打，弈来刚劲自如。现在黑方失去一子，前景不妙。

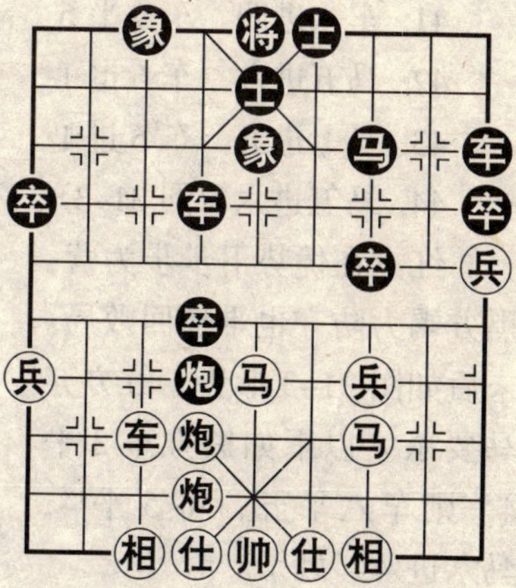

图 31-2

25. …………　车 4 平 8

似应改走车 4 平 5，则后炮进二，马 7 进 6，黑方可得回一子，虽处下风，但尚可应对。

26. 后炮进二　卒 9 进 1　27. 后炮退二　车 9 进 1

28. 前炮平八

可能是战局的激烈，致使当局者迷。第 27 回合黑方似应走车 9 平 8 较好。现在红方应走后炮平一打死车，可速胜。

28. …………　车 8 平 3

兑车，意欲减轻右翼压力。如改走车 8 平 2，则马五进六，车 2 进 1，马三进五，黑方仍劣势。

29. 炮八进五　士 5 退 4　30. 马五进七　士 6 进 5

31. 马三进五　车 3 进 1　32. 车七平二　车 3 平 2

33. 炮八平九　车 2 退 4　34. 车二进五　车 2 平 1

如改走马 7 进 5，则马七进六，黑方亦难应付。

35. 车二平三　车 1 平 2　36. 车三平二　车 2 进 4

37. 炮六平五　士 5 退 6　38. 车二退三　卒 9 进 1

39. 车二平四　士 4 进 5　40. 车四平六　车 2 平 3

41. 车六进四　车 9 平 6
42. 马五进六　车 6 退 1
43. 马七进五　车 6 进 1
44. 马五进六（图 31-3）

红方在优势下步步为营，黑方竭力防守也难挽回败局。末后如图 31-3 形势，红方弃马要杀。以下如黑方车 3 平 4，则车六平五，将 5 平 4，马六进八，妙杀。

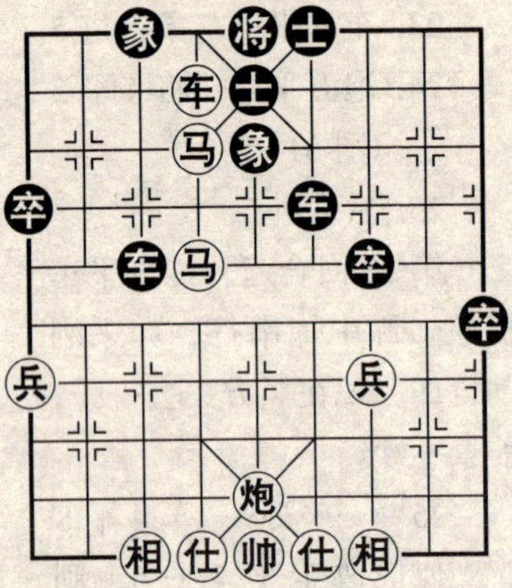

图 31-3

第 32 局　丁晓峰（先负）朱学增

（1975 年 6 月 16 日弈于上海）

五八炮对屏风马

第 3 届全运会象棋预赛于 1975 年 6 月在上海举行。在第 5 轮，安徽丁晓峰与北京朱学增对阵。黑方抓住红方一步软手主动攻击，以精确的算度、紧凑的着法结束战斗。

丁晓峰，安徽人。象棋大师，象棋国际裁判。棋风坚韧，斗志顽强。1964 年初次参加全国比赛即获得象棋界好评。1965 年获全国个人赛第 8 名。现任安徽省象棋协会常务副主席、安徽省棋院院长。

朱学增（1935—1992 年），北京人。象棋大师。棋风稳中带硬，深沉细腻。1962 年成为北京市甲级棋手。1964 年获北京市甲级棋手赛冠军。1965 年获北京市名手邀请赛亚军。多次参加市赛，均获得优胜名次。1964 年参加全国赛获第 11 名。1966 年全国赛获第 9 名。1980 年后任北京象棋队教练。

1. 炮二平五　马 8 进 7　　2. 马二进三　卒 3 进 1
3. 车一平二　车 9 平 8　　4. 马八进九　马 2 进 3
5. 兵三进一　象 3 进 5　　6. 炮八进四　士 4 进 5
7. 炮八平七

缓着。应改走炮八平三，炮 2 进 5，车二进三，红方较实惠有利。

7. …………　炮 2 进 5　　8. 马三进四　车 1 平 4
9. 车二进六

进车以防炮 8 进 5 封车，但进车后无发展，反使黑方退炮攻兵，造成反击机会。应改走车九平八，黑方如走炮 8 进 5 封车，则炮五退一，车 4 进 7，炮五平一，形成互缠局面，红方略占先手。

9. …………　炮 2 退 1

抓住战机攻击中卒，紧着。黑方反先。

10. 兵五进一　车 4 进 3　　11. 车九平八　炮 2 平 9
12. 炮七平八　炮 8 平 9
13. 车二进三　马 7 退 8
14. 马四退三　前炮退 1
15. 马三进五　象 5 退 3

好棋！准备后炮平 5，集中兵力打开中路，诱使红方送底炮进行交换。兑换之后，黑方能从速击破中路，取得优势。

16. 炮八进三　马 3 退 2
17. 车八进九　车 4 进 3
（图 32–1）

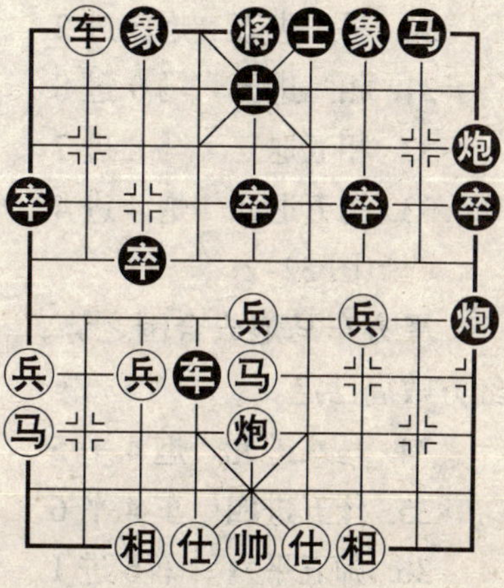

图 32–1

进车捉马，弃底象抢攻，狠着!

18. 车八平七　士5退4　19. 马五退三　前炮平5

20. 仕六进五　车4平7　21. 帅五平六　炮9平4

好棋！平炮士角，攻守兼备，在子与势之间选择后者，战略思想准确。如改走车7进1吃马，则车七平六，将5进1，车六退一，将5退1，车六退四，以后挺边兵进马，红方有攻势。

22. 马三退一　象7进5　23. 车七退三　车7平4

24. 帅六平五　马8进6　25. 车七平九

车吃边卒不及兵九进一，以利边马出动。红方虽处劣势，尚可周旋一时。

25. ………… 士4进5　26. 车九退二　卒5进1

27. 马一进三　马6进8　28. 马九退七　车4进2

算度精确。用车控制帅门，准备跃马攻击。如改走车4平3，则帅五平六，车3进2，炮五进三，炮5平4，帅六平五，卒3进1，黑方仍占优，但不如本着有力。

29. 马七进八　马8进9

30. 马三进五　炮5进2

31. 相三进五　马9进8

32. 相五退三　马8进7

33. 马五退四　炮4进4

(图32-2)

黑方车马炮成合围之势，红方败局已定。

34. 马八进九　炮4平5

35. 仕五进四　车4平6

36. 帅五平六　车6进1

37. 帅六进一　车6退1

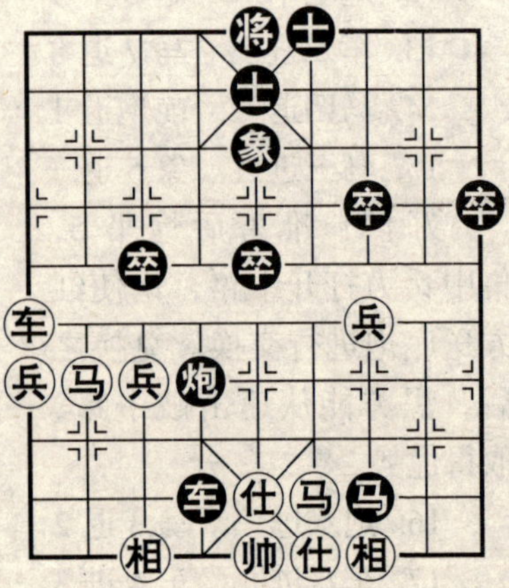

图32-2

38. 仕四退五 炮5平8 39. 马九进七 车6平5

车马炮连杀，黑方胜。

第33局 胡荣华（先和）蒋志梁

（1975年9月24日弈于北京）

飞相局对左中炮

中华人民共和国第3届运动会象棋决赛于1975年9月在北京举行，参加比赛的是6月在上海预赛中获得决赛权的12名运动员以及台湾省运动员3人。决赛第一阶段分成两组进行一盘制单循环赛，每组前2名再进行第二阶段单循环决战。当时安徽省知识青年蒋志梁是弈战中的后起之秀，初出茅庐首次参加全国大赛，即进入前4名争夺冠军之战。这盘棋是决赛第二阶段首轮的对弈过程。双方暗动心机，犹如太极斗法，最终握手言和。精彩着法，令人赞赏。

蒋志梁，1948年生于上海。象棋大师。上世纪70年代作为安徽选手参加大赛，一举成名。除本次全国赛获亚军外，1978、1979年均获全国第6名。著有《中残局精华》。

1. 相三进五 炮8平5 2. 马二进三 马8进7

3. 车一平二 车9平8 4. 马八进七 马2进1

5. 兵七进一 车8进4

黑方若改走卒3进1，则兵七进一，车8进4，马七进六，车8平3，马六退八，车3退2，马八退六，以下马六进七立于河口，红方比较有利。胡荣华与甘肃钱洪发在本届比赛对弈时，这一回合黑方走炮2平4，以下炮二进二，车8进4，仕四进五，卒3进1，兵七进一，车8平3，马七进八，卒7进1，车二平四，红方仍保持先手。

6. 炮二平一　车8进5

简化局势之着。如走车8平4，局面趋于复杂。

7. 马三退二　车1进1

如改走炮2平3，则车九平八，车1平2，炮八进四，红方先手。

8. 车九进一　炮2平3

平炮含蓄，为以后攻马做准备。此时亦可车1平8捉马，红方如马二进四，则卒7进1，车九平六，士6进5，黑方足可与红方抗衡。

9. 车九平二

车占要道，虽可掩护右翼马炮弱点，但有嫌过于平稳，以致度数见缓。当年10月上海市团体赛中，胡荣华执先对李澄走到此时，改进为车九平六以牵制对方，其后对弈过程如下：车1平2，炮八平九，车2进3，车六进六，炮3退1，兵九进一，士6进5，车六退三，车2平8，马二进四，车8平6，马四进二，卒3进1，仕六进五，炮5平3，马七进九……终局时红方车炮兵成杀。

9. …………　车1平2

局势需要，及时调整车路。好棋！

10. 炮八平九　卒7进1　11. 车二进五　车2进3

12. 马二进四　卒1进1

似应改走车2平6捉马为好，红方如马四进六，则卒3进1，车二退二，卒3进1，马六进七，车6平3，仕六进五，炮3进3，车二平七，车3进1，相五进七，马7进6，黑方先手。

13. 车二平三　炮5平4

卸中炮以解决左马被压，恰当之着。如改走车2平6，则马四进二，卒3进1，兵七进一，车6平3，马二进一，炮3进5（如炮5平4，马一进二，象3进5，马二进三，将5进1，炮一平二，将5平4，马七进八，炮4进1，车三进一，炮3平7，炮九平六，黑方无法解围，红方大占优势），车三进一，炮5进4，仕四进五，炮3平9，炮九平一，象3进5，马一进二，士4进5，车三退一，车3退1，车三平四，红方车马炮位置较好，黑方有所顾忌。

14. 炮一进四　马7进9　15. 车三平一　卒3进1

16. 车一平五　士4进5　17. 兵七进一（图33–1）

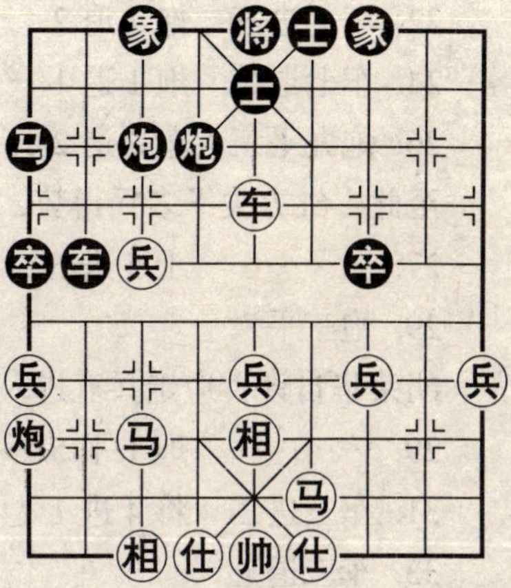

图33–1

准备弃马争先。此时红方另有两种着法：一、兵五进一，则卒3进1，马七进五，炮4进6，车五平六，炮3进7，帅五进一，炮4平6，相五退七，车2进4，帅五退一，卒3进1，马五退四，车2平6，炮九进三，红方虽不失大子但残相，并且黑卒过河，红方显然不愿如此；二、车五退二，则车2退1（如车2进3，马七进六，卒3进1，马六进五，捉炮捉卒，红方多兵有利），炮九进三，卒3进1，车五平七，马1进3，炮九平五，炮4平5，炮五进一，炮3进3，炮五平八，炮3进4，红方多兵占优。

17. …………　车2进4

进车必得一子，佳着。如改走车2平3，则马七进六，车3

平4，马六退八，红方占优。

18. 马七进六　车2平4

如改走车2平6，则兵七进一，炮3退1（如车6平4，兵七进一，车4进1，帅五进一，车4退4，兵七平六，车4退3，炮九进三，红方虽缺仕，但多兵占优），兵七进一，炮3平4，兵七平六，炮4进4，兵六进一，各有千秋。

19. 马六进八　马1进2

如改走炮3进7，则仕六进五，炮3平1，马八进九，象3进1，炮九进三，炮1退5，兵九进一捉还一子，红方多兵占优。

20. 兵七平八　车4平6　21. 车五平七　炮3平1

22. 车七进三　炮4退2　23. 炮九进三　车6平2

24. 车七退二　炮1退1　25. 兵八平七　炮1进5

26. 炮九平三　车2退2　27. 车七平三

至此，红方失子多兵得势，相比之下，红方占优。

27. …………　士5进6　28. 炮三进四　士6进5

29. 炮三平六

胡荣华自评：应走兵五进一，保留中兵多变化较好。

29. …………　炮1平5　30. 仕四进五　将5平4

31. 车三进二　将4进1　32. 兵一进一　车2退1

33. 车三退五

兑车以后，形成三兵对炮双士的优势残局。如改走兵三进一，则车2平4，帅五平四，车4平6，帅四平五，车6退2（红兵无法挺进），伏车6平9捉死兵，结果仍要兑车。

33. …………　车2平7　34. 兵三进一　炮5平1

35. 兵三进一　炮1退6　36. 兵一进一　炮1平6

37. 兵一平二　将4退1　38. 兵三进一　士5进4

39. 兵七进一　士4退5（图33-2）　40. 兵七平六

如图 33–2 形势，胡荣华自评：应改走兵二平三，再兵三进一，伺机兵换双士，胜机甚浓。

40. ………… 将 4 进 1
41. 兵二平三 炮 6 平 4
42. 兵六平五

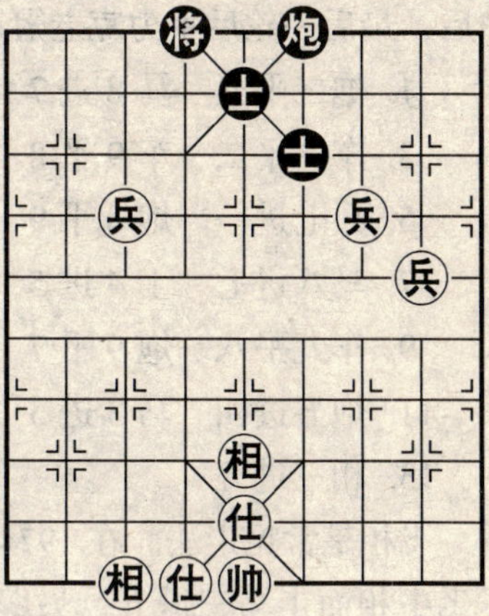

图 33–2

如改走兵六平七，左右分兵而下，尚有变化。此后黑炮将扼守要道，红兵在一边无法分头挺进，终于被黑方守和。

42. ………… 士 5 退 6　43. 前兵平四 士 6 退 5
44. 兵三平四 将 4 进 1　45. 仕五退四 将 4 退 1
46. 帅五进一 将 4 进 1　47. 后兵平五 将 4 退 1
48. 前兵进一 炮 4 平 5　49. 后兵进一 将 4 退 1
50. 兵四平三 将 4 进 1　51. 兵三进一 将 4 退 1
52. 兵三进一 将 4 进 1　53. 兵三平四 炮 5 平 4
54. 帅五退一 炮 4 平 5　55. 仕六进五 将 4 退 1
56. 兵四进一 炮 5 进 2　57. 兵五进一 士 5 退 6

至此成为单兵对单士的和棋局势。

第 34 局 杨官璘（先负）蒋志梁

（1975 年 9 月 26 日弈于北京）

中炮过河车对屏风马平炮兑车

在第 3 届全运会象棋决赛上，蒋志梁先后战和胡荣华、刘殿中后，最后一轮后手力克老冠军杨官璘，获得本届赛亚军。

1. 炮二平五　马8进7　2. 马二进三　卒7进1

3. 车一平二　车9平8　4. 车二进六　马2进3

5. 兵七进一　炮8平9　6. 车二平三　炮9退1

7. 马八进七　士4进5　8. 炮八平九　车1平2

9. 车九平八　炮9平7　10. 车三平四　马7进8

11. 炮五进四　马3进5　12. 车四平五　炮7进5

13. 相三进五

飞相是常见走法。在1974年全国赛上，王嘉良对杨官璘时，不飞中相而走马三退五，另辟蹊径。以下炮2进6，车五平一，炮7平8或卒7进1，演变成双方互缠局面。

13. …………　卒7进1

如改走炮2进6，则马七进六，车2进7，车五平七，象3进1，马六进四，车8进2，马四进六，车8平4，炮九进四，卒7进1，炮九退二，马8进6，炮九平四，卒7平6，兵七进一，红方略占优。

14. 马七进六　马8进6　15. 车五退二　炮2进6

16. 马六进七

有趣的是，以上着法与同时进行的刘殿中与胡荣华对局完全相同。

16. …………　车2进7

第16回合，黑方伸车捉炮，迫使红边炮打卒冲杀，揭开了激战的序幕。胡荣华与刘殿中对弈时，胡走车8进2，以下炮九平六，车2进6，马七退五，炮2退1，马五退三，马6退7……最后黑方胡荣华获胜。

17. 炮九进四

弃马抢攻，好棋。

17. ………… 车8进2

如改走马6进7，则炮九进三，象3进5（如车2退7，则马七进九），马七进九，车2退5，车八进一，红方胜。

18. 炮九进三　象3进1　19. 马三退一　车8平2

20. 仕四进五

诱使黑炮吃马。如改走马七进六，则马6进5，相七进五，前车平5，仕四进五，车2平8，黑方胜。

20. ………… 后车进1

如改走炮2平9吃马，则马七进九（如车八进二，炮9进1，帅五平四，马6进7，帅四平五，炮7平8，仕五进四，车2进5，黑方胜），后车平1，车八进二，车1退2，相五进三，马6退7（如炮9进1，帅五平四，炮7进3，帅四进一，马6退7，相七进九，黑方要失子），兵七进一，马7退5，车五平九，车1平4，车八平六，车4平2，兵五进一，红方虽少一子，但已破黑方一象，且双兵渡河助战，胜负尚无定论。

21. 相五进三

飞相不如马七退五伏杀为好。以下将5平4，马一退三，以后再消灭过河卒，防务坚固，无后顾之忧。此着如改走马七进六，可能的变化是：一、炮2平9，马六进八，象1退3，马八退七，象3进5，车五平六，红方胜；二、后车平4，马六进八，象1退3，马八退七，象3进5，兵七进一，双方互缠，红方多兵占优。

21. ………… 马6退7　22. 马七进六　马7退5

以退为进，准备再马5退3逐炮。

23. 马六进八

可走马一退三等一步，变化较多。

23. ………… 象1退3

24. 马八退七　象 3 进 1（图 34-1）

25. 马一退三

似改走炮九平八为宜。以下后车平 3，则炮八退八，车 3 退1，车五平四（如走炮八平七兑车，则车 2 进 2，炮七进六，车 2 退 7 捉死炮），炮 7 平 1（如马 5 进 4，车四平六，马 4 退 6，炮八平七兑车脱身），车八平九，车 2 退 1，马一进三，双方平稳。

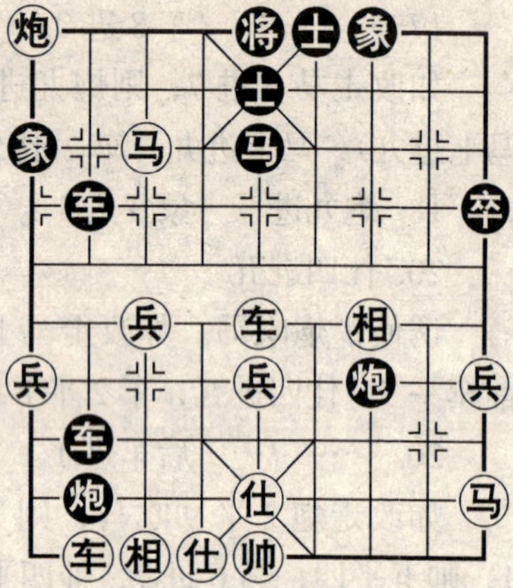

图 34-1

25. ………… 马 5 退 3　26. 炮九退一

逃炮后，被黑方平炮兑车攻马，伏杀得子。如改走炮九平四，虽然失子，黑方也有顾忌。

26. ………… 炮 2 平 3

27. 车八进二

如改走马七进五，则象 7 进 5，红方马死。

27. ………… 炮 3 退 6

28. 相三退五　车 2 进 4

29. 车五平三

似改走马三进四出马助战较好。

29. ………… 炮 7 平 6

30. 车三进五（图 34-2）　马 3 退 1

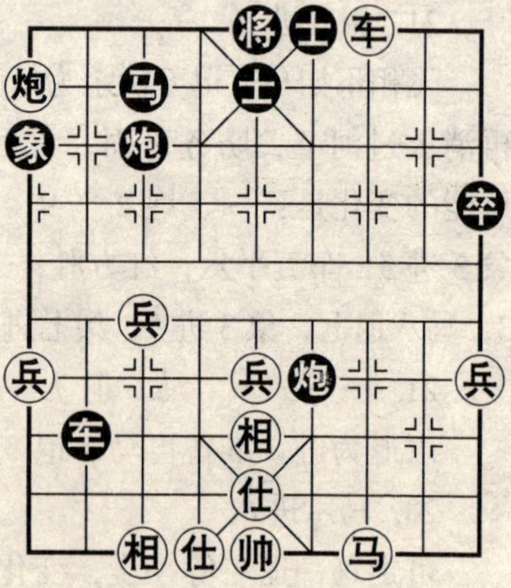

图 34-2

退马准备车 2 退 6 吃炮，但被红方退车给予破坏。如图34–2形势，黑方似应马进中路，以利攻守。

31. 车三退三　车 2 退 1　32. 马三进二　炮 6 平 8

33. 车三平七　炮 3 平 4　34. 马二退四　炮 4 进 4

伏炮 4 平 3 打车后，再退车捉死炮。

35. 炮九平六　炮 4 进 2　36. 炮六退四

退炮拼杀，但失马后子力悬殊，无法对抗。此时不如退仕，尚可一战。

36. …………　炮 4 平 6　37. 炮六平二　士 5 退 4

38. 炮二进五　将 5 进 1　39. 车七平五　将 5 平 4

40. 车五平四　炮 6 平 9　41. 车四进二　将 4 进 1

42. 车四进一　炮 9 进 1　43. 帅五平四　马 1 进 3

44. 炮二退一　车 2 平 5　45. 车四退二　马 3 进 5

46. 炮二退一　士 4 进 5　47. 车四退五　马 5 进 7

48. 车四平一　马 7 进 6　49. 车一退二

经过一番苦斗，红方虽得回一子，但局势危机，已回天乏术。

49. …………　车 5 平 6　50. 帅四平五　马 6 进 4

51. 仕五进六　马 4 进 6　52. 帅五进一　车 6 平 2

53. 帅五平四　炮 8 退 2　54. 相五进三　炮 8 平 6

55. 帅四进一　车 2 平 6　56. 帅四平五　车 6 平 5

57. 帅五平四　将 4 平 5

黑方已成绝杀，红方负。

第35局　臧如意（先和）戴荣光

（1976年6月18日弈于兰州）

仙人指路对起马局

1976年全国棋类比赛象棋预赛，历时21天，于6月30日在兰州结束。这盘棋是预赛第6组中的对局。虽是和局，却不乏精警细腻之着。戴荣光、臧如意分别获得小组前2名，取得决赛权。后来因故没有举行决赛。

戴荣光，1943年出生，江苏无锡人。象棋大师。曾多次获得江苏省冠军。1962年初次参加全国赛。1975年获第3届全运会象棋赛第5名。1978年获全国个人赛第10名。1984年退役，任无锡市体委象棋教练。

1. 兵七进一　马8进7　2. 马八进七　车9进1

3. 炮二平五　车9平4　4. 马二进三　车4进5

5. 车一平二

针对黑方肋车过河，这步棋可改走炮五平四，黑车压马则相七进五，红方局势较为平稳。

5. ………　车4平3　6. 马三退五　炮8平9

7. 炮八退一　马2进3　8. 炮八平七　车3平2

9. 兵三进一　车1进1　10. 炮五平三

改走马七进六有利，以下车2进2（如车1平4，马五进七，红方有攻势），炮七进五，车2平4，车九平八，车1平4，马六退七，红方优势。

10. ………　车1平4　11. 相七进五　卒5进1

好棋。既为双马开辟前进道路，又可伺机展开中路攻势。

12. 炮三进四　马7进5　13. 炮三平七　车4进7

争先之着。进车弃象，诱使红炮孤军深入，可乘机进攻。

14. 马五进三　士4进5

红方跳出窝心马，诱黑车吃炮。黑方补士，老练之着。如走车4平3，则马七退九，黑双车被捉，红方优势。

15. 后炮退一　象3进5　16. 仕六进五　卒9进1

机警之着。挺边卒，使红炮活动范围小，处于受攻地位。

17. 马三进四　车2退3　18. 马四进五　马3进5

19. 炮七进二　车4退7　20. 前炮进一　车4进7

21. 炮七退一

如改走前炮平九，则炮2平3，黑方优势。

21. …………　车4退7　22. 前炮进一　车4进7

23. 炮七退一　马5退7

黑方不可长捉无根子，所以变着。

24. 炮七退一　马7进6　25. 炮七平一　炮2平9

26. 车二进五

进车等于助黑马进攻，不如先走车九进二等一手，静观其变。

26. …………　马6进7

(图35-1)

27. 车九进二

细腻之着。如改走车二平五，则车2进4，马七退六，炮9进4，黑方攻势猛烈。又如改走车二退二，则炮9平7，黑方仍有攻势。

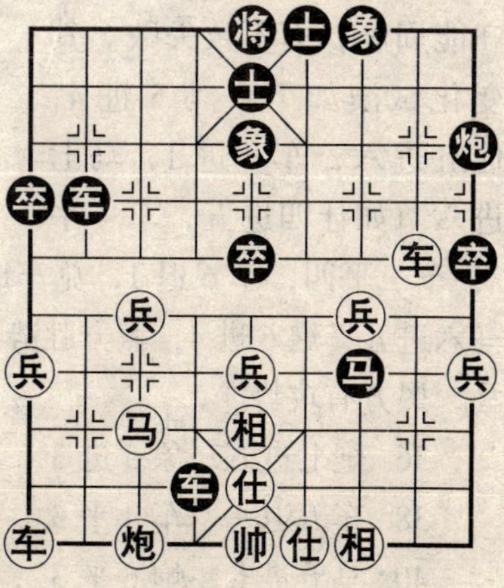

图35-1

27. ………… 炮9平7 28. 兵七进一 车2平6

29. 车九退一 车4退2 30. 车二进二 炮7平6

似应改走炮7退1瞄底相，可对红方构成潜在威胁。

31. 车九平八 车6进5 32. 车二退五 卒5进1

如改走炮6平7（如马7进8，车八进五，红方优势），相三进一，黑方一时无法入手。

33. 兵五进一 马7退5 34. 车八进八 士5退4

35. 车八退五（图35-2） 马5退3

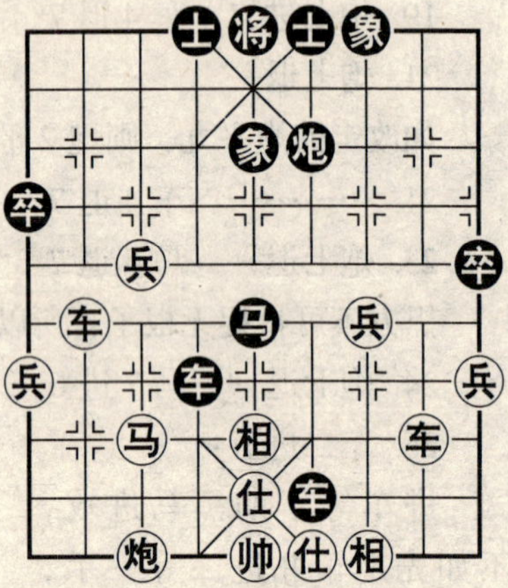

图35-2

如图35-2形势，黑方稍占上风。厉自钧先生在评注黑方这步棋时指出：此时退马吃兵，局势顿时简化，和局已定，似欠积极。若改走马5进4，弃子抢攻，虽未肯定黑方即胜，但攻有战机，守能周旋，而不致失败。其变化试演如下：马5进4，仕五进六，车4进1，马七进六（如仕四进五，车4平3，车二平四，车6退1，兑车成和），炮6进3，马六退八（如马六进五，炮6进4，黑方胜势），车4退1，下步进炮轰仕或打马，黑方有攻势。

36. 炮七进五 象5进3 37. 车八平五 士4进5

38. 车五退一 车4平5 39. 马七进五 车6退2

40. 马五进七 炮6平3 41. 车二进三 炮3进3

炮打马兑换，和局。

第36局　杨官璘（先胜）王国栋

（1976年6月27日弈于兰州）

中炮七路马对屏风马过河鸳鸯炮

这是1976年全国预赛成年个人赛第3组中一盘颇为精彩的对局。中局阶段，谨慎行棋的老将杨官璘设套诱敌，弃车砍炮，妙手得子。其后挟多子优势，步步进取，直至胜利。

王国栋，1950年生于北京。北京名手，著名象棋教练。少年时曾在先农坛体校学弈，受教于谢小然先生。多次参加全国赛。曾任北京棋院副院长、北京棋协象棋工作委员会副主任。与陆兴合著《飞相局对左中炮》《京华棋坛风云录》，与方士庆、李燕贵合著《象棋入门》《图说象棋基本战术》《图说象棋攻防战术》等。

1. 炮二平五　马8进7　　2. 马二进三　车9平8
3. 兵七进一　卒7进1　　4. 马八进七　马2进3
5. 车一平二　炮2进4　　6. 兵五进一　炮8进3

黑方一炮占兵线，一炮骑河沿，左右交错，是为过河鸳鸯炮。上世纪60年代初期出现这种变着。1960年6月间，上海、温州棋队访问广州进行友谊赛，14岁的胡荣华后手以此布局战胜广东名将朱德源。

7. 马七进五　炮2平7　　8. 车九平八　车1平2
9. 炮八进四　象3进5　　10. 仕四进五

补仕巩固中路，兼伏车八进三捉死炮。

10. …………　炮8进1　　11. 兵五进一　卒5进1
12. 炮五进三　士4进5　　13. 马五进六　马3进5
14. 炮五退三

退炮活马路，准备马扑卧槽。

14. ………… 马5进4

似嫌过急，被红炮五进二，造成马路狭窄。似应改走卒7进1，红方如走马六进四，则卒7平6，黑方并不难走；又如红方马三进五，则卒7平6，马六进四，炮8平5，马四进三，炮7退5，车二进九，炮7进8，黑方得一相，形势不弱。

15. 炮五进二　马7进5　16. 相三进五　卒7进1

(图36-1)

17. 马六进四

颇富韵味的一着。如图36-1形势，红方审局度势，酝酿跳马捉卒，同时防止黑中马进7路，暗含夺子策略。

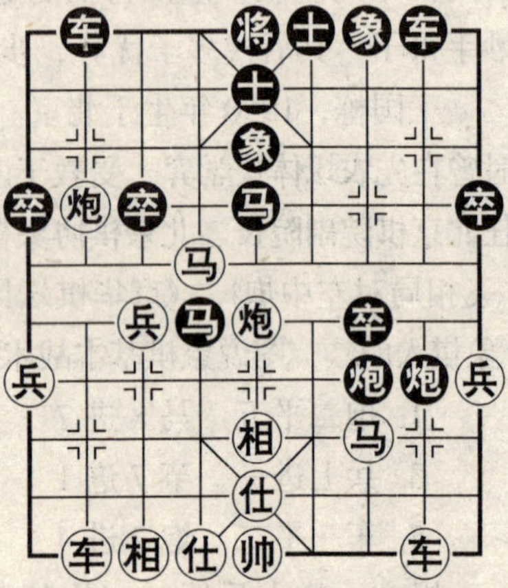

图36-1

17. ………… 卒7平6

平卒看似捉炮抢先，其实失察中计。应改走炮7平6，以下马四进三（如马四退三，马5进7，黑顶马驱炮抢先），将5平4，炮八退三，马4进3，车八进一，炮6平4，互抢先手。又如黑炮7平6后红车二平四，则卒7平6，马四进三，将5平4，马三进四，马5进7，黑方防守严密，有反先之势。

18. 炮五进一

不露声色的好棋。正是这种看似必然之着（逃炮），致使黑方失算。

18. ………… 车8进1

败着，造成失子致负。应改走卒6平7，虽处下风，如能严密防守，尚无大碍。

19. 车二进三

弃车砍炮，妙着!伏有弃双车绝杀。红方自第 17 回合的谋略，至此大白。

19. ………… 车 8 平 6

逼走之着。如改走车 8 进 5，则炮八平五再弃一车，车 2 进 9（或炮 7 平 2），前炮平六，伏马四进三和马四进六双要杀，红方速胜。

20. 炮五进二　将 5 平 4　21. 车八进五　卒 3 进 1

如改走车 6 进 2，则车八平六，士 5 进 4，炮八平五，车 6 平 5，车六进二，将 4 平 5，炮五平二，黑方更难应付。又如改走车 2 进 2，则车八平六，车 2 平 4，车六进二，士 5 进 4，车二平三，车 6 进 2，车三进六，车 6 退 1，马三进五，车 6 平 5，马五进六，车 5 退 2，车三退二，马 5 退 6，车三进二，车 5 进 1，炮八平一，红方胜定。

22. 车二平三　车 6 进 2　23. 炮八平四　车 2 进 4

24. 炮五平二　卒 3 进 1

25. 炮二进二　车 2 平 6

26. 车三进六　将 4 进 1

27. 炮二退一　将 4 退 1

28. 车三退三　马 5 退 6

29. 炮四平一　马 4 进 6

30. 炮一进三　后马退 8

31. 马三进五　车 6 平 8

32. 炮二平四　车 8 平 9

33. 车三平九　士 5 进 4

（图 36–2）

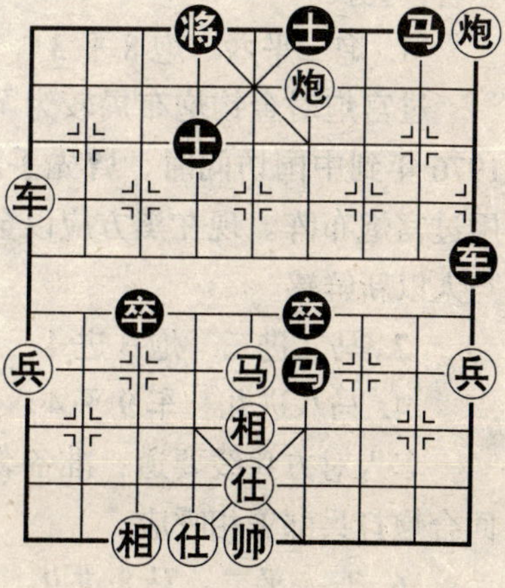

图 36–2

34. 炮四退五　卒6进1　35. 马五进七　车9退4
36. 车九进三　将4进1　37. 车九平四

这一阶段，红方步步紧逼，末后用车拴死车马，黑方认负。

第37局　谢添顺（先和）董齐亮

（1977年2月2日弈于马尼拉）

过宫炮对金钩炮

应菲律宾象棋协会、香港港九国弈象棋研究会和澳门象棋总会的邀请，中国象棋队（队员：杨官璘、胡荣华、董齐亮）于1977年1月26日至2月15日访问菲律宾、香港和澳门。在菲律宾期间，董齐亮参加友谊交流赛共弈10局，7胜3和，成绩优异。这盘棋是在马尼拉的表演赛。董以后手金钩炮应战菲律宾老棋王飞相局，别有新意，激战成和。

谢添顺曾获第4届全菲棋王争夺赛第1名，时任菲华象棋协会名誉会长。

1. 炮二平六　炮8平3

过宫炮对金钩炮布局较为罕见。红方深悉过宫炮布局之道，1976年到中国访问时，曾先手对广东陈柏祥、上海于红木皆使用过宫炮布阵。现在黑方应以金钩炮怪招，避开常套出其不意，与人以新鲜感。

2. 马二进三　炮3进4　3. 兵三进一　车9进1
4. 马八进九　车9平4　5. 仕四进五　车4进5

车入对方兵线要道，准备袭击中兵，保持多卒优势，与第2回合炮打兵部署相呼应。

6. 车一平二　马8进9

一般多走马8进7。为扰乱对方思维，一反常态跳边马，别出心裁。

7. 炮六平五　炮3平5　8. 马三进五　车4平5

9. 车二进三　炮2平5　10. 车二平五　炮5进4

11. 车九平八

红方亮车，正着。如改走帅五平四争夺中卒，则车1进2，炮五进四，车1平6，炮八平四，炮5退2，黑方子力灵活。

11. ………… 象3进5　12. 炮八平七　马2进4

13. 车八进三　炮5退2　14. 车八平六　马4进6

正着。如改走马4进2，则帅五平四，马2进3，车六进二，黑方中路受到攻击。又如改走车1进1，则车六进三，以下有炮七平六之着，黑方中卒难保。

15. 车六进三　士4进5　16. 车六平五　车1平4

似应改走卒3进1，红方如走马九进七，则卒3进1，炮七进二，炮5平3，黑方优势。

17. 车五平七　卒7进1

18. 马九进七

弃兵跃马，争取攻势，好棋。

18. ………… 卒7进1

19. 马七进八　车4进2

20. 马八进六　炮5退1

退炮打车，以减轻对方攻势，系必走之着。否则红炮七平六后，黑方难以应付。

21. 炮七平六（图37-1）

马6进7

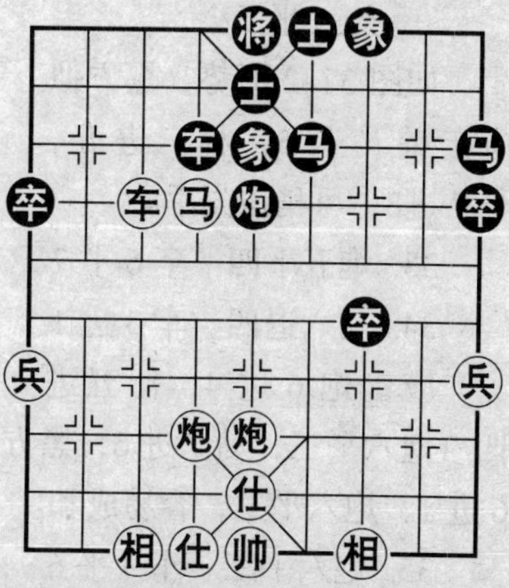

图37-1

黑方若误走炮 5 平 3，则马六进四杀。如图 37–1 形势，红方不避车反而打车，足见骁勇。

22. 车七平九　车 4 平 3　23. 车九进三　象 5 退 3

24. 车九退四

似应改走炮六平八，红方较为主动。

24. …………　象 7 进 5　25. 车九平五　马 9 进 7

26. 车五退二　车 3 进 1　27. 车五平六

只有保马，别无好棋。如改走炮五进四，则车 3 平 4，炮五退一，马 7 进 5，车五进二，车 4 进 3，黑方多卒占优。

27. …………　卒 7 平 6

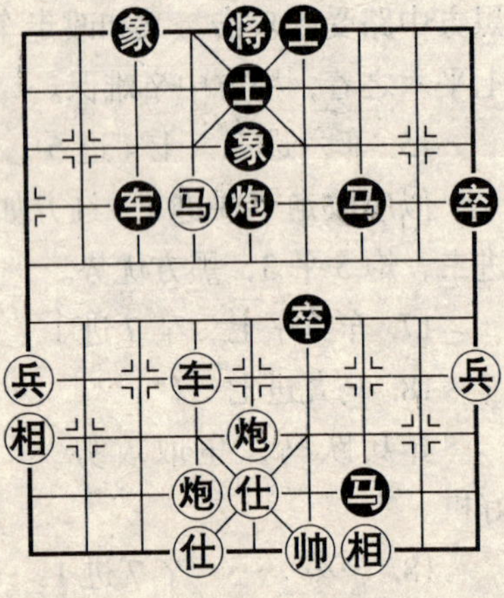

图 37–2

28. 帅五平四　炮 5 平 6

29. 帅四平五　炮 6 平 5

30. 帅五平四　前马进 6

31. 相七进九　马 6 进 7

32. 炮六退一（图 37–2）

炮 5 平 6

如图 37–2 形势，黑方似应走前马退 5，相三进五，马 7 进8，可稍占先手。

33. 炮五平四　卒 6 平 7

34. 马六退四　车 3 进 1

应走炮 6 进 4，仕五进四（炮六平三，马 7 进 6，黑方优势），车 3 平 6，仕六进五，车 6 进 1，炮六平三，容易成和。

35. 炮六平三　车 3 平 6　36. 炮三平四　马 7 进 6

37. 后炮进三

错失得子机会。应改走前炮进三，马 6 进 4，后炮进五，红方得炮。

37. ………… 车6进1　38. 帅四平五

双方兵力对等，两难进取，握手言和。

第38局　刘星（先负）孙耀先

（1977年3月31日弈于北京）

中炮过河车七路马对屏风马平炮兑车

1977年春，广东象棋队应邀来京进行友谊交流赛。刘星与孙耀先这盘棋，中局时黑方破坏红方连环马阵势后，已控制局面；其后扩大优势，丝丝入扣，以钓鱼马困死红帅，末后形成绝杀。

刘星，1958年生于广州。象棋大师。少年学弈，得到名宿陈松顺指导。1974年起参加全国赛。1981、1982、1987年全国团体冠军广东队的主力之一。1983年获全国个人赛第9名，1987年获第5名。1989年成为深圳队员，为该队获1992、1997年全国团体赛第6名立下战功。

孙耀先，1950年生于北京。北京名手。北京市棋类协会委员。少年时参加先农坛体校象棋训练班，受教于名宿侯玉山先生。1974年获北京市运动会象棋赛冠军。1974年起多次参加全国赛。上世纪80年代中期到北京市体委任象棋专职教练，后任宣武区少年宫象棋班教练。著有《象棋三日通》。与何左锋合著《象棋流行布局》。

1. 炮二平五　马8进7　2. 马二进三　车9平8

3. 车一平二　卒7进1　4. 车二进六　马2进3

5. 兵七进一　炮8平9　　6. 车二平三　炮9退1
7. 马八进七　士4进5　　8. 马七进六　炮9平7
9. 车三平四　车8进5　　10. 炮八进二　象3进5

如改走卒3进1，则马六进五，车8平3，炮八平九，车1平2，马五进七，红方大占先手。

11. 车九进一

另一种变化是炮五平六，卒3进1，兵三进一，红方仍持先手。

11. …………　卒7进1　　12. 兵三进一

正着。如改走马六进七，则车1平4，兵三进一，车8进1，黑方有对攻机会。

12. …………　车8平7
13. 马三进四　马7进8
14. 车四平三（图38–1）
车7退2

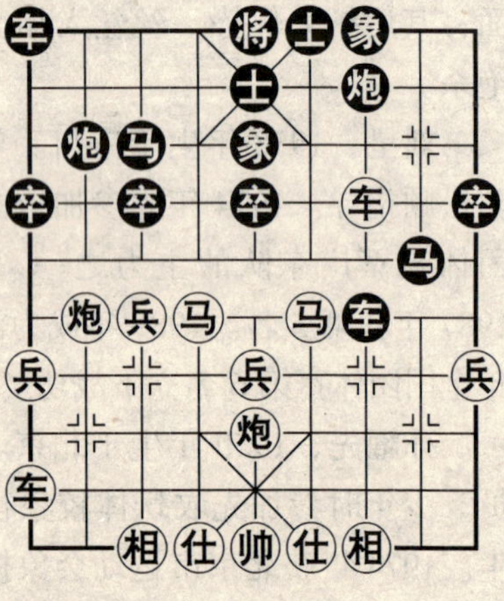
图 38–1

如图38–1形势，黑方兑车求攻。如改走车7平6，则车三进二，车1平4，静观其变。以下如红炮五平六打车，黑方一车换双易和。

15. 马四进三　炮7进8
16. 仕四进五　炮2进2

交换子力后，黑方已反先。现升炮准备平至左翼，展开攻势。

17. 马三退二　车1平4　　18. 炮五平六　炮2平4
19. 马六进四　炮4平1　　20. 车九平八　炮1平2

21. 炮八平九　车4进4

(图38–2)

这一段过程，黑方运子灵活，已占主动。现进车看炮，伏卒1进1捉死炮。

22. 兵七进一　卒3进1

23. 炮九平六　车4平5

24. 后炮平五　车5平4

25. 炮六退三

退炮，伏炮五平六，车4平5，兵五进一，接有马四进六踩车叫杀。

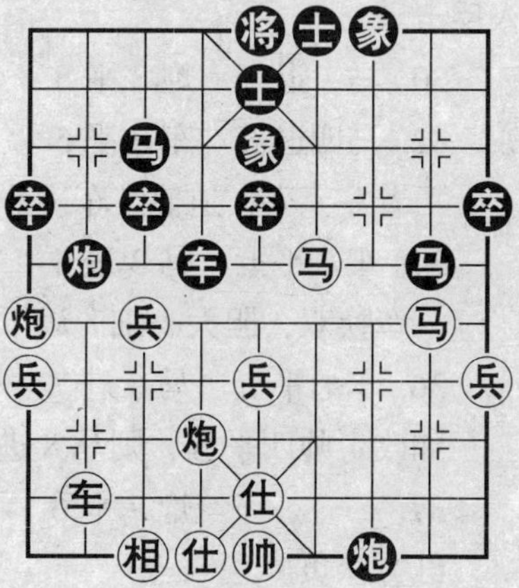

图38–2

25. …………　卒3进1　26. 炮五平六　炮2平3

正着。如改走车4平3，则后炮平七，卒3平2，车八进三，车3进4（如炮2平6，炮七进六，红方不吃亏），马四进六，士5进4（如炮2平3，相七进五，红方有攻势），马六退八，红方不难走。

27. 车八退一　车4平5

28. 兵五进一

如改走马四进二，则马8退6，红方不利。

28. …………　车5进1

29. 前炮平二　炮7退5

(图38–3)

佳着！退炮蹩马腿，破坏连环马阵势。黑方由此转

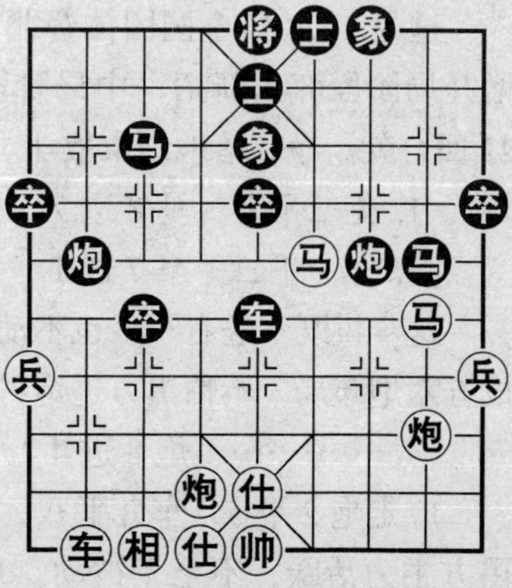

图38–3

入反击。

30. 马二退三　炮3平5　31. 帅五平四　车5平7

32. 马四退五　车7平5　33. 车八进三　卒7进1

巧着。弃卒，迫使红车离开八路，以便跃马进攻。

34. 车八平七　马3进4　35. 车七进一　马4进5

一车换双，胆大心细。以下黑方牢牢掌握主动，迅速入局。

36. 车七平五　马5进7　37. 帅四进一

如改走帅四平五，则马8进7，黑方得车胜。

37. …………　炮7平6　38. 炮六进四　炮6退2

红方认负。

第39局　朱学增（先胜）甘奕祜

（1978年4月15日弈于厦门）

五六炮对左炮封车转单提马

这是1978年全国团体赛北京与四川对阵时的一盘棋。朱学增开局阶段弈出新招，中局阶段敢于弃子。其后奋马出战，仅22回合就干净利落地结束战斗。

1. 炮二平五　马8进7　2. 马二进三　车9平8

3. 车一平二　卒7进1　4. 炮八平六

这步棋既不进右车，也不动左马，着法新颖。平炮仕角，形成五六炮布局，不怕黑方进炮封车。

4. …………　炮8进4　5. 马八进七　马2进1

应走炮2平5，车九平八，马2进3，仕四进五，车1进1，黑方主力活跃，不至于被动。现在形成中炮直车对左单提马阵式，黑方中路防守单薄，易受攻击。

6. 车九平八　车 1 平 2　　7. 兵三进一

弃兵，开通马路，是争先的好棋。

7. …………　卒 7 进 1　　8. 车八进四　卒 7 进 1

9. 车八平三　马 7 进 6

如改走：一、象 7 进 5，则车三退一，炮 8 退 2，炮六进五，马 7 进 6，炮五进四，士 4 进 5，车三进二，马 6 进 4，炮五退二，炮 8 进 4（如马 4 进 3，车二进五，车 8 进 4，车三平二，炮 2 进 7，炮六退一，红方优势），马七退五，马 4 进 2，马五进四，红方占优；二、卒 7 进 1，则车三进三，象 3 进 5，车三退四，再炮六平三打卒，红方占优。

10. 车三进一

如改走炮五进四，则炮 2 平 8 打车后，黑方可稳住局面。进车捉马，算定以后可占优势。

10. …………　炮 2 平 8

（图 39–1）

如图 39–1 形势，是一个复杂多变的局面。黑炮打车，红方稍有不慎，将处于不利局面。

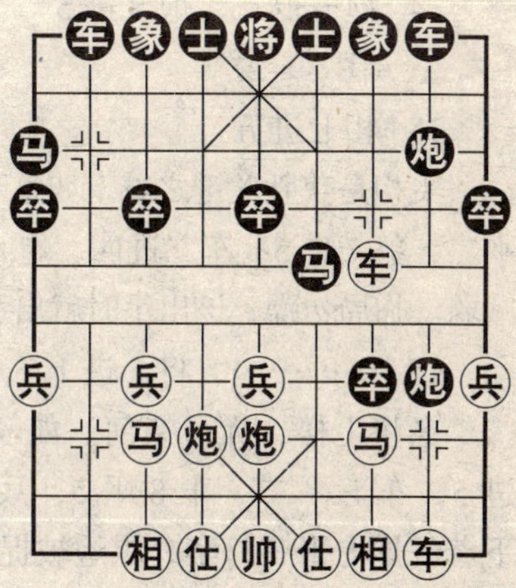

图 39–1

11. 车二进三

佳着！现在红方毅然一车换双，发展中路攻势，方向准确。红方如走：一、车二平一，则车 2 进4，炮五进四，车 2 平 4，炮六平五，卒 7 进 1，车一进二，前炮进 1，黑方得子占优；二、车三平四，则后炮进 7，炮五进四（如马三退二，炮 8 平 5，黑方优势），卒 7 进 1，黑方得子后，不怕红方空头炮，伺机以车换炮，可大占优势。

11. ………… 卒7平8

12. 车三平四 卒8平7

压马过急，造成中防空虚，宜走象7进5稳妥。

13. 炮五进四

佳着。红方抓住良机，果断地弃马轰炮，由此发动攻势。

13. ………… 卒7进1

14. 炮五退二 炮8进5

(图39–2)

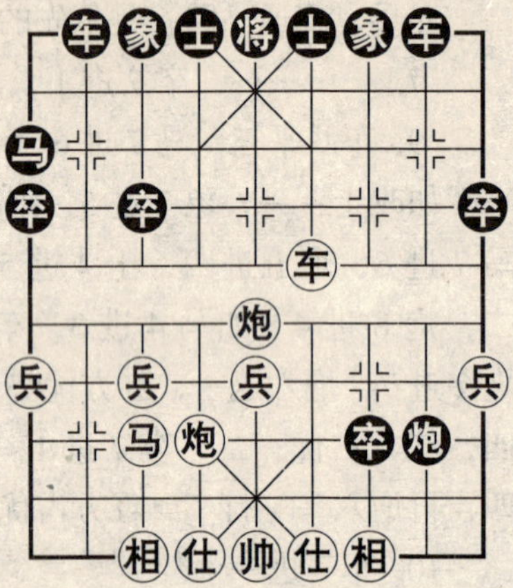

图39–2

15. 相七进五

飞相是获胜关键之着。如急于走车四平五，则士4进5，车五平二，象7进5，车二进四，炮8平4，红方虽夺回一子，但攻势减弱。临局勿躁，该出手时就出手，体现了红方稳中带狠的棋风。

15. ………… 将5进1

老将上楼，无可奈何。如改走车8进5，则车四平五，士4进5，车五平二，车8平5，兵五进一，车2进8，仕四进五，下着红炮七平三打卒，黑炮被捉死，红方大占优势。

16. 兵七进一 车2进6 17. 车四平五

精确之着。如改走马七进六，则车2平5，马六进五，车5退1，马五进三，将5进1，马三进四，将5退1，马四退三，将5进1，马三进二，炮8进2，红方虽得回失子，但黑方有对攻机会。

17. ………… 将5平6 18. 马七进六 士6进5

19. 马六进五 象3进5 20. 炮五平四 车8进3

21. 马五进三　车8平7　22. 炮六进六

以上几个回合，红马迅速跃出，车马双炮攻杀，前后有序，势如破竹。现在黑方只有士5进4，红方车五平四杀。至此，黑方负。

从全盘对弈过程看，黑右马屯边后，未起到任何作用。所以后来的大赛中，右单提马布局较少见。

第40局　韩福德（先负）吕钦

（1979年9月11日弈于北京）

五八炮对屏风马

吕钦作为广东队棋手，1979年首次参加全国团体赛。他在第4台7盘比赛中，表现得勇敢顽强，挫败各省市新老棋手，以6胜1和的优异战绩引人注目，为广东队取得团体亚军奠定基础，立下功劳。这盘棋为第2轮时的对弈，是吕钦"出山"第二仗。经过50多回合力挫辽宁名将，展示出他青少年时期的棋艺风采。

吕钦，1962年8月出生，广东惠东人。象棋特级大师。1978年获全国少年冠军。1982、1995、2000、2006年四次获全国个人赛第3名。1983、1991、1993、1994、1996、1997、2007年七次获全国个人赛亚军。1985年获第2届亚洲城市名手赛冠军。1986、1988、1999、2003、2006年五度夺得全国个人赛冠军。多次进入全国赛前6名。1997年获中央电视台"中立杯"象棋快棋赛冠军。十二次全国象棋团体赛冠军广东队主力队员。七次亚洲象棋团体锦标赛冠军中国队主力队员。自1990年以来，九次获得世界象棋锦标赛个人和团体冠军，多次夺得"五羊杯"全国象棋冠军赛冠军和“银荔杯”全国象棋冠军赛冠军。棋风顽强，反应敏捷，技术全面，攻杀犀利，擅长快棋。在上世纪80年代中期，与胡荣华、李来群、柳大华并称为象棋界“四大高手”，有“快马飞刀”美誉、“羊城少帅”之称。现任广东省棋牌运动管理中心副主任、象棋组主教练兼运动员、中国象棋协会技术委员会主任。

韩福德，1937年出生，沈阳人。象棋大师。青年时代已是辽宁名手。1962年获七省市邀请赛冠军。1965、1966年先后获得全国个人赛第7、11名。1980、1981年蝉联辽宁省冠军。1984年全国团体冠军辽宁队主力队员之一。上世纪80年代后，任辽宁省队教练。棋风细腻老练，刚柔相济。

1. 炮八平五

用反向中炮开局，犹如乒乓球左手握拍，令人感觉别扭。这是韩大师的特长，与众不同。

1.	…………	马2进3	2.	兵七进一	车1平2
3.	马八进七	卒7进1	4.	车九平八	马8进7
5.	炮二进四	象3进5	6.	炮二平三	炮8进2
7.	车八进六	车9平8	8.	马二进三	卒3进1
9.	车八平七	车2平3			

红方采用擅长的反向开局，以此考验小将，企图造成对方的错觉。而黑方沉着应战，步步有方。现在形成特殊结构的“五八炮对屏风马”开局。红方采用过河炮压马、急进过河车、跳正马，颇有新意。黑方升巡河炮、飞右象、兑3卒，均属正着，针锋相对。

10. 兵七进一

红方进兵兑卒活跃左马，加强攻势。另一种比较稳健着法是：车一平二，卒3进1，车二进四，炮2退1，兵三进一，卒7

进1，车二平三，炮8平3，马七退五，卒3进1，各有千秋。

10. ………… 炮8平3　11. 马七进八　马3退5

12. 车一进一

出横车准备弃炮抢攻，红方棋风“刚”的一面已露锋芒。

12. ………… 车8进3

13. 车一平六　车8平7

14. 车六进七（图40-1）

车3进3

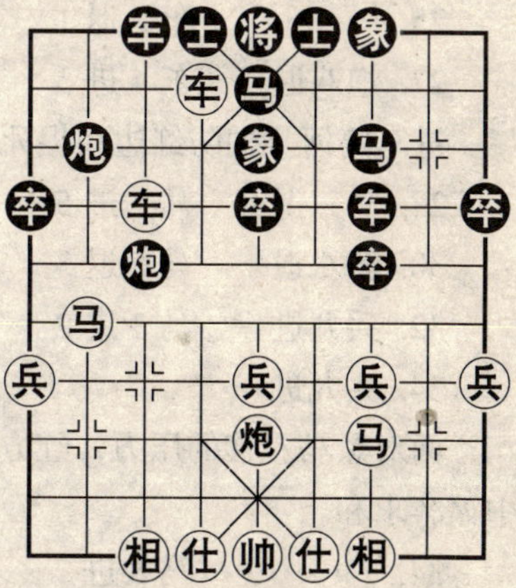

图40-1

以上几个回合，红方弃炮向黑右翼急攻。如图40-1形势，黑方审视正确，主动兑车，采取消耗战术，属于正着。如改走车3平2，则马八进九，马7退9，车七平六，马5进7，马九进七，黑方失车，红方胜定。

15. 马八进七　马7退8

退马，为窝心马留出路，是化险为夷的好棋。

16. 炮五平九

空着。应改走马七进八，以下马5进7，车六进一，将5进1，兵五进一，以后跃马助攻，尚可一搏。

16. ………… 炮3平1　17. 马七进八　马5进7

18. 车六进一　将5进1　19. 炮九平八　卒5进1

好棋。进中卒通出车路，利于防守。如改走炮1平2，则炮八进五，炮2退3，车六平八，炮2平4，车八退一，红方占优。

20. 车六退二　炮2进4　21. 车六退四　炮2退4

22. 车六进四　炮2进4　23. 车六退四　炮2退4

红方不能长捉无根子，必须变着。

24. 马八退六　车 7 平 3　25. 车六平八

失策之着。平车必然造成换子，红方在少子情况下不宜兑子。似应改走相三进五，再退马吃中卒。以后变化较多，可以抗衡。

25. …………　车 3 退 1　26. 炮八进五　车 3 平 4

27. 炮八退二　车 4 进 3

进车骑河，预防红边兵捉死炮，精细之着。

28. 马三退五　马 7 进 5　29. 马五进七　车 4 平 3

30. 车八退一　马 5 退 3　31. 相三进五　车 3 进 1

32. 兵九进一　马 3 进 2　33. 车八进三　车 3 进 1

34. 兵九进一

面对黑马左移的压力，红方迫不得已再次兑子，希望在少子中灭卒求和。

34. …………　马 8 进 7　35. 兵九进一　车 3 退 3

36. 车八进三　将 5 退 1

37. 车八进一　象 5 退 3

38. 车八退三　马 7 进 6

39. 车八平一　马 6 进 7

40. 仕六进五　象 7 进 5

41. 车一平四　士 6 进 5

42. 兵九平八　车 3 进 2

43. 车四退三　马 7 进 9

44. 车四退一　马 9 退 7

45. 车四进一　马 7 进 9

46. 兵八进一　卒 7 进 1

正着。如改走卒 5 进 1，

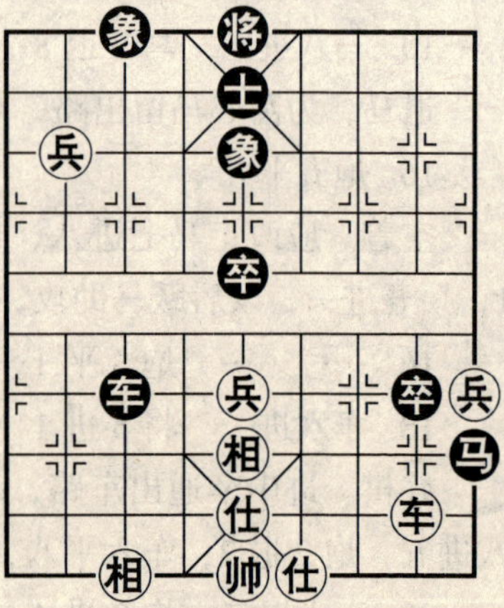

图 40-2

则车四退一，马9进7，车四退一，马7退9，兵五进一，黑方失中卒。

47. 车四退二　卒7平8　48. 车四平二

如改走车四进二，则卒8进1，车四退一，马9退7，红方失中兵。

48. …………　卒8进1（图40-2）

精妙！进卒拦车，红方必失中兵。以下形成车马双卒对车双兵仕相全，黑方胜局已定。余着从略。

第41局　谢思明（先胜）金丽玲

（1979年9月19日弈于北京）

小列手炮

1979年第4届全运会棋类锦标赛，首次设立女子全国象棋个人赛。北京棋手谢思明当时年仅17岁，初出茅庐战绩不凡。预赛取得好名次后，9月份在北京参加决赛，以4胜3负夺得第5名。这盘棋是她在第2轮迎战浙江选手金丽玲（获第6名）的对局。谢持先行之利进入中局，抓住对方一着之错，步步为营，势不可挡，迅速取胜。

谢思明，1962年生于北京。女子象棋特级大师。少年时在什刹海体校进行象棋训练，师从名手王国栋。钻研好学，棋艺猛进。1978年获全国少年象棋赛女子组亚军。1979年获第4届全运会象棋女子个人赛第5名。1980年至1987年，五次夺得全国女子冠军。1980、1982和1984年，三次获“亚洲杯”象棋赛女子组冠军。

金丽玲，浙江省温州人。象棋大师。少年习弈，师从著名棋手沈志弈。1979年全运会象棋赛获女子组第6名，1980年获全国女子象棋赛第5名。

1. 炮二平五　炮2平5　　2. 马二进三　马8进7

3. 车一平二　车9平8　　4. 车二进六　炮8平9

5. 车二平三　车8进2　　6. 车九进一　炮9退1

小列手炮是一种对攻激烈的布阵，早在古谱《桔中秘》就有记载。按古谱着法，第6回合红炮八进二以巡河炮为典型攻法，成为后人沿用的途径。现代棋手经研究，发现了黑方对付红炮巡河的手段，于是红方出现了出横车的新变化。女棋手在大赛中以列手炮开局，表现了敢于拼斗的勇气。

7. 车九平四　炮9平7　　8. 车三平四　士4进5

9. 后车进二

如改走马八进九，则马2进3，兵三进一，车1平2，炮八平六，炮5平6，炮五平四，马7进8，兵三进一，炮7平6，炮四进五，炮6进2，车四进五，车8平6，车四平二，车2进7，仕四进五，车2平3，车二退一（如相三进五，马8进7，黑方占优），车3进2，兵九进一，卒3进1，黑方优势。

9. ………… 马2进3　　10. 前车进二　车1平2

11. 马八进七　炮7平8

如改走车8退1，则马三退五，卒5进1，炮五平三，马7进5，炮八平九，卒5进1，车四平三，红方得子。

12. 兵三进一　车2进4　　13. 兵七进一　炮5平4

14. 兵五进一　象3进5

飞中象授人以隙，败着。应改走炮4退1打车，以下前车退二，象7进5，后车平六，马7进8，车四平三，炮8平7，红方右翼受牵制，黑方易走。

15. 后车平六　车8进2　　16. 兵五进一（图41-1）

冲兵过河，中线突破，佳着！

16. ………… 炮8进1

如图41-1形势，黑方中路面临危机。现在进炮保象，软弱之着，似不如左车吃中兵。其变化试演如下：车8平5（如车2平5，兵七进一，卒3进1，马七进五，马3进4，车六平八，打死黑车），车四平二，车2进3，马三进五（如马七进五，车5平2，车二平四，卒3进1，红方一时难以入手），车2平3，炮五进三，车3平6，炮五平八，卒5进1伏车6平2捉炮。以后中卒过河，黑方虽少子，尚可支应。

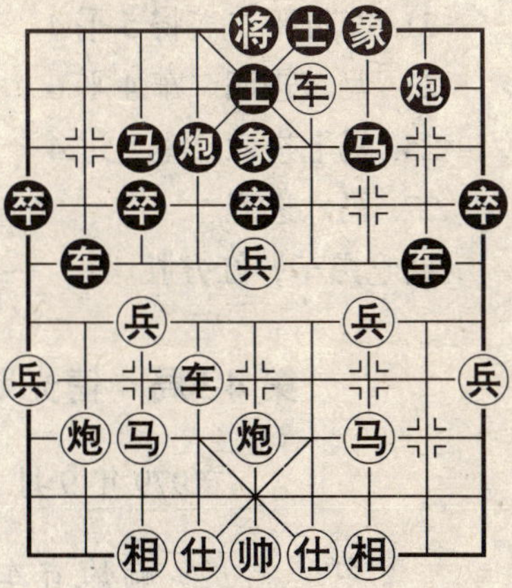

图41-1

17. 兵五进一 马7进5

18. 车六进三

进车捉马，要着。此时黑方已全盘受制。

18. ………… 车8平4

改走炮8平6，也难挽败局。

19. 车六平五 炮4退1

20. 车五进一（图41-2）

弃车杀象，果断凌厉，凶着！

20. ………… 炮4平6

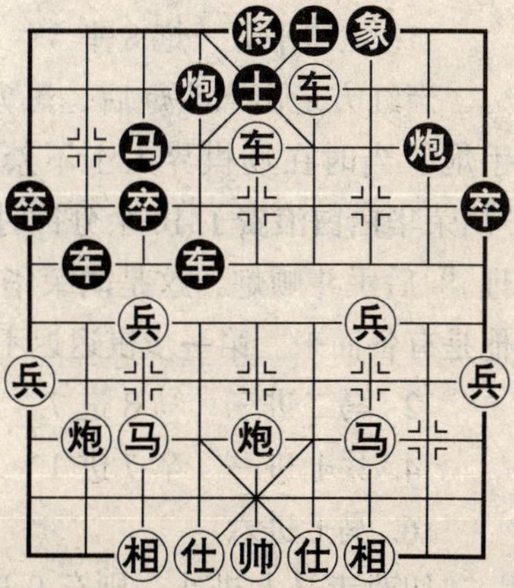

图41-2

21. 车五平二　将5平4　22. 车二平七　炮6进6
23. 马三进四　车4平6　24. 车七进二　将4进1
25. 马七进六　士5进4　26. 炮八平四　车6进1
27. 马六进五

抽吃黑车，红方胜。

第42局　傅光明（先负）胡荣华

（1979年9月26日弈于北京）

顺炮直车对缓开车

第4届全运会象棋决赛在北京举行，共有10名棋手参战。第7轮比赛后，北京傅光明以11分领先，上海胡荣华和山东王秉国得10分紧随其后。第8轮傅胡相遇，这是一场影响冠军谁属的关键之战。结果胡荣华以心理战与战术技巧相结合，背水一战，奠定了第十次夺标的基础。

1. 炮二平五　炮8平5

当红方走出当头炮后，黑方竟然静思了10余分钟才摆出顺手炮。当时在场棋界人士不禁感到奇怪。徐天利先生赛后说："胡荣华白白浪费了10余分钟时间，正是想引起傅光明的求胜心理。"后手斗顺炮，这是胡荣华在此次决赛中第四次使用，显然他是有备而来。第一步棋迟迟不走，是麻痹对方的心理战。

2. 马二进三　马8进7　3. 车一平二　马2进3
4. 兵七进一　卒7进1　5. 马八进七　炮2进4
6. 马七进六

如改走马七进八，则车9进1，车九进一，车9平4，仕四进五，炮2平7，车九平七，红方先手。

6. ………… 炮2平7　7. 炮八平七

如改走车九平八，则车1平2，炮八进四，车9进1，马六进五，车2进3，车八进六，马3进5，黑方一车换双，成对攻局势。

7. ………… 车1平2　8. 马六进七

如改走兵七进一，则车2进5，兵七进一，车2平4，炮七进五，卒7进1，红方吃亏。

8. ………… 炮5平4

9. 兵七进一　车2进6

10. 炮七进二（图42-1）

炮4进5

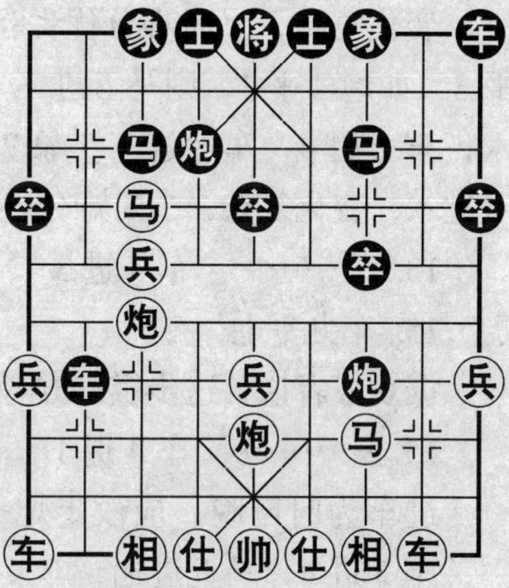

图42-1

如图42-1形势，与1978年4月17日全国团体赛傅光明对浙江蔡伟林局面相同。当时执黑棋的蔡伟林走士4进5，以下兵七平六，马3退1，仕四进五，炮4平3，炮七进三，马1进3，相七进九，对弈结果红方胜。一年后红方故伎重演，对取胜大有信心。现在黑方突变新招，进炮打马，强劲有力。红马被迫后退，黑方已争得足可抗衡的局面。

11. 马三退五　车9进1　12. 车九进二　车9平4

13. 兵七平六

似佳实劣。面对复杂激烈的新变局，红方想简化局势。粗看这步平兵可得子，其实黑方有先弃后取手段，可以反夺先手。赛后多家评注认为，红方应走车二进四，以下炮4退1，兵七平六，炮4平3，炮五平六，车4进3，马七退六，双方对攻。上海书谱作家居荣鑫先生另提出红应走车九平七，以下有两种变化：一、炮4进1，兵七平六，车2退4（徐天利先生认为应车4进3，炮七进三，炮4平1，马五进三，车2退4，炮七进一，车4退1，黑方可望得还失子，前景乐观），炮七平五，士4进5，前炮平六，车4进3（如车4平2，则炮六平八，后车平4，炮五平六），炮五平六，车4进1，马七退六，炮4退3，车二进三，变化复杂，一时难分优劣；二、炮4退1，兵七平六，炮4平3（如炮4平1，则马五进三），炮七进三，炮3退4，马七退六，车2退4，车七进三，象7进5，车七平八，车2进2，马六进八，变化复杂，一时难分优劣。

13. ………… 车4进3　14. 炮七进三　车2退3

15. 车九平七

据观战者说，这步棋红方考虑了20分钟。

15. ………… 车4退1　16. 车二进四

进车为时已晚，应改走炮七平四，以下车2平3，炮四退一，车3进4，马五进七，车4进3，仕四进五再炮四退四，可以周旋。

16. ………… 车2平3

黄少龙先生评解这步棋说：至此胡方用时15分45秒，傅方用时49分20秒。黑方挑起复杂战斗，力争主动权的意图实现，胡荣华获得了局面上和时间上及心理上的优势。

17. 炮七平四　炮4进1　18. 车七进四　车4平3

居荣鑫先生著文《斗智角艺争冠军——胡荣华战胜傅光明前后》（载《象棋研究》1980年印行总第14期），其中写道：赛后胡荣华对人说：局势至此，我方定下心来，绝少和棋机会了。

19. 车二平六　炮4平2　20. 兵九进一　象7进5

21. 炮四退一　车 3 进 3

黑车占兵线要道，红窝心马出头无日。

22. 车六进一　车 3 平 5

23. 车六平三　炮 2 退 6

24. 炮五平四　车 5 平 3

(图 42-2)

细腻之着。防止红窝心马跳出，同时牵制红方飞相。

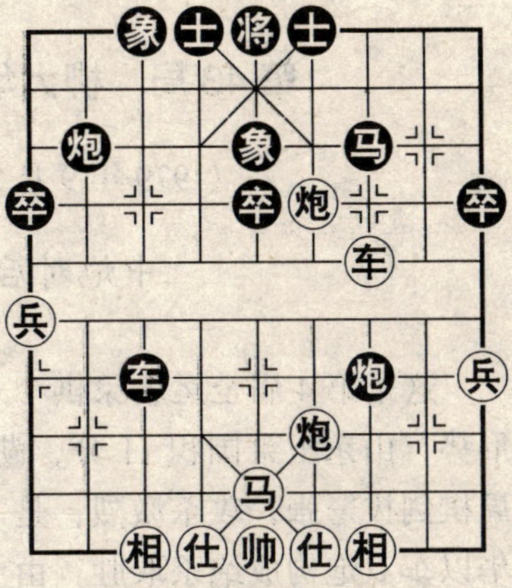

图 42-2

25. 后炮进一　炮 7 平 8

26. 后炮平三　马 7 退 5

27. 车三进一　炮 2 进 3

佳着。破坏红炮四退三打双的手段，迫使红车回防。

28. 车三退二　炮 8 退 2

决定性的一击！红方一车难顾两头，黑炮镇中，势不可挡。

29. 车三平八　车 3 平 7

30. 车八平五　炮 8 平 5

31. 相七进五　象 5 退 7

(图 42-3)

精妙！将军脱袍，开出马路，黑方已呈胜势。

32. 炮四平九　马 5 进 4

33. 车五平六　车 7 平 6

34. 炮九平五　车 6 退 3

佳着。黑方弃马，准备将 5 进 1，再平 6 绝杀。红方看到已无法解救，只得认输。

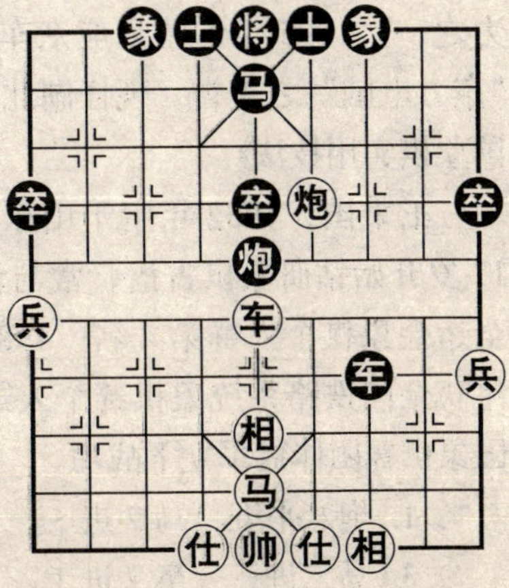

图 42-3

第43局　柳大华（先胜）王秉国

（1979年9月27日弈于北京）

中炮对后补列手炮

这是第4届全运会象棋个人决赛最后一轮的对局。当时的形势，山东王秉国积11分，湖北柳大华以10分紧随其后。这局棋剑拔弩张，攻杀激烈，是一场争夺亚军的决战。最后柳大华以车双炮构成绝杀取胜，由上一届的全国个人赛第3名又迈上一个台阶。

柳大华，1950年生于湖北黄陂。象棋特级大师。1963年获中南区少年象棋赛亚军。全国个人赛名次：1978、1987年第3名，1979年亚军，1980、1981年两次冠军，1983、1993、1995年第4名，1984年第5名。两度获“五羊杯”赛冠军。两次夺得“银荔杯”赛冠军。多次为“亚洲杯”象棋团体冠军中国队主力之一。1995年创蒙目应众车轮战1对19的世界纪录，享有“东方电脑”之美誉。现任湖北象棋队教练。与郭子福合著《中国象棋实用技法》。

王秉国，1952年生于山东蓬莱，后迁居青岛。象棋大师。17岁开始钻研象棋古谱，常与青岛名手交流。1979年获第4届全运会象棋个人赛第4名。1980年后多次获山东省冠军。1991年获全国铁路系统象棋赛个人冠军。1992年为火车头队夺得全国象棋赛团体冠军立下战功。

1. 炮八平五　马2进3　　2. 马八进七　车1平2
3. 马二进三　卒7进1　　4. 车九进一　炮8平5
5. 车一平二　马8进7　　6. 炮二平一　卒3进1

7. 车九平六　士4进5

补士巩固中路，似不如改走炮2平1，若红方车六进五，则马3进2，车六平九，士4进5，黑方虽少卒，但仍可与红方抗衡。

8. 车六进五　象3进1　9. 车六平七　车2平3

10. 车二进四　车9平8　11. 兵三进一

佳着。这时红方已考虑到以后弃兵平炮，可获得主动。此时如兑车，则红方双马受制；又如车二平八避兑，则车8进6，黑方反先。

11. …………　车8进5

可考虑走卒7进1，以下车二平三，马7进6，车三平四，车8进4，成互缠局面。

12. 马三进二　卒7进1　13. 炮一平三　马7退9

14. 马二进三　卒7进1　15. 炮三平二　卒7进1

应走卒7平8，则炮二平三，炮5平7邀兑，黑方可缓解左翼压力。

16. 炮二进六　炮2进6

17. 马三进五

关键之着。马换炮后，黑方左翼底线空虚，红方优势。

17. …………　象7进5

18. 兵五进一　炮2平8

19. 炮二退一　卒7平6

20. 炮五退一　车3平4

(图43-1)

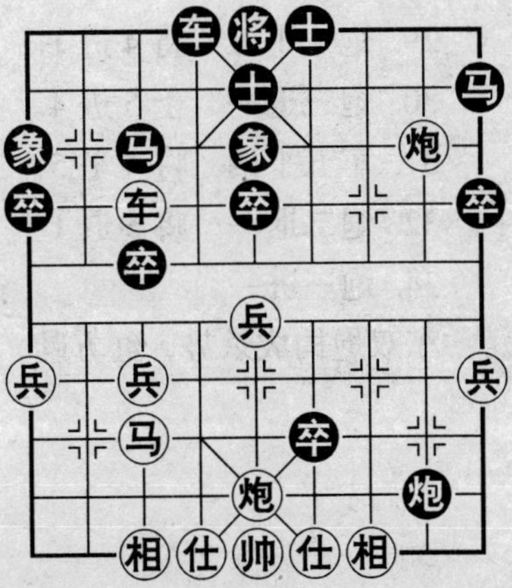

图43-1

如图43-1形势，黑方由

于右翼受牵制，弃马搏杀，以求一逞。

21. 车七进一　炮 8 进 1

如改走车 4 进 7，则炮二退五，卒 6 进 1，炮二进七，再炮五平二，红方多子得势。

22. 车七平五　车 4 进 7　23. 炮五平二　象 1 退 3

24. 车五平七　炮 8 平 9　25. 前炮进二　马 9 退 7

26. 前炮平一　卒 6 进 1

27. 炮二进八（图 43–2）

象 3 进 5

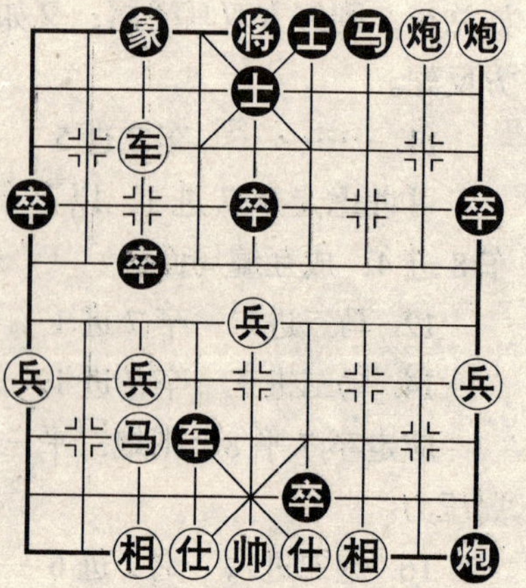

图 43–2

如图 43–2 形势，红方一马护家，车双炮已构成强大攻势，黑方难逃败局。如改走车 4 平 7，则马七进五，车 7 进 2，马五退四，黑车不敢离 7 路，红方胜定。

28. 车七平五　将 5 平 4

29. 炮一平三　将 4 进 1

30. 炮三退一　士 5 进 4

31. 车五平四　将 4 平 5

32. 炮二退一　将 5 退 1　33. 车四进一　士 6 进 5

34. 炮三进一

车双炮构成杀势，红方胜。

第44局 臧如意（先胜）李旭英

（1980年3月16日弈于香港）

中炮过河车对屏风马左马盘河

1980年春，应香港国弈会邀请参观香港第23届体育节期间，北京棋手臧如意、傅光明于3月16日晚，分别与香港名手李旭英、吴克乐举行对抗表演赛。比赛结果，北京棋手4局皆胜。这盘棋激烈精彩，中局时臧如意弃车催杀，一鼓作气取得胜利。

李旭英，1938年生。香港名手。上世纪五六十年代广州甲级棋手。1959年9月获广州市象棋联赛甲组冠军后，曾随杨官璘来京进行友谊比赛。1960年9月获广东省象棋赛第3名。

1. 炮二平五　马8进7　　2. 马二进三　车9平8

3. 车一平二　马2进3　　4. 兵七进一　卒7进1

5. 马八进七　象3进5　　6. 车二进六　马7进6

7. 车九进一

一般多走炮八进一，形成常见的高左炮阵式。现在起横车，另开途径，迷乱对方视线。

7. ………… 士4进5　　8. 车九平六　卒7进1

冲兵，急攻之着。一般多走炮2进2，较为稳健。

9. 车二退一　卒7进1

如改走马6退7，则车二退二，卒7进1（如卒7平6，兵三进一，卒6平7，炮八进二，红方先手），车二平三，马7进8，车三进三，炮8平6（如炮8平7，马三进二，马8退9，车三进一，车8进5，炮五平三，车8平3，相三进五，车3进1，炮八进二，红方优势），炮八进四，马8退9，车三退二，车8

进 4，马三进四，卒 3 进 1，车六进三，红方子力活跃，占先。

10. 车二平四　卒 7 进 1　11. 车四平二　卒 7 平 6

平卒过急，应改走车 8 进 1，再炮 2 退 1 为车生根为好。

12. 炮五平六　车 1 平 4　13. 炮六进二　车 8 进 1

14. 炮八平四　炮 2 退 1

正着。如急于走车 8 平 6 脱身捉炮，则炮四平六打车得子。

15. 炮六进四　士 5 进 4

欠细。下步被红炮四平六后，红方子力占有空间优势，而黑方子力拥塞。此时不如士 5 进 6 妥善。

16. 炮四平六　炮 8 平 7

如改走车 4 平 2，则车六平四，炮 8 平 9，车二平四，炮 9 退 2，后炮平四，将 5 平 4（如车 8 平 4，炮四进七，红方胜定），炮六平七，车 8 平 3，炮四进七，红方大占优势。

17. 车二平八　车 4 平 2　18. 车八进二　象 5 进 7

19. 相三进五　炮 2 平 1　20. 车六平八　车 2 平 3

21. 后车平四　车 3 平 2

22. 车四平八　车 2 平 3

23. 前炮平八

红方处于优势，不愿意双方不变作和，所以变着。

23. …………　车 3 平 2

24. 马七进六　马 3 退 4

因红马又来助战，黑方为打开沉闷局面，所以退马打车。

25. 前车平六　马 4 进 5

（图 44-1）

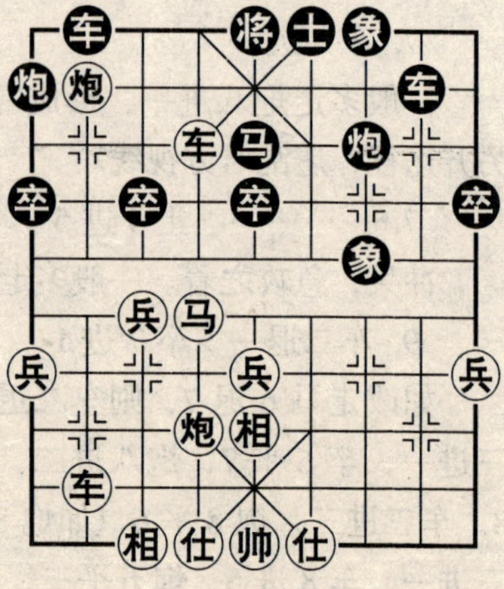

图 44-1

如图 44-1 形势，黑炮打车又双车夺炮，红方势必丢子。

26. 炮八平五

精妙！这是红方长考后走出的佳着。炮平宫心，弃车催杀，一锤定音，胜利在望。

26. ………… 车 2 进 8

如改走炮 7 平 4，则车八进八，将 5 进 1，车八退一，将 5 退 1，车八平二，士 6 进 5，车二进一，炮 4 进 5，车二平三，士 5 退 6，车三退四，红方大占优势。

27. 炮五退二　马 5 退 7　28. 马六进四　炮 7 进 1

应改走车 8 进 2，马四进三，车 8 平 5，马三退五，士 6 进 5，黑方虽然后手，尚不致速败。

29. 车六平五　炮 1 平 5　30. 车五平七　炮 5 进 5

31. 马四退五　将 5 进 1　32. 马五进六　将 5 平 6

33. 马六退四　炮 7 退 1（图 44-2）

红方平炮弃车后，攻势如火如荼。黑方大势已去，现退炮送吃，出于无奈。

34. 仕六进五　车 8 进 1

35. 车七进一　士 6 进 5

36. 炮六进六　将 6 退 1

37. 车七进一　士 5 退 4

38. 车七平六　马 7 退 5

39. 炮六退五　车 2 退 2

40. 炮五退三　车 2 退 2

41. 炮五平四　炮 7 平 6

42. 马四进六　炮 6 平 5

43. 炮四进三

黑方已无法挽回局面，

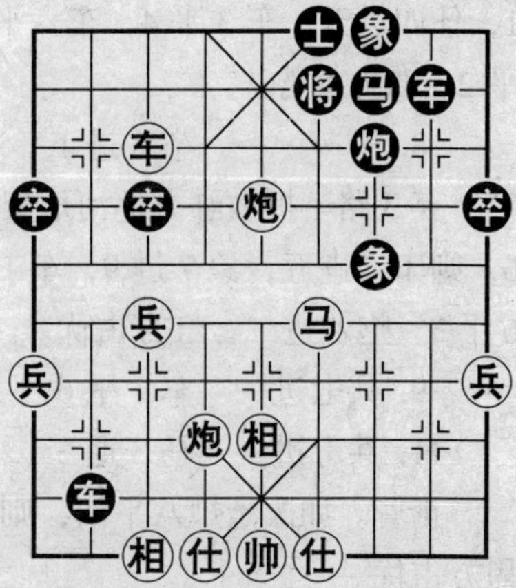

图 44-2

遂签城下之盟。

第45局 傅光明（先胜）秦河

（1980年8月27日弈于乐山）

顺炮直车对横车

这是1980年全国等级联赛中的一则精彩短局。傅光明弃双马取势入局，着法顿挫有序，一气呵成，耐人寻味，不可多得。

秦河，内蒙古著名棋手，多次参加全国赛。

1. 炮二平五　炮8平5　　2. 马二进三　马8进7
3. 车一平二　马2进3　　4. 兵三进一　车9进1
5. 马八进七　车9平4　　6. 兵七进一　车1进1
7. 马三进四　车4进7　　8. 炮八进二

巡河炮掩护右马，常见走法。如改走车二进五，则车4平3，马七退五，车3退3，马五进三，车1平4，车二平六，车4进1，仕四进五，车3平4，车六平二，卒3进1，炮八平六，前车平2，双方均势。

8. …………　卒3进1

弃3路卒拆散红方巡河炮架，便于平车捉马。如改走车1平6，则车二进五，象7进9，车二平六，车4退4，马四进六，车6平3，炮八进二，红方占优。

9. 兵七进一　车1平6　　10. 马四进三　车6进3
11. 兵七进一　马3退5　　12. 炮八平五

正着。如改走炮八平四，则车6退1，炮五平三，卒5进1，黑方占优。

12. …………　车6平3　　13. 车九平八　炮2平4

14. 车八进八（图 45-1）

车 3 进 3

如图 45-1 形势，红方弃马进车到下二路，在当时是很有气魄的新创着。黑方吃马欠妥。应改走炮 4 平 1，马七进八，炮 1 进 4，以求对攻。

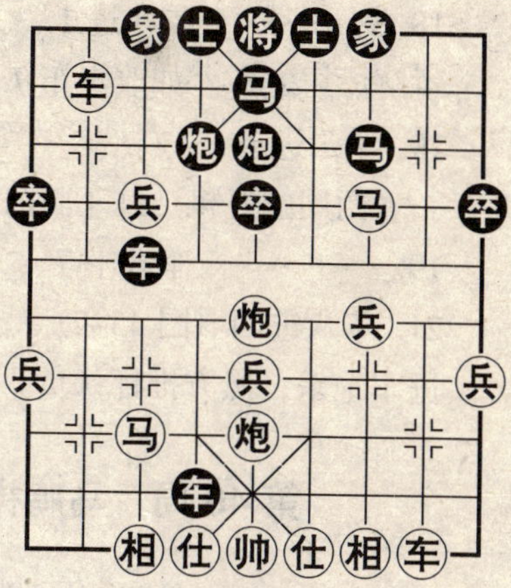

图 45-1

15. 车八平六　炮 5 进 3

16. 炮五进二　车 3 平 6

如改走车 3 退 4 吃兵，则马三进五，车 4 平 6（如象 7 进 5，炮五进三，马 5 退 7，车二进八，红方胜），车二进一，车 6 退6，炮五平六，车 3 平 4（如炮 4 进 7，炮六平八，象 7 进 5，炮八进五，车 3 平 4，车六退二，马 5 进 3，帅五平六，车 6 进 7，帅六进一，马 7 进 6，车六退三，红方多子占优），车二平七，象 3 进 1，车七平八，炮 4 进 3，车六退二，象 7 进 5，车六退二，马 5 退 7，车八进五，红方优势。

17. 兵七进一　车 6 退 4

18. 兵七进一

好棋！弃马冲兵，直逼将府，红方胜券在握。

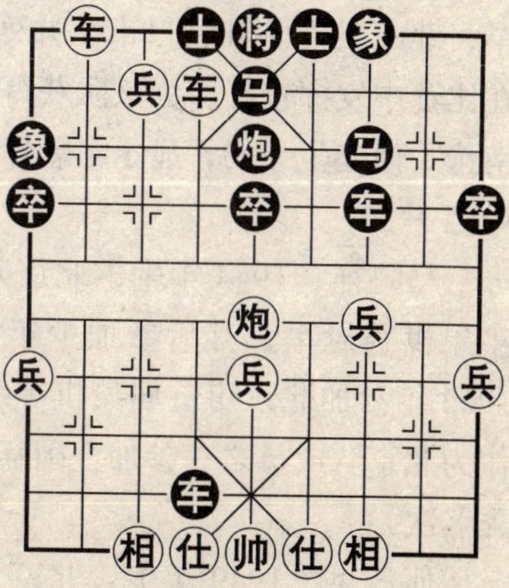

图 45-2

18. ………… 象3进1

暂解燃眉之急。如改走车7平6，则兵七进一绝杀。

19. 车二进五

一着两用的好棋。红车骑河，既保护中炮，又可左移进攻。

19. ………… 车6平7 20. 车二平八 炮4平5

21. 车八进四（图45-2）

进车绝杀，黑方推枰认负。

第46局 马鸣祥（先胜）何连生

（1980年10月弈于营口）

顺炮直车对横车

1980年10月28日至11月3日，辽宁省营口市体委、营口市工人文化宫主办六省市象棋邀请赛，由北京工人、云南、甘肃、黑龙江、辽宁及营口市队参赛。黑龙江队和辽宁队获得冠亚军，北京工人队和营口市队并列第三名。马鸣祥作为北京队员，在比赛中发挥较好，为该队获得第3名作出了贡献。其中战胜云南选手何连生一局，显示出剽悍的棋艺功力，是比赛中的精彩短局之一。

马鸣祥，1944年生，北京人。北京名手。1960年获得市少年象棋赛冠军，其后参加少年宫象棋组，受教于董齐亮先生。1962年参加北京市首届象棋等级赛，战和张德魁先生。1975年作为北京队成员之一参加全国赛。“文革”后多次在市赛取得优秀名次。

何连生，1949年生，北京人。象棋大师。曾在先农坛体校象棋训练班学弈，师从侯玉山先生。1964年获北京市少年象棋赛乙组冠军。“文革”中插队云南西双版纳。1975 年作为云南队主力参加全国赛。1986 年获全国个人赛第 10 名。1991 年调回北京，后多次代表煤矿体协参加全国赛。1993 年北京市第 6 届“振兴杯”赛冠军。与陈孝堃合著《象棋布局一览》。

1. 炮二平五 炮 8 平 5 2. 马二进三 马 8 进 7
3. 车一平二 车 9 进 1 4. 兵三进一 马 2 进 3
5. 马八进七 车 1 进 1 6. 兵七进一 车 1 平 4
7. 车二进五 车 4 进 5 8. 炮八进二 车 9 平 6
9. 相七进九

亦可改走马三进四，如黑方车 4 平 3，则车九进二，车 3 退 1，马四进六，红方先手。

9. ………… 卒 5 进 1 10. 马三进四 卒 5 进 1

弃中卒有嫌软弱，可改走车 4 退 3 守卒林，再相机而动为宜。

11. 炮八平五 士 6 进 5 12. 马四进三 车 6 进 2
13. 兵三进一（图 46–1）
车 4 进 1

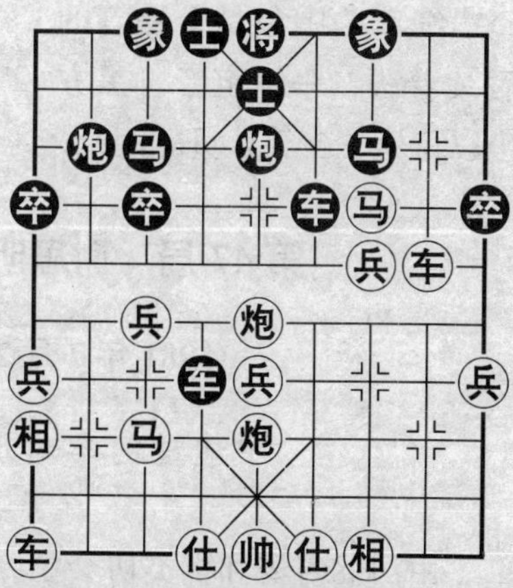

图 46–1

如图 46–1 形势，黑方似应走马 3 进 5 出动子力较好，可得到均势，又有反击机会。现进车假棋，造成不利。

14. 车九平七 将 5 平 6
15. 仕六进五 炮 5 进 4
16. 兵三平四

红方平兵弃马，采取先弃后取战术。佳着。

16. ………… 车 6 平 7
17. 车二退二 象 7 进 5

18. 车二平五

至此，红方多一过河兵，得先占优。

18. ………… 车4进1　19. 车七平八　炮2平1

20. 前炮平四　将6平5　21. 车八进七　马3进5

无可奈何之着。此时黑方败局已定。

22. 兵四平五　马5进7　23. 兵五平四

红方过河兵左右闪击捉死黑马，顿挫战术妙趣横生。

23. ………… 卒9进1

24. 兵四平三　车7进1

25. 车八平九

舍车砍炮，妙惊四座。弈来精彩，令人赞叹。

25. ………… 象3进1

26. 车五进四（图46-2）

红车杀中象是上一着的后续着法，一锤定音。黑方坐以待毙，含笑认负。

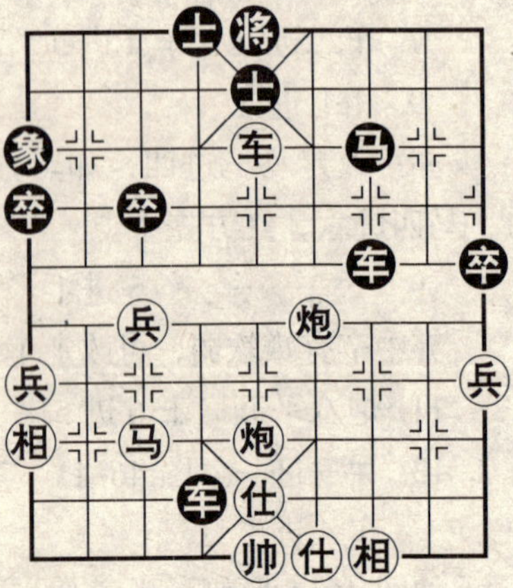

图46-2

第47局　谢思明（先和）钱洪发

（1981年7月26日弈于承德）

中炮过河车对屏风马平炮兑车

由河北省委和棋类协会主办的象棋、围棋邀请赛，有上海、北京、黑龙江、广东、河北、四川及国家队等15个单位参加，于1981年7月15日在承德市著名的避暑山庄举行。经过10天角逐，象棋比赛结束。团体赛前3名是广东队、上海队、黑龙江队。个人赛前3名是蔡福如、孙志伟、胡荣华和徐天利并列。个人赛采取男女棋手混合赛方式。闯入须眉阵中的女棋手表现良好。北京谢思明和上海单霞丽分别战平甘肃名将钱洪发，安徽高华迫和何连生等，体现了女棋手的成长。谢恩明对钱洪发一局颇有代表性。进入中局，红方子力倾城出动，攻势锐利。黑方防守坚固，无隙可乘。最后势均力敌，双方作和。

钱洪发（1936—1997年），天津人。象棋大师。少年时曾向华北名宿钱梦吾习弈。上世纪50年代迁居兰州。全国个人赛名次：1975年第5名，1977年并列第3名，1978年第8名，1982年第4名，1984年第9名。棋风凶悍，中残局功力深厚。

1. 炮二平五　马8进7　　2. 马二进三　卒7进1

3. 车一平二　车9平8　　4. 车二进六　马2进3

5. 兵七进一　炮8平9　　6. 车二平三　炮9退1

7. 马八进九　车8进5　　8. 兵五进一　士4进5

改走马3退5，以下炮八进四，炮2平5，马九进七，炮9平7，车三平四，马5进3，双方对攻。

9. 炮八平七　炮9平7　　10. 车三平四　卒7进1

争取对攻的走法。改走车8平5，则车九平八，车1平2，车八进三，炮2平1，车八平六，红方双车占据要道，有马三进五打车的攻势。

11. 车九平八　车1平2　　12. 车四进二

伸车捉炮，准备一车换双。另一种走法是：兵三进一，车8平7，车八进六，象3进5，兵七进一，象5进3，马九进七，红方有利。

12. …………　炮2退1　　13. 车八进八

一车换双炮，很有气势，显示了女棋手敢于拼杀的棋风。

13. ………… 车2进1

14. 车四平三 车8退3

(图47-1)

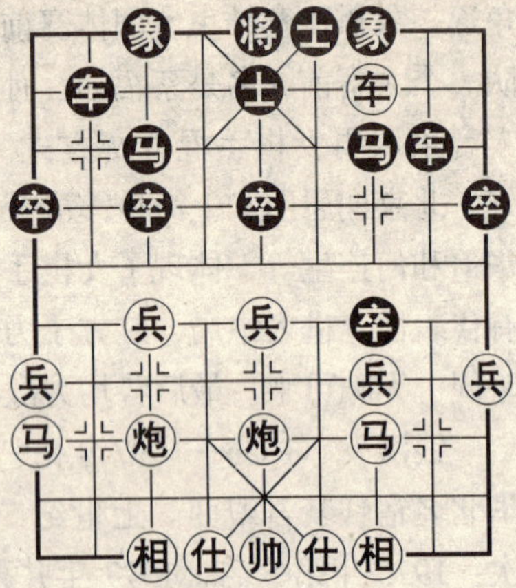

图47-1

保马偏重防御。可改走马7进6，以下兵三进一，车8进1，兵五进一（兵七进一，马6退4，黑方反先），卒5进1，车三平四，马6进5，马三进五，车8平5，兵七进一，车2进4，兵七进一，车2平3，兵七进一，车3进2，黑方易走。

15. 兵三进一 马7进6 16. 兵五进一

巧着。弃兵，为下一步平车捉马创造条件。否则马6进4，黑方先手。

16. ………… 卒5进1

17. 车三平四 车8进2

18. 兵七进一 卒3进1

弃马留卒，出于无奈。至此红方稍占优势。

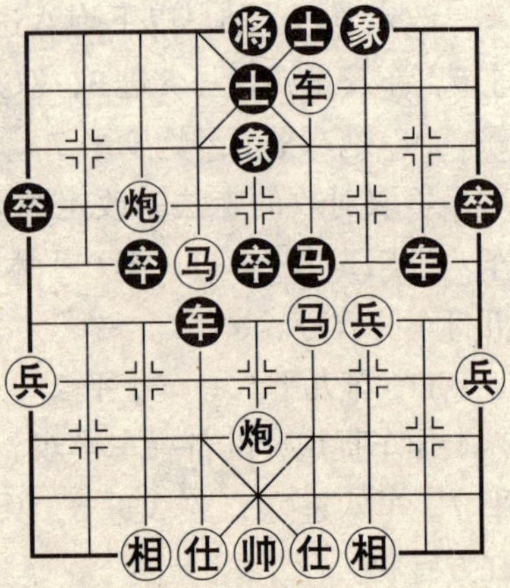

图47-2

19. 炮七进五 车2进5

20. 马九进七 象3进5

如改走卒3进1，则炮七退二，卒3进1（如车8进2，则马七退六），炮七平四，红方多子占优。

21. 马七进六 车2平4

22. 马三进四　车 4 退 1　23. 炮七退一（图 47–2）

这几个回合，红方三面合围，攻势猛烈。黑方双车马占位较好，防守严密。此时如改走炮五进五打象，则马 6 退 5，马六进五，车 4 退 3，马四进六（如马五退六，车 8 退 1，炮七进二，车 8 平 4，黑方优势），车 8 退 1，马五进三，车 8 平 4，车四退二，将 5 平 6，车四平六，车 4 进 1，红方逃马则丢仕，补仕则丢马，黑方满意。

23. …………　车 4 平 6　24. 马六进五　马 6 退 5

黑方鉴于纠缠下去有弊无利，果断兑子，简化局势。以下基本已成和势。

25. 车四退四　马 5 进 3　26. 车四平八　马 3 退 5
27. 车八进五　士 5 退 4　28. 车八退三　卒 3 进 1
29. 车八平五　卒 3 平 4　30. 炮五平三　士 6 进 5
31. 炮三进七　马 5 退 7　32. 车五平三　马 7 进 5
33. 车三平五　马 5 退 7

一捉一还捉，双方愿和。

第 48 局　傅光明（先胜）胡荣华

（1982 年 10 月 23 日弈于上海）

飞相局对过宫炮

1982 年 4 月，国家体委公布了第一批象棋特级大师和大师的名单。同年 10 月“上海杯”大师邀请赛开锣，2 名特级大师和 14 位大师参加了比赛。高手云集，规模空前。特级大师胡荣华和杨官璘，不负众望夺得冠亚军。在第 12 轮时，北京大师傅光明异军突起，以飞相局打破了胡荣华的不败纪录。这局棋攻守起伏多变，着法激烈紧凑，令人赞赏击节。傅光明因此进入前4名。

1. 相三进五　炮2平6　2. 马八进九　马2进3

3. 车九进一　士4进5

补士是一步停着。如直接走车1平2，则车九平四，士4进5，兵九进一，下步有车四进三的先手，红方满意。

4. 车九平四　象3进5　5. 兵三进一　车1平2

出车似嫌过早，不如先走马8进9，待机出动左车。

6. 兵九进一　马8进9　7. 车四进三　卒3进1

8. 马九进八　车2平4　9. 马二进三　卒9进1

10. 仕四进五　炮8退1

退炮明为攻车，实则诱红方深入，为开通子力设下巧计，构思可取。

11. 炮二进五　马9进8　12.车四进一　卒7进1

13. 兵三进一　车9进2

黑方退炮、跳马，再弃卒、高车捉炮，目的是打开相持局面，抢出横车。

14. 兵三平二　车9平8

15. 兵二平一　车4进5

进车捉马，迫使红方兑车，导致局势简化，黑方毫无所获。应炮8平7等一着较好。

16. 车四退一　车4平6

17. 马三进四　车8进3

18. 马八进六　马3进4

19. 马四进六　卒5进1

(图48–1)

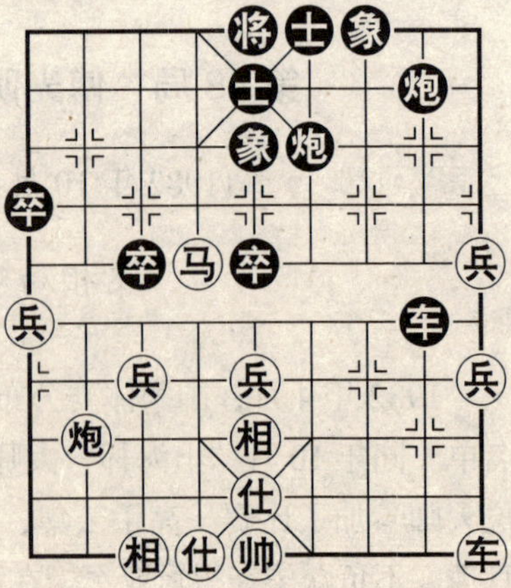

图48–1

挺中卒，伏得子。黑方虽失两个卒，但各子灵活，占位好。

20. 兵七进一

献兵，好棋！此着为解围妙手。如图 48–1 形势，如改走车一平三，则车 8 平 4，炮八进三，车 4 平 2，红方失子。

20. ………… 卒 3 进 1　21. 车一平三　卒 3 平 4

平卒稍缓。不如直接车 8 平 4，再卒 3 进 1，这样较有对攻机会。

22. 车三进六　卒 4 进 1　23. 前兵进一　车 8 平 1

红车进占卒林，再进边兵，暗伏车三平二逼兑车，迫使黑车吃边兵。至此，红方已完全控制局面。

24. 兵一平二　炮 6 进 2

如改走车 1 平 8，则车三平九，黑方难以应付。

25. 马六进八　车 1 平 8　26. 车三平四　炮 6 平 7

27. 兵二平三

至此，黑方只有招架之功，无有还手之力。

27. ………… 车 8 平 2

28. 炮八平七　车 2 退 1

29. 兵三进一

进兵刻意求胜。如改走炮七进六，则车 2 退 1，即刻成和。

29. ………… 车 2 平 3

30. 炮七进二　炮 8 进 5

31. 兵三进一　卒 4 平 5

（图 48–2）

如图 48–2 形势，黑方局势相当危险。

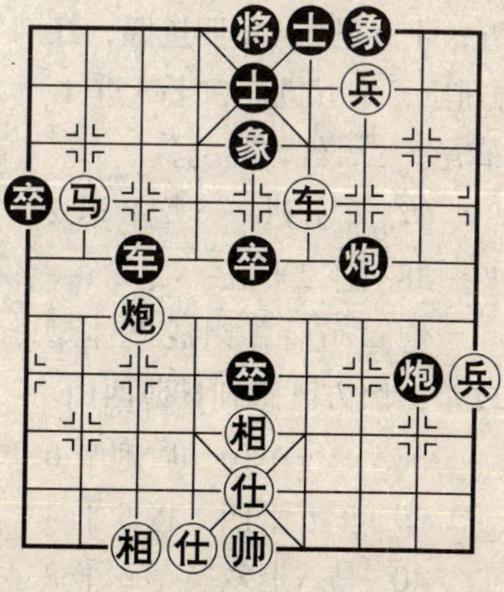

图 48–2

32. 兵三平四

兵入九宫，伏兵四进一(将5平4，车四平六)，士5退6，马八进六照将抽车。

32. ………… 车3退2

同样防红方弃兵抽车，此着退车不如炮8平6较为妥当。

33. 炮七平三 象7进9 34. 车四平五

平炮窥象闷宫，逼黑方飞边象，平车再捉中卒，着法老练。可避免黑方前卒吃相，走孤注一掷的搏杀。

34. ………… 卒5平4 35. 炮三平二

胡荣华先生评注：以上红方弈来井然有序，十分干脆。现平炮是发起最后一击的好棋。如直接车五退一，则车3进1，黑方尚可支撑。

35. ………… 炮7平8 36. 车五退一 象9进7

如改走车3进1，则炮二平五，车3平2（如炮8平5，车五平二，车3平2，兵四平五，士6进5，车四进四，红方胜），炮五进三，士5进4，车五平二，红方胜定。

37. 车五进一 炮8退2

38. 炮二平五

炮藏车后，组成立体型攻杀，黑方已感到日薄西山。

38. ………… 后炮平6

39. 车五平四 将5平4

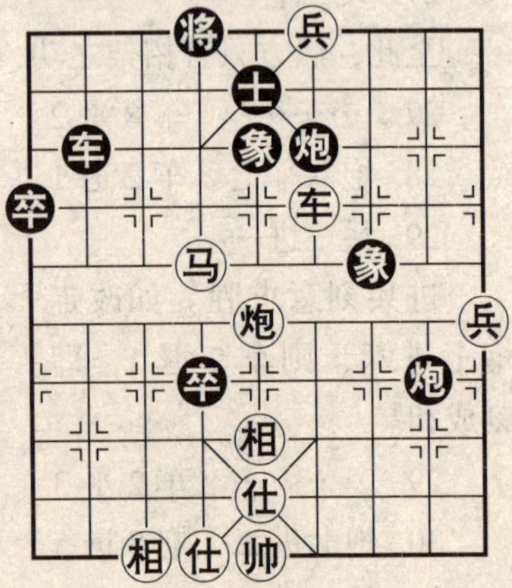

图48–3

40. 马八退六 车3平2 41. 兵四进一（图48–3）

杀士精妙，立定胜局。

第49局　殷广顺（先负）蔡福如

（1983年6月14日弈于哈尔滨）

中炮过河车对屏风马横车

1983年夏，全国象棋团体赛在哈尔滨举行。第12轮广东队与北京队交锋。第1、2、4台已战罢，臧如意先和吕钦，傅光明败给刘星，羡君为战胜蔡翔雄，只剩下殷广顺和蔡福如鏖战正酣。在中变后，双方对攻，互不相让。殷广顺一度已占优势，不慎走出随手棋。随后再次失误，反使对方解脱困境，继而得胜。孟立国先生戏称粤京对弈结局为：傅光明未见光明，蔡福如福如东海。

殷广顺，1954年生于北京。北京名手。多次获得市赛冠军。1976年起多次参加全国象棋赛。1979年在第4届全运会象棋团体赛中，坐镇第2台战绩优良，为北京队夺得第3名立下功劳。

1. 炮二平五　马8进7　　2. 马二进三　车9平8
3. 车一平二　马2进3　　4. 兵七进一　卒7进1
5. 马八进七　车1进1　　6. 车二进六　车1平4
7. 车二平三　炮8退1　　8. 炮八平九　车4进1
9. 兵五进一

要着。如改走车九平八，则炮8平7，车三平四，车4平6，车四进一，炮2平6，黑炮左移后对红方右翼产生压力，黑方前景看好。

9. …………　炮8平7　　10. 车三平四　车4平6

黑方平车邀兑，敢于求变。如改走炮7平5，红方有兵五进一或车九平八的进攻着法。

11. 兵五进一　炮 7 平 5　　12. 车四平三　炮 5 进 3

13. 马七进五　炮 5 进 3　　14. 车九平八

不吃炮，先出车，抢先之佳着。如改走相七进五，则炮 2 退 1，黑方先手。

14. ………… 马 3 退 5　　15. 相七进五　卒 5 进 1

16. 马五进六

进马力求复杂变化。如改走马五进四，则炮 2 平 1，马四进三，马 5 进 7，车八进五，卒 5 进 1，车八平五，车 6 平 5，车三退一，卒 5 平 4，均势易和。

16. ………… 车 8 进 6　　17. 车三退一

退车杀卒，迫黑方兑车，争先之着。

17. ………… 车 8 退 2　　18. 兵三进一　马 5 进 6

19. 马三进五　马 6 进 5　　20. 车三进一　炮 2 平 1

21. 仕六进五　士 6 进 5　　22. 炮九进四　车 6 平 4

23. 车八进五　车 8 平 6

24. 车三平七（图 49-1）

象 7 进 5

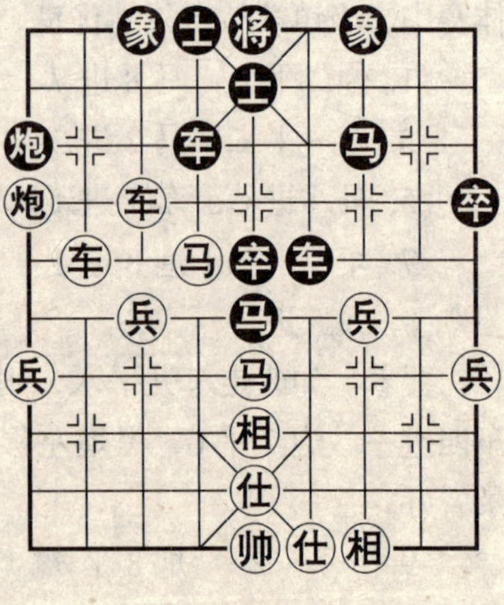

图 49-1

双方针锋相对搏斗中局，在复杂变化中，蓄意求胜。如图 49-1 形势，红车准备杀象，黑方必须应对。至此，红方取得主动权。

25. 车七平三　马 7 退 6

26. 炮九退一　马 6 进 8

27. 车三平二　马 8 进 6

28. 车二平一　车 6 进 2

29. 炮九进一　炮 1 进 4

(图 49–2)

30. 车一进三

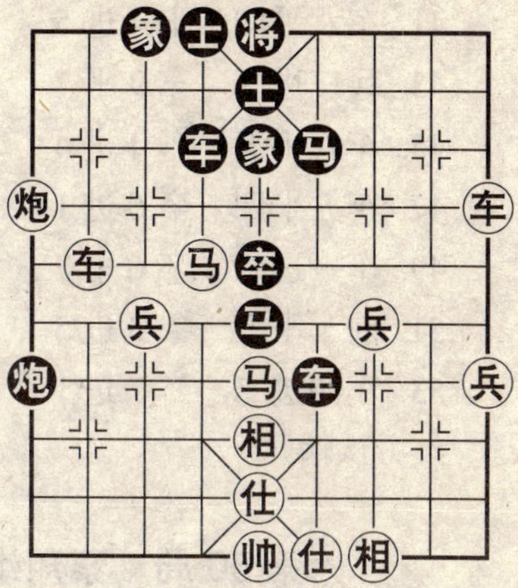

图 49–2

如图 49–2 形势，红方子力位置好，多兵占优。这步进车叫将过于随手，致使局面松懈。应改走兵一进一（伏炮九进三），控制局面，徐图进取。若此时炮九进三，则车 6 平 9（如车 4 平1，则马六进五，车 1 平 5，车一进三，士 5 退 6，车八平六，红方弃马有强烈攻势），车一退三，炮 1 平 9，马六进五，车 4 平5，车八进四，将 5 平 6，炮九平七，将 6 进 1，车八退三，车 5 平 3，红方弃马后，黑方能抗衡。

30. ………… 象 5 退 7　31. 车一退三　马 6 进 4

32. 车八进四

一误再误。应改走车八退二，炮 1 平 5，车八平五，车 6 平 5，马六退五，兑子后，红方仍多兵占优。

32. ………… 马 4 退 2　33. 车一进三　车 6 退 3

第 32 回合起，黑方退马关车，弃象退车占要道，着法老练。至此黑方已反守为攻。

34. 炮九退二　车 6 平 1　35. 炮九平五　卒 5 进 1

36. 车一平三　士 5 退 6　37. 车八退一

如改走马五退七，则炮 1 进 3，红方难以应付。

37. ………… 车 4 进 2　38. 马五退七　车 4 退 2

39. 马七进九　车 1 进 3　40. 仕五退六　马 2 进 1

41.	车八平四	士4进5	42.	仕四进五	车1平9
43.	兵三进一	车9平7	44.	车三退三	马1进2
45.	车三平五	车4进4	46.	车四退六	卒5平6
47.	车五平四	卒6进1	48.	后车平一	车7退2
49.	车一进二	卒6平7	50.	车一平四	车7平8
51.	前车平七	象3进5	52.	车七平五	车8进1
53.	车四进二	卒7进1	54.	车五进一	车8进1

红方认输。

第50局　蔡翔雄（先负）羡君为

（1983年6月14日弈于哈尔滨）

中炮过河车对屏风马左象横车

这是1983年全国团体赛北京对广东第4台的交锋。刚进入中局，黑方利用红马轻进之隙，沉炮破相，反先夺势。经过一系列拼搏后，黑方车双马纵横驰骋，使红方防卫支离破碎，被迫城下签盟。

羡君为，1947年生于北京。北京名手。1961年参加先农坛体校象棋训练班，受教于侯玉山先生。1965年参加北京市象棋等级赛，获得甲级第6名。1981年取得市赛冠军。1983年参加全国团体赛。孟立国先生在《棋坛春秋》一书中评价羡君为：因在建筑部门工作，常年奔波，少有参加全国赛机会。他的棋艺颇有特点，可能与职业有关，基础坚实，不易推倒。

蔡翔雄，1963年生于广州。象棋大师。1979年获全国少年赛亚军。1983年起参加全国赛，是广东队1983、1984、1985年获得全国团体赛第3、4、5名的主力队员。1985年全国个人赛获第 12 名。1987 年获“天丽杯”赛第 3 名。棋风稳中带恶，中局攻杀力较强。与关志良合著《棋艺拾萃》。

1. 炮二平五　马 8 进 7　　2. 马二进三　卒 7 进 1
3. 车一平二　车 9 平 8　　4. 车二进六　马 2 进 3
5. 兵七进一　象 7 进 5　　6. 马八进七　炮 2 进 4
7. 兵五进一　车 1 进 1　　8. 车九进一

如改走炮八平九，则车 1 平 4，车九平八，车 4 进 5，马七进八，车 4 平 3，马八进九，炮 8 平 9，车二进三，马 7 退 8，马九进七，炮 9 平 3，炮五进四，士 6 进 5，相七进五，马 8 进 7，兵五进一，炮 3 平 2，车八平七，车 3 平 7，黑方略优。

8. …………　车 1 平 4　　9. 马七进八

进马有嫌轻率，给黑方可乘之机。似应走车九平七，拙中藏巧，以备进马。如黑方接走炮 2 平 3，则马七进五，车 4 进 5，炮八进一，炮 3 进 1（如炮 3 平 5，炮八平五，红方占优），车七进一，车 4 平 2，兵五进一，红方有攻势。

9. …………　车 4 进 6
10. 炮八平九　炮 2 进 3
（图 50-1）

反先佳着。沉底炮在红方左翼“卧底”，为逼红方上仕阻挡自己车路。

11. 仕四进五　车 4 平 2
12. 马八进七　炮 8 退 1

退炮好棋，为以后进攻预作埋伏。

13. 兵七进一　车 2 平 3
14. 车九平八　炮 2 平 1

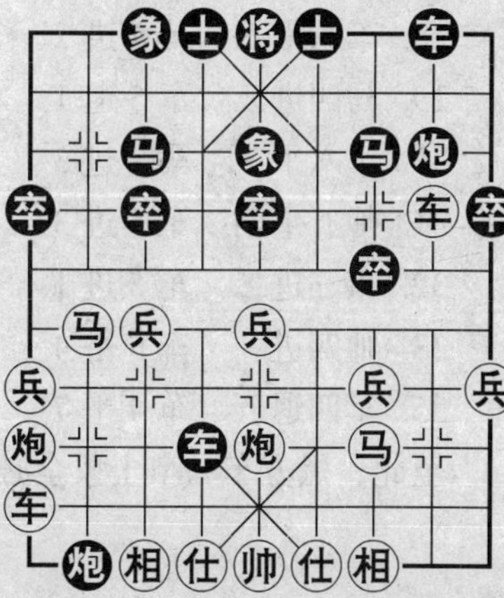

图 50-1

15. 车八进六　车 3 进 2　16. 炮九进四　炮 8 平 1

平边炮兑车，紧着。由此黑方大占优势。

17. 车二进三

如改走车二平三，则车 8 进 8，炮九退六，炮 1 进 8，炮五平六，炮 1 平 4，黑方攻势锋锐。

17. …………　马 7 退 8　18. 炮九退六　炮 1 进 8

19. 仕五进六　马 8 进 7　20. 兵五进一　车 3 退 5

21. 车八退七　车 3 退 1　22. 兵五进一　马 3 进 5

23. 车八平九　车 3 进 3

(图 50–2)

黑方进车占据要津，为残局取胜奠定基础。

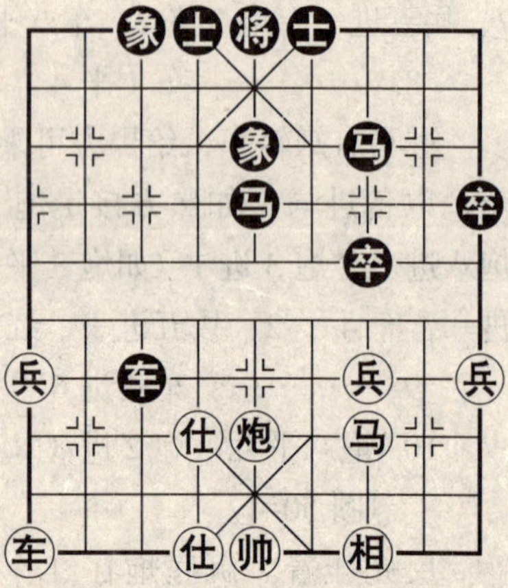

图 50–2

24. 车九平八　车 3 平 7

25. 马三退四　车 7 平 9

26. 车八进五　车 9 平 5

27. 炮五退一　马 5 进 4

28. 车八平六　马 4 进 2

29. 马四进三　车 5 退 1

30. 车六平三　马 2 进 3

31. 帅五平四　车 5 进 3

32. 车三进二　车 5 进 1

33. 帅四进一　车 5 平 4　34. 车三平四　士 4 进 5

35. 车四退五　车 4 平 7

至此，黑方车马卒士象全必胜车马兵仕，余着从略。

第51局　马鸣祥（先负）陈军

（1983年6月27日弈于北京）

顺炮直车两头蛇对双横车

北京市自1966年后第一次恢复象棋等级赛，于1983年6月在鼓楼文化站开赛。这是一盘初赛阶段的对局。黑方在布局中走出马后藏车的新招，红方随机应变。双方你争我夺，一场恶斗由此展开。

陈军，北京名手。曾在棋校接受训练，在教练王国栋、孙耀先熏陶下，棋艺大有进展。一度在深圳工作。上世纪90年代初作为深圳队选手，多次参加全国比赛。

1. 炮二平五　炮8平5　　2. 马二进三　马8进7

3. 车一平二　车9进1　　4. 马八进七　马2进3

5. 兵三进一　车9平4　　6. 兵七进一　车1进1

7. 炮八进二　车1平3

平车3路，叶底藏花，着法新奇，似拙实巧。首见于1982年全国团体赛胡荣华执黑棋应战杨官璘。

8. 车二进五

红方进车骑河，针锋相对之着。杨官璘对胡荣华走车九进二，以下卒5进1，马七进六，卒3进1，炮五平六，卒5进1，炮六进六，卒5平4，相三进五，车3平4，兵七进一，马3进5，兵七进一，卒4进1，仕四进五，卒4平5，车二进三，卒5进1，相七进五，马5进4，车九平六，马7进5，黑方一车换双后，破相得势。

8. …………　卒7进1

创新之着。弃卒驱车，使对方举棋难定。

9. 车二平三

平车吃卒，车路不畅，受到牵制，红方已处下风。应改走车二进一，黑方如走卒3进1，则兵七进一，马3进4，炮八平六，红方先手。

9. ………… 炮5退1　10. 马三进四

进马之后，红方右翼显见空虚。似应改走车三平八，以下炮2进3，车八退一，炮5平7，兵七进一，卒3进1，马三进四，形势稍有好转。

10. ………… 炮5平7　11. 车三平八

如改走车三平六，则车4进3，马四进六，卒3进1，马六进七，车3进1，也是黑方反先。

11. ………… 炮2进3　12. 马七进八

如改走车八退一，则马7进8，马四进三，马8进6，马三退四，炮7进8，仕四进五，车4平8，马四进五，马3进5，炮五进四，车8进8，黑方优势。

12. ………… 车4进4

13. 兵五进一（图51–1）

卒3进1

弃卒，佳着。如图51–1形势，红方为解救河口马危机，利用当头炮挺起中兵，以图暂缓黑方攻势。黑方突然挺3卒，随之飞象捉车，车吃中兵。着法明快，层次分明，打下胜利基础。

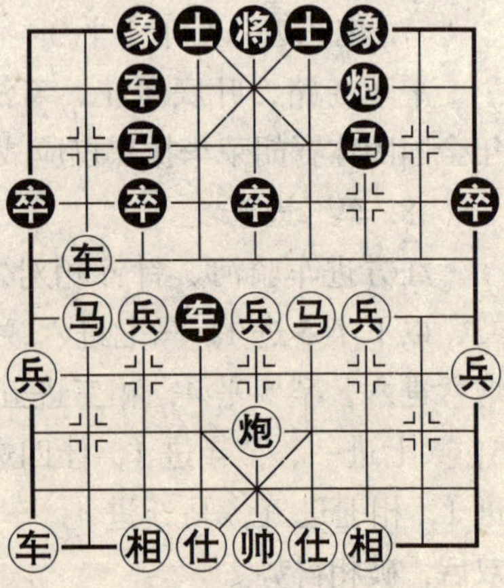

图51–1

14. 车八平七 象3进5 15. 车七进一 车4平5

16. 兵七进一

劣着。改走马八进九不会失子，虽仍处劣势，但尚可坚持。

16. ………… 车5平2 17. 马四进六 马7进6

18. 马六进七

为找回失子，不惜孤注一掷，得不偿失。应改走相三进一暂避一手，不致立刻一败涂地。

18. ………… 炮7进8

19. 仕四进五 车3平8

(图51–2)

至此黑方双车马炮联合作战，势如破竹。

20. 车七平五 士6进5

21. 车九进二 车8进8

22. 车五平一 马6进5

23. 车一进三 士5退6

24. 炮五平四

如改走车九平六，则炮7退2，失车后仍难救败局。

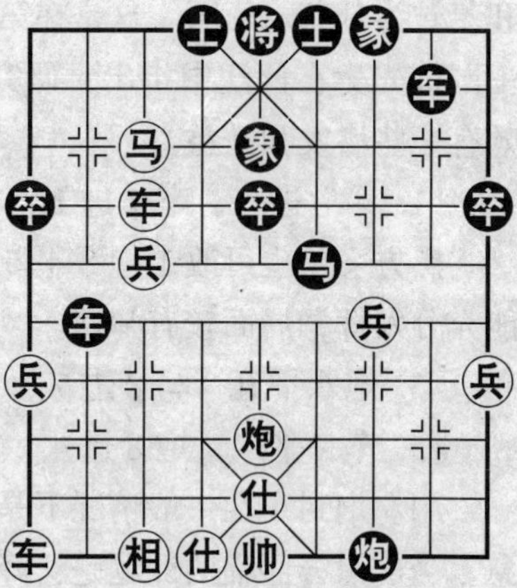

图 51–2

24. ………… 炮7平4 25. 仕五退四 炮4平6

26. 车九平六 炮6退1 27. 帅五进一 车2进3

28. 帅五进一 车8平5

炮碾丹砂，双车连杀，黑方胜。

第52局　殷广顺（先和）羡君为

（1983年7月6日弈于北京）

对兵局

1983年北京市象棋联赛甲组比赛在7月10日结束，殷广顺和羡君为分获冠亚军。这是在第3轮他们交战的一局棋。陆兴和王国栋先生在评注中指出：研究这局棋对提高棋手的局面思想，颇有一些启发和教益。

1. 兵七进一　卒7进1　　2. 炮二平三　象3进5

黑方飞象也可改走炮8平5还中炮，使红方三路炮的作用不能充分发挥，局面较有弹性。

3. 炮八平五　马8进7　　4. 马二进一　车9平8

5. 车一平二　炮8进4

用左炮封车在一般情况下是正确的，但在本局形势下并非所急。当前黑方面临的课题是：降低红方三路炮的作用，弥补自己右翼子力出动较慢和子力配置不协调的弱点。故此，不如改走马2进4，兼有攻击红方七路兵的作用。

6. 马八进七　炮2平4　　7. 车九进一

好棋。黑方第5着进炮，继而平士角炮，意图转换成反宫马阵式与红方角逐。现在红方出横车，不落常套，打乱黑方的部署。以后可平肋、巡河、兑三兵，以充分发挥三路炮的作用。此时红如改走车九平八，则黑马2进3，车二进一，士4进5，车二平六，车8进5，红方不便宜。

7. …………　车1进1

灵活之着。保留有冲兑3路卒及右车左移两种着法。

8. 车九平八 马2进4 9. 车八平六

红方上两个回合连续平车，属于骚扰性的着法，意图打乱黑方的子力配置。

9. ………… 士6进5 10. 兵一进一

缓着。应改走兵三进一，可取得满意结果。黑方有两种应法，试演如下：一、炮8平7，炮三平四，车8进9，马一退二，伏有炮四进六和兵三进一两个先手，黑方不能两全；二、卒7进1，车六进三，卒7进1，炮三进五，炮4平7，车六平三，红方先手。

10. ………… 卒3进1

11. 车六进三 车1平3

12. 兵七进一 车3进3

13. 马一进二 马7进6

14. 马二进四 车3平6

(图52–1)

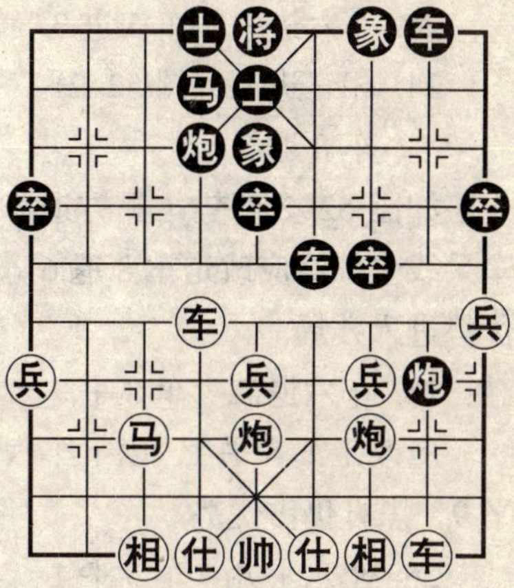

图52–1

15. 炮五进四

黑方抓住第10回合红方软手，右车脱颖而出，逼兑红马。如图52–1形势，黑方已反客为主。现在红炮打中卒是败着，似可改走车二进二固守待变。

15. ………… 将5平6 16. 仕六进五 车6退1

好棋。至此黑方必得一子。

17. 车六进二

如改走炮三平五，则炮8平5，红方要失车。

17. ………… 炮8平5 18. 马七进五 车8进9

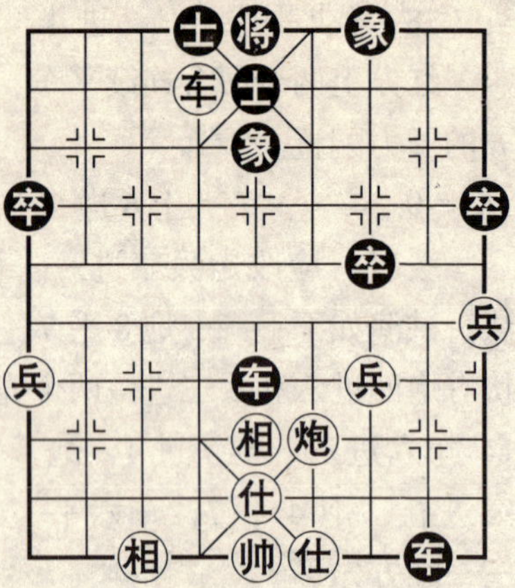

图 52–2

19. 炮三平四　将 6 平 5

20. 炮四平五　将 5 平 6

21. 后炮平四　将 6 平 5

22. 车六进一

吃炮兑子，迫不得已。因再走炮四平五，则成为一将一捉，红方必须变着。

22. …………　车 6 平 5

23. 车六进一　车 5 进 3

24. 相三进五（图 52–2）　车 8 退 3

如图 52–2 形势，黑方退车兵线欠细。应改走车 8 退 6 守卒林，确保以双车双卒对车炮的优势进入残局。

25. 车六退二　车 8 平 7

应改走车 5 平 1，以下车六平一，车 8 平 7，兵一进一，车 7 平 9，黑方仍占优势。

26. 车六平九　车 5 平 1　　27. 车九平一　车 7 平 6

28. 车一平三

双方扫兵卒后，愿意作和。

第 53 局　喻之青（先胜）吕钦

（1984 年 12 月 8 日弈于广州）

中炮过河车对屏风马平炮兑车

1984 年冬，在广州市举办了全国象棋个人赛。年仅 20 岁的北京后起之秀喻之青表现不凡。在前5轮1胜2和2负的逆境中，他败不气馁，奋起直追。在以后的8轮中6胜2和保持不败。最后积18分取得第6名，进入国手行列，成为象棋大师中最年轻的棋手。这是第12轮时，他与当时棋界公认的一流高手吕钦交锋的一局棋。在危急形势下，喻之青保持冷静，沉着机警，抓住对手急于求成而出现的失误，最终得子获胜。

喻之青，1964年生于北京。象棋大师。1981年起多次参加全国赛。1984年获得全国象棋个人赛第6名，同年获得北京“黄兴杯”象棋赛冠军。1992年以不败战绩夺得北京首届棋王。现为深圳著名棋手，效力于中国通信体协队。与刘殿中、阎文清合著《象棋棋王之战》。

1. 炮二平五　马2进3　　2. 马二进三　马8进7
3. 车一平二　车9平8　　4. 兵七进一　卒7进1
5. 车二进六　士4进5　　6. 马八进七　炮8平9
7. 车二进三

红方主动兑车，而不走车二平三压马。红方战略思想是避免黑炮9退1后的复杂趋势，可见是徐图进取。

7. …………　马7退8　　8. 马七进六　马8进7
9. 炮八进二　象3进5　　10. 炮五平七

不及炮五平六封住黑方车路，阵势显得严谨。

10. …………　卒3进1　　11. 炮八平九　车1平2
12. 兵七进一　象5进3　　13. 兵三进一　卒1进1
14. 炮九平七　马3进2　　15. 兵三进一　车2平4
16. 马六进七　车4进7　　17. 马三退五　卒5进1

细巧之着，是转向反攻的关键。如直接走炮2平5，则马七进五，炮9平5，炮七平五兑炮，黑方缺乏后续攻着。

18. 兵三进一　炮2平5

弃左马架中炮，紧凑之着。黑方由此占主动。

19. 后炮进三　炮 5 进 4

20. 马五进四（图 53-1）

车 4 平 5

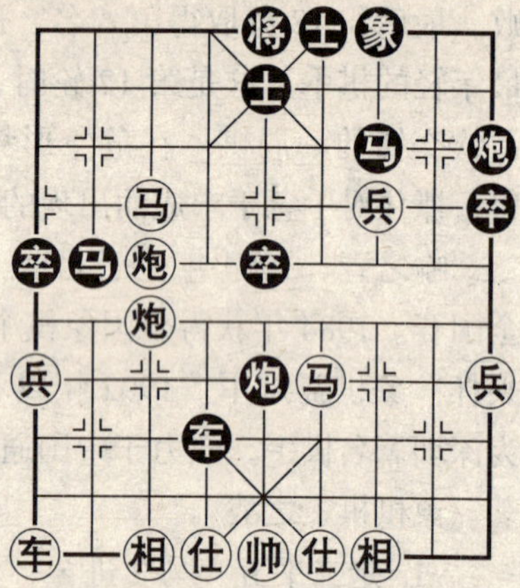

图 53-1

在激烈的局面中，保持冷静头脑，诚属不易做到。黑方在优势下，出现疏漏，在所难免。这步平车叫将就是错着。黑方误以为可抽吃得车，漏算红方可以反夺一车。这步棋应走马 7 进 5，前炮平九，马 2 进 3，黑方胜势。

21. 马四退五　车 5 平 1

22. 马五进七

好棋！唯此一着可找回失子。

22. …………　车 1 进 2

23. 前炮平九

红方先弃后取，使受困局势略有改观。

23. …………　马 2 进 1

24. 炮九退五　马 1 进 3

25. 炮九进九（图 53-2）

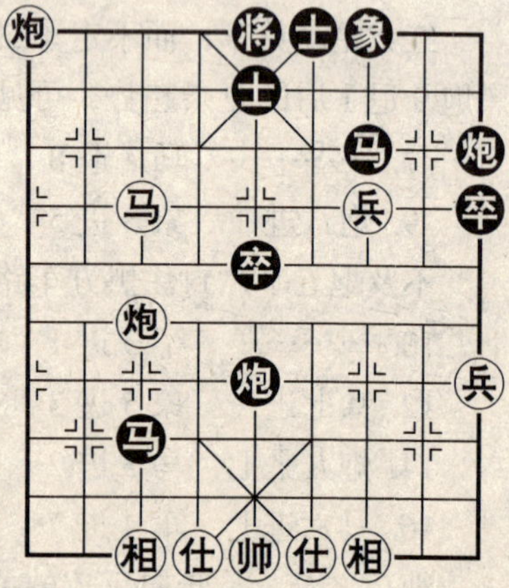

图 53-2

沉炮底线，伏马七退八捉马要杀。

25. …………　士 5 进 4

再次失误！如图 53–2 形势，黑方应走炮 5 退 1，红方如兵三进一，则炮 9 进 4，马七退六，炮 9 平 5，炮七平五，马 3 退 4，黑方优势。

26. 兵三进一　炮 5 退 1

如改走炮 9 进 4，则马七退五，炮 5 退 1，马五进六，将 5 平 4，马六进七，将 4 进 1，马七退八，将 4 平 5，马八退六抽吃炮，红方胜。

27. 兵一进一　炮 9 退 1　28. 兵三进一　炮 9 进 1

29. 兵三平四　士 4 退 5

此时黑方又出现失误。应走马 3 退 5，相七进五，马 5 退 3，相五进七，炮 9 进 3，马七退五，士 4 退 5，黑方尚有谋和机会。

30. 炮七退一　马 3 退 1　31. 马七退九　炮 9 平 3

32. 炮九退六　炮 3 退 1　33. 马九进八

黑方失子后，无法挽回败局，认负。

第 54 局　钱洪发（先负）喻之青

（1985 年 8 月 16 日弈于兰州）

中炮过河车对屏风马左象横车

1985 年初秋，在兰州举办“敦煌杯”象棋大师邀请赛。北京新秀和甘肃老将对阵。喻之青抓住对方误走平车捉马之机，反施牵制术，借势谋马取得主动权，其后以果断老练的着法克敌制胜。

1. 炮二平五　马 8 进 7　2. 马二进三　车 9 平 8

3. 车一平二　卒 7 进 1　4. 车二进六　马 2 进 3

5. 兵七进一　象 7 进 5　6. 马八进七　炮 2 进 4

7. 兵五进一　车 1 进 1　　8. 兵九进一

60 年代兴起的屏风马左象横车，经过棋手不断丰富发展，到 80 年代依然有生命力。一度被公认较好的攻法是车二平三，以下为：车 8 平 7，车九进一，车 1 平 4，车九平二，马 7 退 5，车三平四，红方中路有攻势。现在这步进边兵，为红车出路又找到一个新途径。

8. ………… 　车 1 平 4　　9. 车九进三　车 4 进 5

10. 马七进八

红方如改走马三退五，则车 4 平 3，炮八退一，马 7 进 6，炮八平七，车 3 平 7，以下红方有兵七进一等着法，变化复杂，对攻激烈。

10. ………… 　车 4 平 7

11. 兵五进一　卒 5 进 1

(图 54–1)

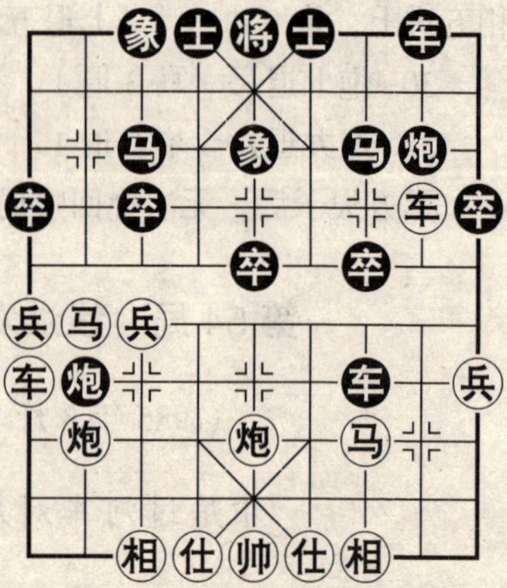

图 54–1

开局基本结束，以下进入多变的中局阶段。如图 54–1 形势，红方面临多种选择。

12. 车二平七

平车吃卒捉马，失着。应改走马八进七，以下卒 5 进 1，马七退五，士 6 进 5，车二退二，双方各有顾忌。此着若走炮五进一，亦可一战。

12. ………… 　炮 8 进 3

佳着。黑方置红车捉马不顾，伸炮骑河，含蓄有力。从此，黑方由防御转为进攻，掌握主动权。

13. 车七进一

吃马失算。应改走兵七进一，以下炮8平5，仕六进五，车8进6，局势仍很复杂。红方错过这个机会，局势已处于下风。

13. ………… 炮8平5　14. 仕六进五

如改走仕四进五，则车8进9，红方局势立即崩溃。

14. ………… 炮5平2　15. 仕五进六

如改走车九退一，则后炮进2，车九平八，炮2平3，车七平六，士6进5，黑方优势。

15. ………… 车8进6　16. 马三退五　车7平4

17. 炮五平三　车4退3　18. 车七平八

换子减弱黑方攻势，是败势下的巧着。虽回天乏术，但可拖延棋局，以待转机。

18. ………… 后炮进2　19. 炮三平八　炮2平3

20. 马五进七　炮3平5　21. 帅五平六　马7进6

22. 车八退二　车8平6　23. 仕四进五　车6平7

黑方先捉仕，再攻相，巧着。连续顿挫，突破红方防线。

24. 相七进五　炮5进2

(图54–2)

破仕扩大优势，果断之着。

25. 车九平三　马6进7

26. 车八退二　马7退5

27. 帅六平五　炮5平8

28. 车八平五　炮8退1

退炮老练，使红子难以活动，可从容渡卒助战。至此，黑方胜局基本已定。

29. 兵一进一　卒7进1

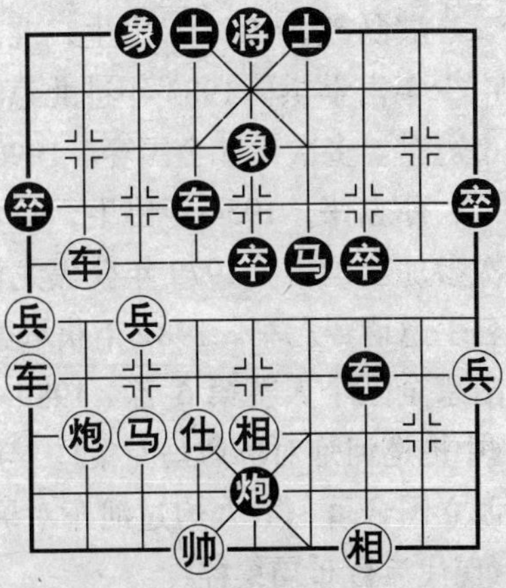

图54–2

30. 炮八进二　卒7平6　　31. 马七进六　炮8平4
32. 马六退七　炮4进1　　33. 兵七进一　马5退3
34. 车五进二　马3进4　　35. 车五退二　炮4平2
36. 炮八平六　马4进3　　37. 帅五平六　炮2退7

黑方车马炮联攻，红方竭力抵挡无效，红方认输。

第55局　洪磊鑫（先和）孙志伟

（1986年4月24日弈于邯郸）

五七炮对屏风马

1986年4月20日至5月4日，全国象棋团体赛在河北省邯郸市举行。第4轮北京队与黑龙江队相遇，初次参赛的北京新手洪磊鑫执先对孙志伟。孙颇具实力，1976年以来，为黑龙江队六次取得优秀名次作出重要贡献。洪磊鑫开局布出新着，中局一度得势。由于出现软手，被对方先弃后取兑子成和。

洪磊鑫，1968年出生，北京人。北京名手。少儿时在北京市少年宫学棋。1983年进北京队当职业棋手。获得过三次北京市冠军。多次参加全国赛。1990年退队。

孙志伟，1954年出生，哈尔滨人。象棋大师。1976年起多次参加全国赛。1979年获黑龙江省冠军。1980年获昆明4省市名手邀请赛冠军。1981年获承德11省市名手赛冠军。1985年获南京全国个人赛第6名。1989年担任黑龙江省女队教练。著有《中炮巡河炮对屏风马专集》。与李中健合著《象棋中局原理》，与孟立国合著《五九炮过河车对屏风马平炮兑车》，与刘海亭合著《现代流行布局集粹》。

1. 炮二平五　马8进7　　2. 马二进三　车9平8

3. 马八进九　马2进3

红方第3着不出车，而先边马定位，计划把布局引向五六炮或五七炮变例。

4. 车一平二　卒7进1

如改走卒3进1，则车二进四，炮8平9，车二进五，马7退8，炮八平七，象3进5，车九平八，红方略先。

5. 炮八平七　车1平2　　6. 车九平八　炮2进2

升炮巡河，欲借打车之势争先。也可改走炮2进4，以下车二进四，炮8平9，车二平四，车8进6，另有一番攻守。

7. 车二进六　马7进6　　8. 车八进四　象3进5

形成常见的五七炮不进兵对屏风马套路。1963年以后这个布局甚为流行。经过多年实践，在80年代仍为广大棋手所使用。

9. 兵九进一　卒3进1　　10. 车二退二　士6进5

如改走士4进5，则兵七进一，卒7进1，车二平三，卒3进1，车三平七，马3进4，车八退一，炮8平7，炮五进四，车8进3，车八进二，车2平4，炮五退一，炮7进5，车七平六，红方多兵略优。

11. 兵三进一

兑三兵是红方创用的新着。过去大都走仕六进五或炮七退一。

11. ………… 卒7进1　　12. 车二平三　马3进4

跃马有嫌轻进，不如走炮8平6比较稳健。

13. 炮七平八　卒3进1

此时，可以看出红方第11回合兑三兵的好处。当时如不兑三兵而走仕六进五，则卒7进1，车二平三，马3进4，炮七平八，炮2进3，车八进五，炮2平7。黑方一车换双后，兼有打车的凶着，立呈反先之势。

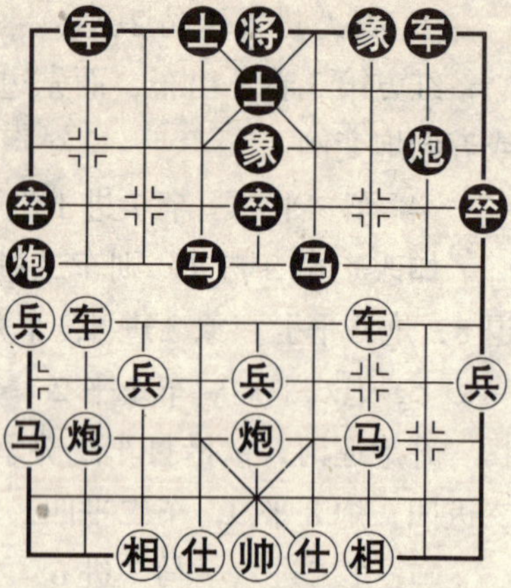

图 55–1

14. 车八平七　炮 2 平 1

平边炮，失策。应走车 2 平 1（如炮 2 平 3，车七进一，象5 进 3，马九进八，车 2 平 3，马八进六，红方优势），局势尚无大碍。

15. 车七平八（图 55–1）

炮 1 平 2

如图 55–1 形势，红方献车邀兑，妙手！此着一出，已大占先手。黑如改走车 2 进 5，则马九进八，马 4 进 2，车三平八，黑方难以维持局面。

16. 车八退一　马 4 退 3　17. 炮八平七　马 3 进 4

18. 炮七平八　马 4 退 3　19. 炮八进三　车 2 进 4

20. 车八进二　马 3 进 2

21. 炮五进四　马 2 进 4

（图 55–2）

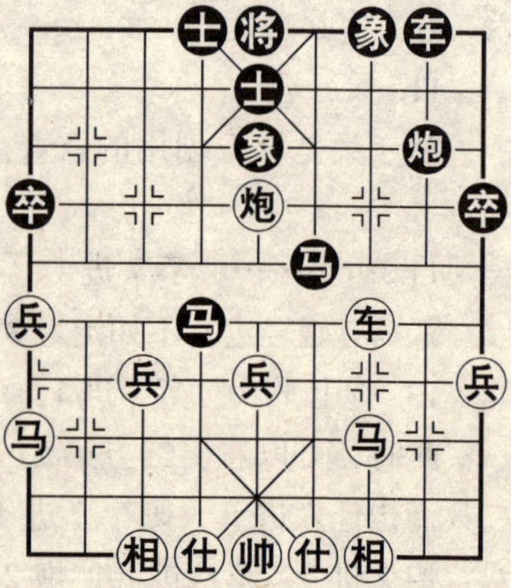

图 55–2

22. 炮五退二

如图 55–2 形势，红方多兵，炮镇中路，各子灵活。在大占优势情况下，退炮两步欠审慎。应改走炮五退一，则马 4 进 6，马三进四，黑方难以抗衡。

22. …………　炮 8 平 7

23. 相三进五　车 8 进 6

24. 车三进一 车8平7 25. 车三平四 炮7进5
26. 马九进八 车7平5 27. 车四退一 马4进2
28. 仕四进五 炮7退5 29. 马八进六 马2进3
30. 帅五平四 炮7平6 31. 车四进三 车5退1
32. 车四退四 车5退1

由于红方得先后，着法走得不够紧凑，被黑方先弃后取，简化了局势。至此，和局已定。

33. 马六进八 车5平3 34. 兵七进一 车3退1
35. 马八进九 象5退3 36. 仕五进四 象3进1
37. 车四平七 马3进1 38. 车七平九 马1退3
39. 车九平七 马3进1 40. 车七平九 车3退2

互相捉马，换子成和。

第56局 何连生（先胜）刘殿中

（1986年11月12日弈于湘潭）

五六炮过河车对屏风马

在1986年湘潭全国个人赛中，何连生表现出色，先后战胜于幼华、蒋志梁等名将。这盘在第3轮与刘殿中的对弈，何连生算度精确，控制战局，妙手迭出，力克强敌。

刘殿中，1948年出生，河北唐山人。象棋特级大师。国家级教练员。全国个人赛名次：1975、1984、1992年第4名，1996年第5名，2002年第3名，2004年亚军。1993年亚洲城市名手赛获第2名。2005年第9届世界象棋锦标赛团体冠军中国队成员，个人获第4名。率领河北队获1983、1985、1997、1998年全国团体冠军。著有《盘河马探秘》《象棋基础教程》。

与齐津安合著象棋妙手丛书，含《杀王妙手》《中局妙手》《残局妙手》等多部。

1. 炮二平五　马8进7　2. 马二进三　车9平8

3. 车一平二　卒7进1　4. 车二进六　马2进3

5. 炮八平六　车1平2

除开出1路车之外，黑方尚有卒3进1着法。其后红方有两种对策：一、马八进七，炮2进1，车二退二，炮8平9，车二进五（如车二平四，则炮2平4），马7退8，车九平八，炮2平3，双方均势；二、马八进九，炮2进1，车二退二，炮8平9，车二进五，马7退8，车九平八，车1平2，双方均势。

6. 马八进七　炮2平1

平炮亮车，似不如炮8平9，车二平三，炮9退1，车九平八，士4进5，车八进六，炮9平7，车三平四，马7进8，黑方反击机会较多。

7. 兵五进一

鉴于黑方开出车，红方采取中路进攻，选择正确。如改走兵七进一，则车2进6，红方七路马难有进展。

7. …………　炮8退1　8. 车九进一　炮8平5

9. 车二平三　车2进6

黑方中路承受压力，左马受红车制约，可先走卒3进1，右车待机而动为宜。

10. 马三进五　卒3进1　11. 炮六退一

佳着。准备平窝心炮，跃盘头马，增强中路攻势。同时为左车闪出六路要道，以利进攻。

11. …………　车8进2　12. 炮六平五　马3进4

13. 兵五进一　马4进5

兑马正遂红方心意。应改走马4退5，以下车三平四，卒5

进 1，黑方局势不弱。

14. 马七进五　卒 5 进 1

15. 车九平六　卒 5 进 1

16. 车六进七（图 56–1）

车 2 退 1

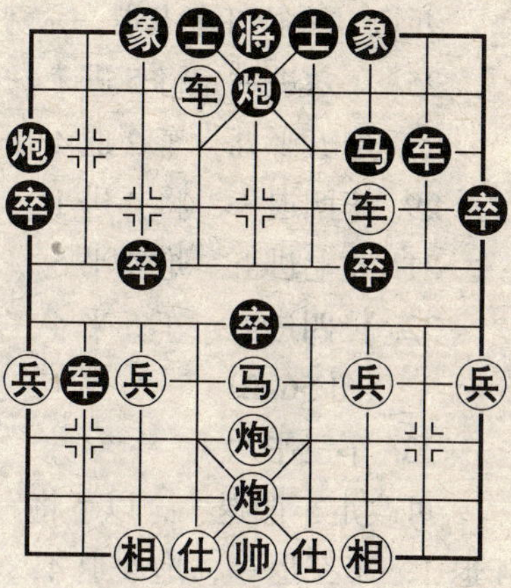

图 56–1

如图 56–1 局势，红方弃马进车，凶悍!此着是全局制胜要着。黑方如接走卒 5 进 1，则炮五进二，炮 1 平 5（如象 7 进 5，后炮进五，炮 5 进 5，炮五退二，红方胜），后炮进五，炮 5 进 5（如象 7 进 5，车三平六，红方胜），炮五退二，红方胜。

17. 马五进七

强断车路，妙着!

17. ………… 卒 3 进 1　18. 车三平六

双车胁士，黑方已呈败势。

18. ………… 炮 1 退 2　19. 后炮进三　马 7 进 5

20. 后炮进四

精彩！宁取势不取车，着法爽利紧凑。

20. ………… 炮 5 进 4

如改走象 7 进 5，则后炮平八，卒 3 平 2，前车平九，车 8 进 1（如炮 1 平 2，炮五进二，士 6 进 5，车六平八，红方得子胜），车九进一，车 8 平 5，车六平五，炮 5 进 2，车九退三，红方胜。

21. 后车平七　车 8 进 1　22. 车七进三　炮 5 平 4

23. 炮五退四　车 2 进 2　24. 炮五进一　炮 1 进 6

弃炮，暂解红车七退一杀势。

25. 车六进一　将5进1　26. 车六平五　将5平4
27. 炮五平九　车2退4　28. 车五平四　车2平3
29. 车四退一　将4进1　30. 车七平三　车3平5
31. 相七进五　炮4平5
32. 仕四进五　车5平4
(图56-2)
33. 车三平六

可改走车四退一，以下将4退1，车三退一，炮5退4，车四平五，红方速胜。

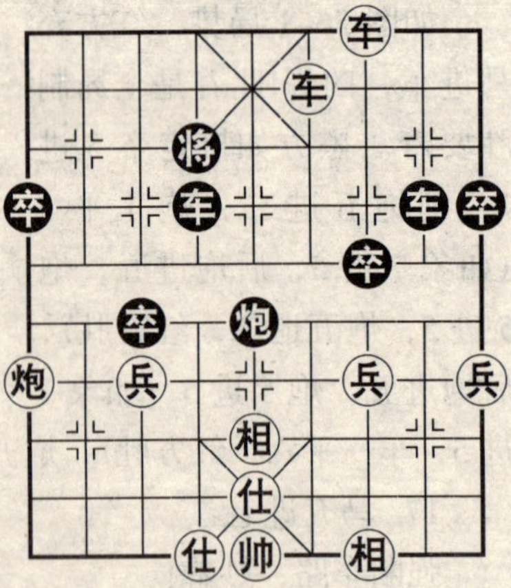

图 56-2

33. …………　将4平5
34. 车六平一　将5平4
35. 车四退一　将4退1
36. 车一退一　炮5退4
37. 车四平五　炮5平8
38. 兵七进一　车4进3
39. 炮九退一　车4平7　40. 兵七进一　将4退1
41. 车五进一

红车占宫心，黑方无力抵抗。

第57局　于幼华（先负）吕钦

（1987年2月10日弈于北京）

飞相局对过宫炮

1987年2月，在北京举办有21位象棋特级大师和大师参加的“金菱杯”邀请赛。第3轮中，浙江于幼华和“羊城少帅”吕钦相遇。这是一场精彩纷呈的较量。开局斗阵，中局搏杀，中残局紧张异常，一环紧扣一环，如翻波逐浪，美不胜收。吕钦在劣势中，临危不惧，沉着应战，反夺胜利。

于幼华，1961年出生，浙江定海人。象棋特级大师。1977年获全国少年冠军。全国个人赛名次：1981、1987年第6名，1990与熊学元排列第5名，1994年第3名，1996、2001年第4名，2002年冠军。1986年获第2届“七星杯”国际邀请赛冠军。1995年获第7届亚洲城市名手赛亚军。棋风骁勇，善于攻杀，在棋界有“拼命三郎”之称。

1. 相三进五　炮8平4　　2. 马二进三　马8进7

3. 车一平二　卒7进1　　4. 兵七进一　车9平8

5. 马八进七　马2进1　　6. 兵九进一　炮2平3

7. 马七进八　炮4进3

进炮打马，进行反封锁。红方如走马八进九，则车1平2，黑方反先。于幼华认为，这步伸炮应该再进两步串打较好。其变化如下：炮4进5，炮二平一，炮4平7，车二进九，炮7平2，车二平三，马7退5，车三退三，炮2平9，黑方得子占先。

8. 炮二进二

正着。升炮保马，加强封锁阵势。

8. …………　炮3平5　　9. 车九进三　马7进6

10. 仕四进五　车1进1　　11. 马八退七

似不如马八进九为好。

11. …………　车1平2　　12. 炮八平九　炮4退4

13. 车九平六　卒7进1

弃卒，好棋。针对红方右马无根，黑方欲图谋子。如改走炮4平7，则车六进二，卒7进1，车六平四，卒7平8，马七进六，红方子力灵活，边炮有潜在攻势。

14. 兵三进一

吃卒是稳健着法。如改走炮二进三，则马 6 进 8，炮二平九，炮 4 平 8，车二平三，卒 7 进 1，红方难走。

14. ………… 炮 4 平 7　15. 炮二平一

利用兑车解围，为逃炮救马的唯一着法。

15. ………… 车 8 进 9　16. 马三退二　车 2 进 3

黑方先护马，防范红车进二，准备再进边卒谋炮。

17. 兵三进一　马 6 进 7　18. 马二进一　卒 9 进 1

如改走车 2 平 7，则马一进三，炮 7 进 5，车六进一，易成和棋。

19. 兵三平四

以上着法，双方攻守俱佳，无可厚非。

19. ………… 马 7 退 6

于幼华评注：欠佳。应改走马 7 进 5，以下炮九平五，卒 9 进 1，马一进三，卒 9 进 1，车六进三，卒 9 平 8，马三进五，车 2 平6，车六平五，胜负难料。

20. 炮一平三　炮 7 平 9

21. 炮九进四　士 6 进 5

22. 兵五进一　炮 5 进 3

红方弃掉中兵，开通车路，好棋。黑方似应卒 9 进 1，以下炮三进四，马 6 进 8，马一进三，卒 9 进 1，均势。

23. 炮三进一（图 57–1）

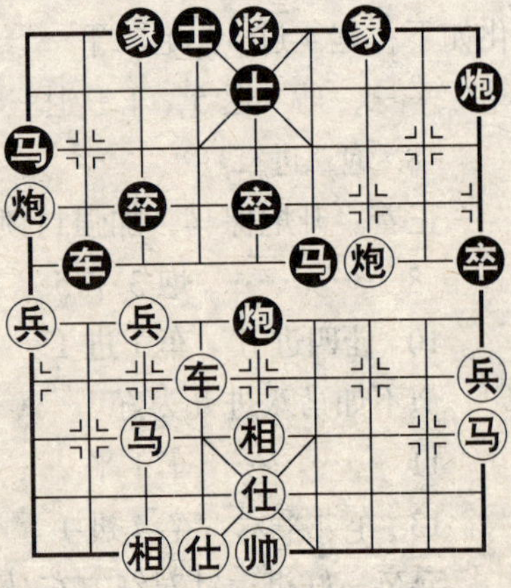

图 57–1

好棋。出其不意之举，打乱对方阵形。如改走炮九平五，则象7进5，车六平二，马6退7，车二进三，车2平7，马七进五，局面平淡，容易成和。

23. ………… 马6退5　24. 炮三退五

着法有力，利于攻守。

24. ………… 卒3进1　25. 车六平三

平车捉象，针对黑方左翼空虚的弱点进行突破，是全局战略的主要转折。

25. ………… 卒3进1

吕钦自评：黑方进卒吃兵弃象，实属无可奈何。改走其他也是被动。

26. 车三进六　士5退6　27. 马一进三　炮5平1

28. 马七进五　卒3进1　29. 马五进四　车2退1

30. 炮三平二

及时弃炮攻杀，佳着！如改走炮九退一，则卒5进1，黑车通畅，防卫力增强。

30. ………… 炮9平8

阻截红炮沉底。如改走车2平1，则炮二进九，将5进1，马四进五，将5进1，车三退二，将5退1，车三进一，将5进1，车三平一，红方先弃后取，大占优势。

31. 马四进二　炮8平6　32. 炮九退一　卒5进1

33. 马二进四　车2平6　34. 炮二进九

红方连续弃子，激战高潮迭起。此时黑方吃马不得已而为之，因为已无他路可选。

34. ………… 车6退1　35. 炮九平一　炮6平9

平炮出于无奈。如改走车6平8，红方车三平四速胜。

36. 车三退一　士6进5（图57-2）　37. 车三平一

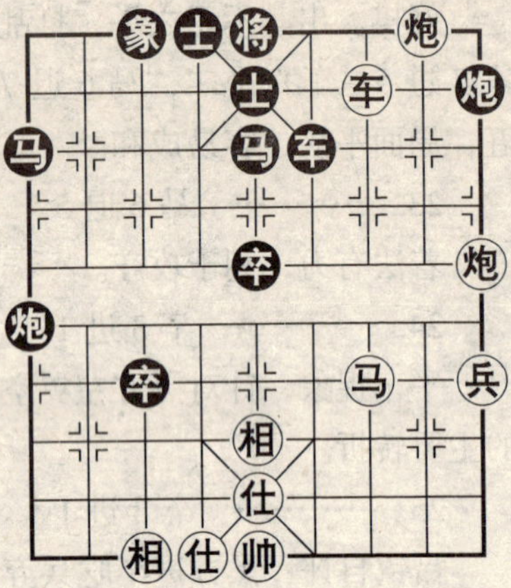

图 57–2

红方此时可能被四子归边优势所迷惑，随手吃炮，走了一步第一感的棋。如图57–2形势，后来孟立国先生花费一小时许进行深入研究，认为此时红方不吃炮而改走进车照将，然后进马，可大占优势。着法如下：车三进一，士5退6，马三进二，此时黑方有两种应法：一、车6平8，炮一平五，士4进5（如炮9平5，马二进四绝杀，红方胜），马二进四，车8进7，仕五退四，将5平4（解红车三退三，车8退9，马四进三，将5平4，车三平六的杀着），炮五平二捉死黑车，红方胜；二、马1进3，炮一进二，车6平8，马二进三，马5退7（如炮9平7，炮一进二绝杀，红方胜），炮二平四，车8平7，炮四退一，将5进1，炮四平一，马7进9，车三退二，马9进8，车三退一，马3进4，车三退一，马8进9，车三平五，象3进5，车五退二，黑方士象残缺，红方有车杀无车，红胜券在握。

37. ………… 车6平8

正着。否则红方马三进二后，黑方必败。

38. 车一平二　车8平9　39. 兵一进一　车9退2

40. 马三进二　马1进3　41. 马二进三　炮1退4

42. 车二退二　炮1进3　43. 车二平四　马5退7

44. 车四平七　炮1平9　45. 炮二退五

如走兵一进一，则车8平7，和棋。红方退炮，刻意求攻。

但此着不如炮二退四截炮，以下炮9退2（如车9进2，马三退一，黑方死炮），炮二退一，卒5进1，炮二进一，马7进5，炮二平七，象3进1，炮七平五，车9平7，马三退四，红方胜定。

45. ………… 炮9平7 46. 炮二平七 象3进5

47. 炮七平九

可改走马三退一拦车捉炮，以下炮7进2，炮七平九，车9进2，炮九进五，象5退3，车七进三，车9平1，车七退六，车1退2，车七平三，马7进5，马一进二，车1进1，车三进四，黑方也难以应付。

47. ………… 车9进5 48. 炮九进五 象5退3

49. 车七平五

由于时限的原因，出现了这步关键性的失误。如改走车砍底象，则能快捷取胜。演变如下：车七进三，车9平1，马三退五捉炮，马7进6（如炮7进2，马五进七，黑方难以招架），炮九平八，车1平2，马五进六，红方得子胜。弈后，吕钦说：如对方吃底象，我已输定了。

49. ………… 车9退3

50. 车五进二 将5平6

（图57-3）

51. 马三退四

同样退马，不如马三退五。即便丢双仕，暂时无妨。马退中路，红方可捷足先登。变化如下：马三退五，车9进7，相五退三（要着，防黑炮进2后中路叫将，拴链车马），车9平7，仕五退

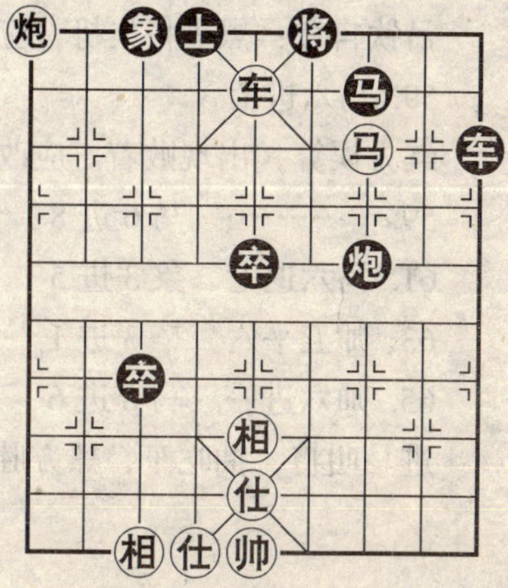

图57-3

四，车7平6，帅五进一，马7进6，车五平六，炮7退4，车六平四，将6平5，马五退七，黑方必平车，红方车四退二得马，胜定。

51. ………… 马7进8 52. 马四进五

应改走车五平六，以下马8进6，车六进一，将6进1，车六平四，将6平5，车四退四，象3进5，车四平五，以后如能捉死黑卒，仍有胜机。

52. ………… 炮7进2

好棋！局势因此逆转。

53. 马五退六 车9进7 54. 仕五退四

应先相五退三为好。

54. ………… 车9平6 55. 帅五进一 车6退1

56. 帅五退一 车6进1 57. 帅五进一 马8进6

58. 车五退三

软着。应走车五平六催杀，红方仍有一定的进攻力。

58. ………… 将6进1

吕钦自评：黑进将失机，应直接走马6进8，胜定。

59. 马六进七

红方误算，出现败着。应改走相五进三，胜负尚难预料。

59. ………… 马6进8 60. 马七进六 将6退1

61. 马六退七 象3进5 62. 马七进六 象5退3

63. 帅五平六 卒3进1 64. 仕六进五 卒3进1

65. 帅六进一 马8进6

进马叫将，抽吃车，黑方胜。

第58局　洪磊鑫（先胜）郭家兴

（1987年4月6日弈于福州）

五七炮过河车对屏风马

这是在福州举行的第6届全运会象棋团体预赛的对局。有趣的是，前10回合红方走法，与一年前洪磊鑫先行对孙志伟布阵一样（见本书第55局），完全按照洪磊鑫意愿走成，可见洪对此布局研究有素。红方开局占得优势。中局阶段黑方弃子抢攻，被化解后，终因失子过多而败北。

郭家兴，贵州省象棋冠军。多次参加全国比赛。

1. 炮二平五　马8进7　2. 马二进三　车9平8
3. 马八进九　马2进3　4. 车一平二　卒7进1
5. 炮八平七　车1平2　6. 车九平八　炮2进2
7. 车二进六　马7进6　8. 车八进四　象3进5
9. 兵九进一　卒3进1　10. 车二退二　士4进5

以上着法红方与第55局殊路同归。现在黑方上右士，成为另一种攻守。

11. 兵七进一　卒3进1

如改走卒7进1，则车二平三，以后变化红方多兵略优。见本书第55局第10回合注释。

12. 车二平七　马3进4　13. 车八退一　炮8平7
14. 炮五进四　马4退3　15. 炮五退一　车8进3

上一回合黑方退马，就准备弃子抢攻。此时进车卒林，依然采取弃子计划。如改走炮7进4，则马九进七，炮7进3，仕四进五，发展下去，黑方也要失子。战局到此进入高潮。

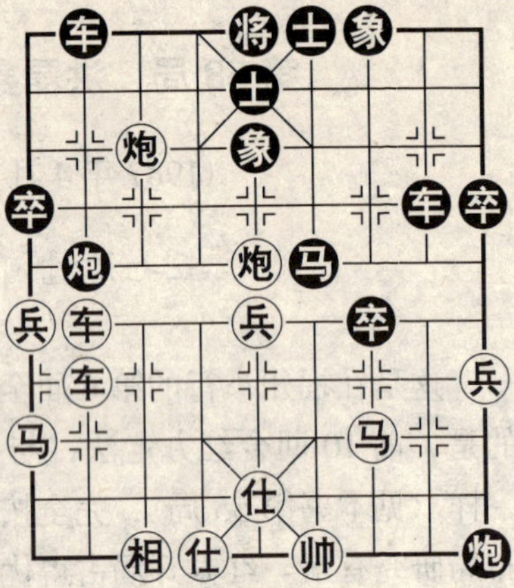

图 58–1

16. 炮七进五　炮 7 进 4

17. 兵五进一　炮 7 进 3

18. 仕四进五　炮 7 平 9

19. 帅五平四　卒 7 进 1

20. 车七平八（图 58–1）

黑方如期弃子强攻。红方接受弃子，不怕右翼底线洞开，看来胸有成竹。此时平车捉炮是控制局势的关键之着。

20. …………　卒 7 进 1

黑卒挺进，按原定计划行棋。如改走炮 2 退 1，则后车平四，卒 7 进 1，车四进二，炮 2 平 6，车四平二，车 2 进 5，车二进一，车 2 退 2，红方优势。

21. 前车进一　车 2 平 4　22. 后车退一　车 8 进 6

23. 帅四进一　车 8 退 1

24. 帅四退一　马 6 进 8

25. 马三进五　卒 7 进 1

26. 马五退三　马 8 进 9

黑方四子来势汹汹。红方缜密计算，严加护守。此时进边马是一步假棋。不如此，红方也是有惊无险。

27. 马三退一（图 58–2）

红方一着退马，黑方攻势全无。黑车若吃马，红前车进四，伏炮七进二手段，

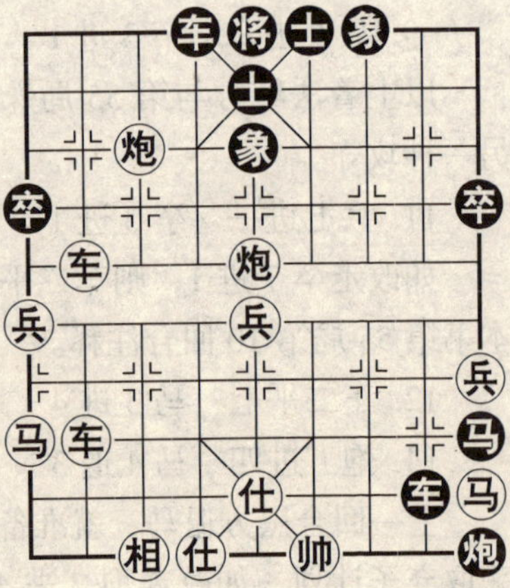

图 58–2

红方可胜。

27. ………… 马9退7 28. 后车平三 马7退5
29. 车八进三 车8进1 30. 帅四进一 车8退1
31. 帅四退一 车8进1 32. 帅四进一 车8退9

黑方不敢吃马，否则车八平五，士6进5，车三进七杀。

33. 相七进五 炮9退3 34. 帅四退一 炮9平6
35. 车八退五 车8进9 36. 车三退二 车8退5
37. 车八平四 车8平5 38. 炮七退七 马5退7
39. 车四退一 车4进6 40. 车三进四 马7进5
41. 车四进二 马5退3 42. 马九退七

黑方无力反抗，至此红胜。

第59局 马玉昌（先胜）叶永丹

（1988年7月9日弈于丹东）

进兵对卒底炮

由棋友杂志社、丹东东齐电器集团公司主办的“东方—齐洛瓦杯”（原为“棋友杯”）全国象棋邀请赛，自1988年7月3日至7月9日在辽宁省丹东市举行。三个级别比赛结果：河北队在全国象棋团体冠军队赛中夺魁（参赛队为河北、辽宁、上海、广东），丹东东齐电器集团公司队获全国象棋业余队团体冠军，业余棋手赛冠军为陆玉江（天津）。

马玉昌和叶永丹这盘棋短小精悍，十分精彩。红方利用对方弃马陷车的圈套，将计就计，仅用13回合就结束战斗，是本次比赛中最短的对弈。

马玉昌系北京市延庆县象棋冠军。叶永丹系辽宁省宽甸县名手。

1. 兵七进一　炮 2 平 3　2. 炮八平五　马 8 进 7

3. 马八进七　马 2 进 1　4. 车九平八　车 1 进 1

至此形成中炮直车对单提马横车阵势。

5. 马二进一　象 7 进 5　6. 兵三进一　车 1 平 4

黑方平车 4 路不及车 1 平 6 到左翼较好，以后可伺机进 6 捉炮，对抢先手。

7. 炮二平三　车 4 进 3

8. 车一平二　车 9 平 8

9. 车八进七（图 59–1）　炮 8 平 9

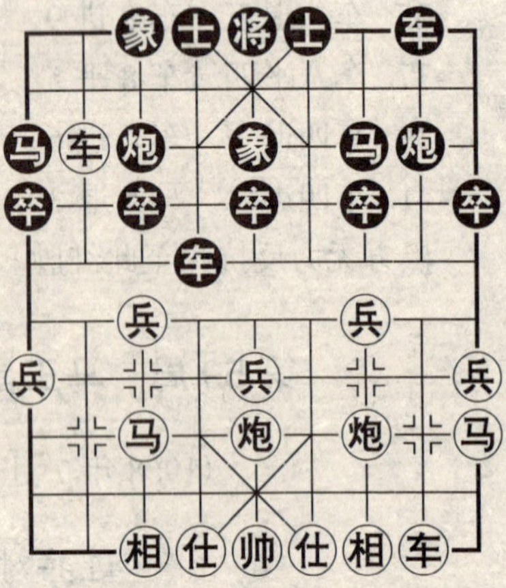

图 59–1

败着！黑方平炮兑车，一厢情愿地认为红方车八平七吃炮后，将落入陷阱而被吃死，结果反遭败绩。如图 59–1 形势，黑方走炮 3 平 4 虽落后手，尚无大碍。

10. 车八平七

正确。不兑车而吃炮，不怕黑方所谓的圈套。如改走车二进八，则马 7 退 8，炮五进四，士 6 进 5，以后黑方再马 8 进 6 争取先手，另有变化。

10. …………　车 8 进 9　11. 马一退二　马 7 退 5

看似打死红车，其实是假棋，诚属败着。

12. 炮五进四　炮 9 平 3

如改走：一、车 4 平 8，则车七进二，车 8 进 5，炮三进四，炮 9 平 7，车七退二，红方胜；二、车 4 平 5，则炮三平五，车5退 1（车 5 平 8，车七进二，车 8 进 5，仕六进五，车 8 退5，前炮退一，黑方无法解救红帅平六铁门闩杀），炮五进四，炮9平3，马七进六，红方胜定。

13. 炮三进四（图59-2）

黑方无法解救红炮闷杀，遂告负。

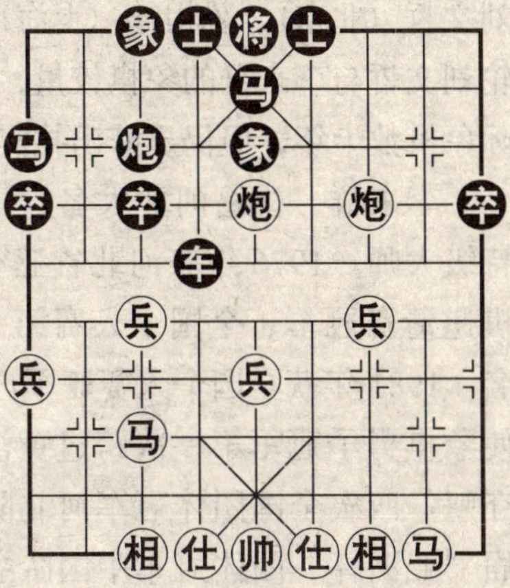

图59-2

本局黑方吃亏在于机械地运用弃炮陷车布局，但还没有完全掌握其中的变化。所以，红方利用对方的这种心理，很快地取得胜利。本局可谓20世纪象棋大赛中的超短局之一。

第60局　刘文哲（先胜）李来群

（1990年1月23日弈于北京）

顺炮直车对横车

1990年1月下旬，在北京举办了别开生面的三棋全能超级大赛。这次比赛，要求对弈者同步进行象棋、围棋、国际象棋的较量。棋赛荟萃了当时中国的顶尖高手——象棋特级大师胡荣华和李来群，国际象棋特级大师刘文哲和香港国际象棋冠军简怀穗（简系广东人，移居香港前，1964年获得全国国际象棋冠军），围棋九段聂卫平和陈祖德。经过5轮15盘的激战，共有4人同积12分位于前列。按单项冠军和胜局多者列前之规则，结果简怀穗夺取桂冠。以下的名次为聂卫平（北京）、胡荣华（上海）、刘文哲（北京）、陈祖德（上海）、李来群（河北）。这盘棋是第4轮刘文哲与李来群的象棋较量，给人留下深刻印象。刘虽改弈国际象棋数十年，但仍显露出扎实的象棋基本功。

李来群，祖籍河北大名，1959 年 9 月生于河北邯郸。象棋特级大师。1976 年获河北省亚军。1977 年获“邯郸杯”全国象棋邀请赛冠军、全国个人赛第 7 名。1978 年获全国个人赛第 4 名。1981 年获全国个人赛亚军。1982 年荣登全国个人冠军宝座，使象棋男子冠军第一次跨过黄河。1984、1987、1991 年又三次夺魁。四次全国团体冠军河北队主力队员之一。第 2、3、5、7 届“亚洲杯”团体冠军中国队主力之一。1991 年世界象棋锦标赛获得个人亚军。1999 年获“沈阳日报杯”世界象棋赛亚军。曾任河北省棋院副院长兼象棋队教练。现任中国象棋协会企业家委员会主任。著有《象棋全盘战术指微》《李来群蒙目车轮战对局选评》。与章熤合著《燕赵骄子李来群专辑》，与浣竞成合著《象棋中局战略与战术》。

1. 炮二平五　炮 8 平 5　　2. 马二进三　马 8 进 7
3. 车一平二　卒 7 进 1　　4. 兵七进一　马 2 进 3
5. 马八进七　车 1 进 1

另一种变化是炮 2 进 4，进行防守反击。早在上世纪 70 年代中期即已使用。

6. 炮八进二

巡河炮，准备挺三兵后左炮右移。这一变着是否可行，见仁见智，各有说辞。1987 年上海文化出版社出版，居荣鑫编著的《象棋布局举要》，对这一变例有所介绍。同时也介绍红方另一种炮八进一变着，认为：既可暂时守护右侧兵线，又可炮八平七攻击黑马。

6. …………　车 1 平 4　　7. 兵三进一　车 4 进 3

8. 车九进二 卒7进1 9. 炮八平三 马7进8

10. 车九平八 车9进1 11. 炮三平五

似巧实拙，造成了以后被动局面。似可改走兵五进一，以尽快摆脱红方右翼马炮难以动弹的窘态。冲中兵后的变化复杂，对红方来说同样存在着种种机会。

11. ………… 士6进5 12. 前炮进一 马8进7

13. 前炮退一 车9平7 14. 车二进二 炮5平8

15. 前炮平六 马7退8 16. 车二平一 车4平7

17. 炮六进四 士5退6

18. 炮六退六（图60-1）

后车平4

如图60-1形势，红方陷入困境。黑方似应走前车进2，以后再马8进6有攻势。

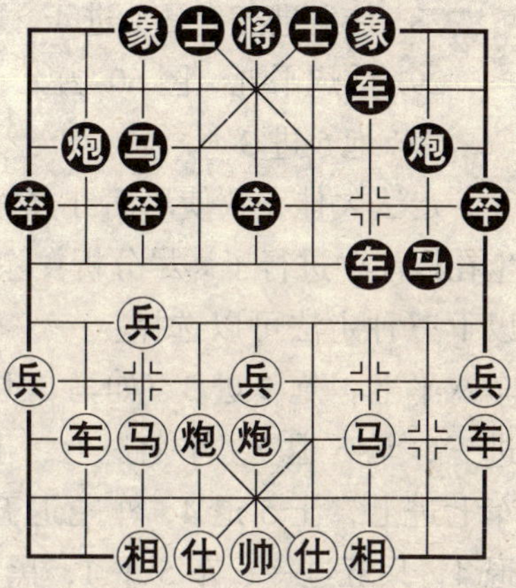

图60-1

19. 炮六进二 卒3进1

20. 马三进四

好棋。迫使黑方补士，借此兑掉黑方河口马，使局面缓和。

20. ………… 士4进5

黑方补士无奈，否则被红马四进五，黑方处于劣势。

21. 兵七进一 车7平3 22. 马四进二 车3平8

23. 炮五平六

若直接走车八进四，则局面大体均势。

23. ………… 车4平3 24. 车八进四 马3进2

进马抢先，好棋。

25. 后炮平五　炮 2 平 5

26. 炮五进四　车 3 进 5

27. 炮六平五　车 8 平 5

平车缓慢。似可走马 2 进 4，以下车八平六（如前炮平九，车 8 平 1，红方失子而呈败势），马 4 退 5，车六平五，车 8 平 3，红马受制，黑方明显优势。

28. 仕六进五　马 2 进 4

29. 前炮平九（图 60–2）

炮 5 进 3

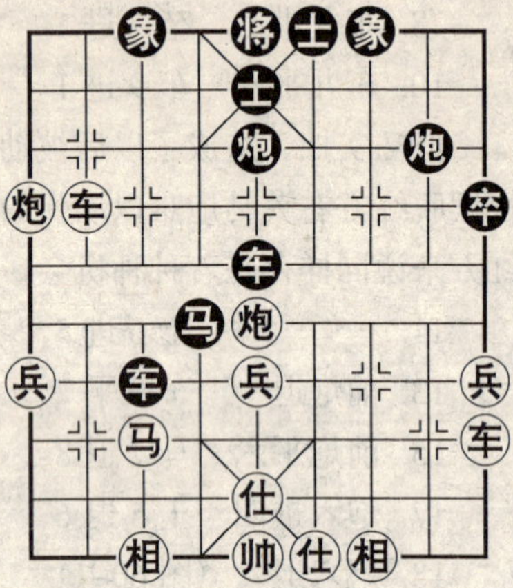
图 60–2

走法欠佳，致使局面红方优势。如图 60–2 形势，范孙操先生在评注中进行了详尽分析：除实战着法之外，黑方大致上还有以下三种走法可以选择：一、车 3 进 1，车一平七，马 4 进 3，车八平七，炮 5 进 3（如马 3 退 5，车七进三，士 5 退 4，炮九进三，马 5 退 7，车七退七，士 4 进 5，炮五进三，象 7 进 5，车七进七，士 5 退 4，车七退五，红方稍好），车七进三，士 5 退 4，兵五进一，车 5 平 1，黑方稍好，大体上是和棋。二、马 4 进 3，炮九进三，士5 退 4，车一平六，士 6 进 5，车八进三，炮 5 进 3，炮九平七，车 3 退 6，车八平七，马 3 退 1，红方稍好，但大体上亦为和局。三、炮 5 平 1，车一平六，马 4 进 3，车六进三，车 5 退 2，车八平六，炮 1 平 4（如炮 1 退 2，前车平二，黑方无应手），炮九进三（如前车平二，马 3 退 5，炮九平五，将 5 平 4，黑方胜），象 3 进 1，炮五平八，士 5 进 6，炮八进五，将 5 进 1，后车平三，将 5 平 4，车三平八，炮 8 退 1，黑方虽多子，但红方攻势甚猛，双方各有顾忌。

30. 炮九进三　士5退4　31. 车八平六　士6进5

32. 车六退二　车5平1　33. 炮九平六

有力的一击！黑方残士已见难走。

33. …………　炮5进3

黑炮亦打仕，破釜沉舟。但红炮逃出后，对以后局势产生很大的影响。可考虑换炮，然后争取利用红马受制的弱点谋和。

34. 车一平三　象7进5　35. 炮六退三　炮5平6

36. 车六平四　车1平7　37. 车三平二　炮6平2

38. 炮六平五　炮2退6　39. 车四进四

以上红方着法紧凑，使黑方穷于应付。

39. …………　车7退1　40. 车四平五　将5平6

41. 车二平四　炮8平6　42. 炮五退二　车3退3

43. 炮五平九　炮2平1　44. 炮九平八　炮1平2

45. 炮八退三　车7平6　46. 车四平二　炮6平8

47. 仕四进五（图60-3）炮8进1

如改走车6退2兑车，或可勉强维持。

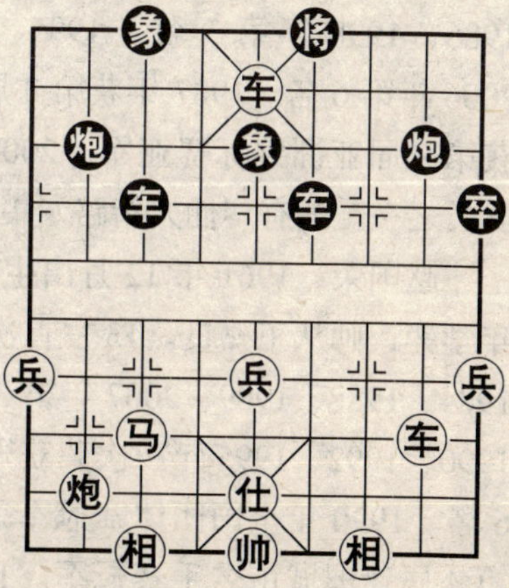

图60-3

48. 仕五进四　炮2进2

49. 炮八平四　炮2平5

50. 相七进五　车3进4

如改走炮5退3，则车二进四，车3进4，车二平四，炮5平6，车四进二，将6平5，炮四平一，红方胜。

51. 车五平六　车3平5

52. 帅五平六　车5进2

53. 帅六进一

黑车被打死，遂认负。

第61局　卜凤波（先负）赵国荣

（1992年10月23日弈于北京）

中炮过河车对屏风马平炮兑车

1992年10月20日至11月4日，北京举行了“棋王杯”全国象棋个人锦标赛。黑龙江赵国荣技压群雄，以5胜8和战绩继1990年后第二次摘取桂冠。第4轮赵与积分相同的辽宁名将卜凤波相遇。中局阶段赵国荣一马换双相取得优势，最后以精湛的残局功力，取得了关键性的胜利。

卜凤波，1964年出生，辽宁本溪人。象棋特级大师。1979年获全国少年冠军。1984年全国象棋团体赛冠军辽宁队成员，1984年第3届亚洲杯团体冠军中国队成员。全国个人赛名次：1986、1998年第3名，1995、2000、2005年第5名，1993、2006年第6名。1987年获第3届亚洲象棋锦标赛冠军。1999年获第9届亚洲锦标赛亚军。2007年全国象棋甲级联赛季军主力队员之一。著有《仙人指路专集（上）》。

赵国荣，1961年12月出生，哈尔滨人。象棋特级大师。少年学弈，师从王嘉良。13岁首次参加全国赛。全国个人赛名次：1984、1988、1989、2007年第3名，1985、1987、2006年亚军，1990、1992、1995年三次荣获冠军，1994年第5名，1998年第6名。1990年全国团体赛冠军黑龙江队主力队员之一。1989年第4届亚洲城市名手赛冠军。1991年第2届世界象棋锦标赛团体冠军中国队成员，个人赛冠军。5次“亚洲杯”象棋赛团体冠军中国队主力队员之一。现任黑龙江省棋类训练中心主任、象棋队主教练。与王济群合著《棋枰精华录》。

1. 炮二平五　马 8 进 7　　2. 马二进三　车 9 平 8
3. 车一平二　马 2 进 3　　4. 兵七进一　卒 7 进 1
5. 车二进六　炮 8 平 9　　6. 车二平三　炮 9 退 1
7. 马八进七　士 4 进 5　　8. 炮八平九　炮 9 平 7
9. 车三平四　车 1 平 2　　10. 车九平八　马 7 进 8
11. 马三退五

此时红方另有车四进二或车八进六的走法。据刘殿中先生讲，退窝心马是卜凤波喜用的变化，可谓研究有素。

11. …………　卒 7 进 1

渡 7 卒展开对攻，可见黑方亦是有备而来。

12. 车四进二　炮 7 进 5　　13. 车八进六　马 8 进 6

另有马 8 进 9 走法，但马入边陲缺少攻击力。现马入内线，加强了局势的复杂性。

14. 马七进六

急攻走法，易引起对方反扑。似不如改走炮五平三，以下车 8 进 2（如车 8 进 8，炮九退一，车 8 退 1，炮九进一，黑方一时难以反扑，各有攻守），车四退三，车 8 平 6，车四进二，炮 2 平 6，车八进三，马 3 退 2，炮三进二，马 2 进 3，兵九进一，象 3 进 5，双方平稳。

14. …………　象 3 进 5　　15. 车四退三　车 8 进 6

车占兵线，为反击作准备，着法积极有力。

16. 炮五进四　炮 7 平 9

刘殿中先生评注：红炮击中卒是有疑问的着法，对黑方威胁不大，却给黑提供了反击的机会。黑方炮击边兵，由此展开了凌厉的攻势。

17. 兵五进一　车8平3

佳着，以后可展开多线路的攻击。

18. 炮五退一　车2平4

凶悍之着。针对红方窝心马的弱点，施行强攻。

19. 炮九平四　炮9平5

20. 炮五退二　车4进5

21. 相三进五　马6进5

(图61-1)

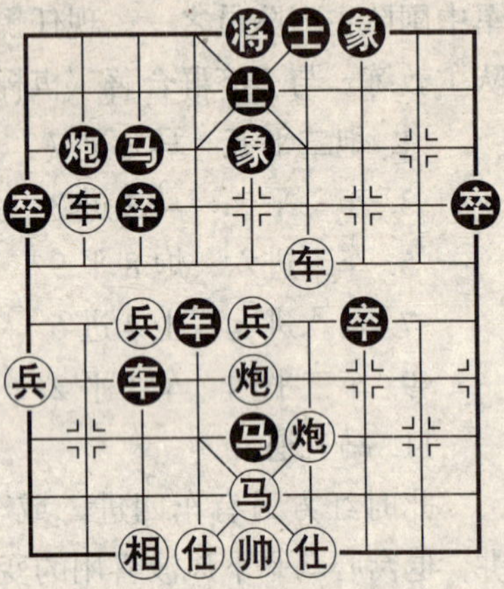

图61-1

弃马换相，强劲之着，好棋！

22. 相七进五　车3平5　23. 车八进一　车5进1

黑方一马换双相后多卒，车占中心控制窝心马，已大占优势。

24. 兵五进一　马3退4

退马老练。如改走卒7平6，则车八平七，将5平4，兵五平六，车5平6，车七平八，黑方攻势减弱。

25. 炮四进一　卒7进1　26. 炮四平七　车4平3

27. 车八退四　车3平4　28. 兵五平六　车4平5

29. 炮七退二　卒7进1　30. 车八平七　卒3进1

31. 车四平五

兑车正确。如改走兵六平七，则马4进3，黑马下步盘中，大有攻势。

31. ………　后车退1　32. 兵六平五　车5退3

33. 车七平一

如改走车七退一，则马4进3，红方危险。

33. ………… 马4进2 34. 车一进三 卒7平6
35. 车一平八 马2进4 36. 车八退四 卒3进1
37. 车八平四 卒3进1 38. 车四平六 马4进2
39. 车六进二 卒1进1 40. 炮七平九 象5退3
41. 炮九进一 象3进1 42. 炮九平二 车5进3
43. 炮二进二 士5进4 44. 兵九进一 卒1进1
45. 炮二平九 马2退3

以上一段着法，红方已尽最大努力灭掉三个黑卒。但此时黑马以退为进，非常适时，红方仍难摆脱困境。

46. 车六进一 象7进9 47. 炮九退一 马3进5
48. 车六平二 士4退5 49. 炮九进一 车5退2
50. 炮九退二 车5进2 51. 炮九进二 车5退1
52. 炮九退一 卒3进1 53. 车二退三 卒3进1
54. 炮九退一 马5进6

马进河口，红方已难于应付。

55. 车二平四

如改走炮九平五，则马6进4，黑方亦胜势。

55. ………… 马6进4
56. 车四平六 马4退6
57. 车六平四 马6进4
58. 车四平六 马4退6
59. 车六平七 卒3平4
60. 车七平六 马6进7
61. 炮九平七 士5进6
(图61-2)

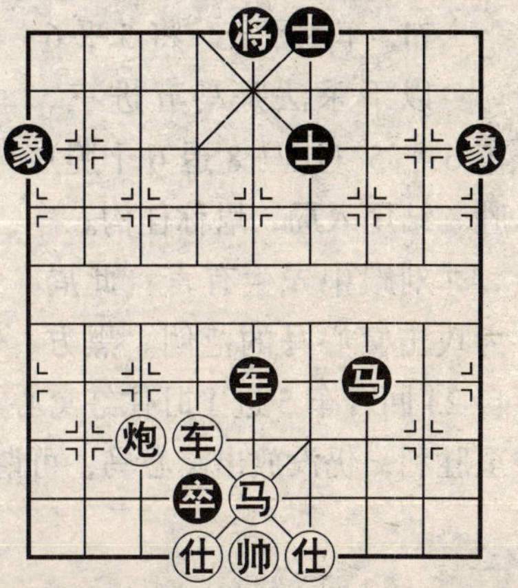

图61-2

如图61-2形势，黑方支

高士，以后连续支士飞象，其实是在思索制胜途径。

62. 炮七平八

红平炮也是走闲着，且待局势发展。

62. ………… 士 6 进 5　63. 炮八平七　士 5 进 4

64. 炮七平八　士 6 退 5　65. 炮八平七　士 5 退 6

66. 炮七平八　象 1 进 3

67. 炮八平七　车 5 退 3

68. 炮七平八　将 5 进 1

黑方一番运筹，终于找到入局的门径。老将升帐，准备平 6 路助攻，佳着！以下红方已束手待毙，聊且支应而已。

69. 炮八平七　马 7 进 8

70. 炮七进二　车 5 平 6（图 61–3）

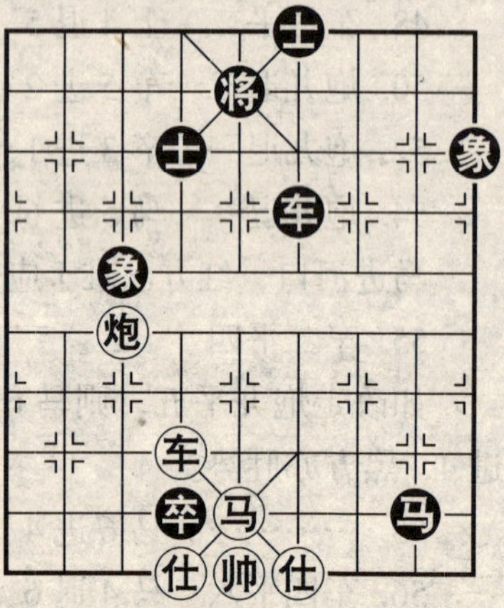

图 61–3

黑方平车叫杀精妙，一举定局。

71. 车六平五　将 5 平 6

以下杀法是马五进三，车 6 平 5（比马 8 退 6 干脆）胜。结尾入局，堪称佳构。

刘殿中先生有言：此局为攻击窝心马的范例。黑方自 23 回合车 5 进 1 盯住红窝心马后，经过近 50 回合的战斗，直至胜利，仍没放出窝心马，可谓实战中的奇迹。

第62局　吴贵临（先负）徐天红

（1993年4月8日弈于北京）

五六炮对屏风马平炮兑车

1993年4月3日至11日，“鹰卡杯”第3届世界象棋锦标赛在北京中国棋院举行。26支代表队的87名男女棋手，来自20个国家和地区。中国徐天红和赵国荣包揽冠亚军，台北吴贵临获季军。在第6轮时，吴贵临与徐天红相遇。二雄相争，厮杀激烈。徐天红中局阶段走出弃中卒的妙手，以先弃后取战术夺得优势，最终以细腻着法获胜，打破了吴贵临开赛以来五连胜的战绩。

徐天红，1960年5月出生，江苏泰州人。象棋特级大师。1977年获全国象棋赛少年组亚军。全国个人赛名次：1985、1991年第4名，1986、1992年亚军，1988、2003年第5名，1989年冠军，1997年第6名。1987年获第3届亚洲城市名手赛亚军。1986、1990、1992年三届“亚洲杯”象棋赛男子团体冠军中国队的主力队员之一。1993年第3届世界象棋锦标赛团体冠军中国队成员，男子个人冠军。1994年第5届“银荔杯”赛冠军。1996年率领江苏队夺得全国团体赛冠军。2005年获第4届“嘉周杯”象棋特级大师冠军赛冠军，并与张国风合作夺得“汤沟杯”象棋混双赛冠军。现任江苏棋院副院长兼象棋教练。著有《象棋东南烽火》。

吴贵临，1962年出生，台北市南投县人。象棋特级大师。1980年初出茅庐，在家乡举办的“棋圣杯”赛夺得冠军。1988年获台湾地区“中山杯”象棋大赛冠军，从而奠定了台湾棋王地位。尔后多次夺得全台冠军。后经人介绍，拜胡荣华为师，棋力又上一层楼。1989年6月和1994年4月，两赴大陆参赛，先后获得“龙化杯”（柳州）和“东吴杯”（吴县）象棋名手大赛冠军。1990年至1995年在四届世界象棋锦标赛中，分获第3、4、3、2名。1997年在美国拉斯维加斯市“佛乘杯”世界棋王大赛中，居吕钦之后获亚军。

1. 炮二平五　马8进7　　2. 马二进三　车9平8

3. 车一平二　马2进3　　4. 兵七进一　卒7进1

5. 车二进六　炮8平9　　6. 车二平三　炮9退1

7. 炮八平六　车1平2　　8. 马八进七　炮2平1

9. 车九进二　士6进5

以往着法多走士4进5再炮9平7。现补左士为革新走法，以利于反击。

10. 马七进六

进马轻浮，宜改走车九平八，以下车2进7，炮六平八，炮9平7，车三平四，马7进8（如象7进5，则车四进二，炮7退1，兵五进一），马七进六，卒7进1，双方对攻。

10. ………… 炮9平7　　11. 车三平四　象7进5

12. 马六进七

失先之着。似应走车九平八兑车，局势平稳。

12. ………… 车8平6　　13. 车四进三　士5退6

14. 炮六平七　车2进3　　15. 兵五进一　马7进6

16. 兵五进一　马6进7　　17. 车九平八　车2进4

18. 炮五平八　炮1进4　　19. 马三进五　炮1平3

20. 兵五平四　炮7平3

21. 马七退六　卒5进1（图62-1）

如改走马五进六，则后炮进2，马六进七，前炮进3，仕六进五，后炮进 4，黑方得子胜势。如图 62-1 形势，黑方弃中卒，算准平炮后可吃回中兵，占得优势。

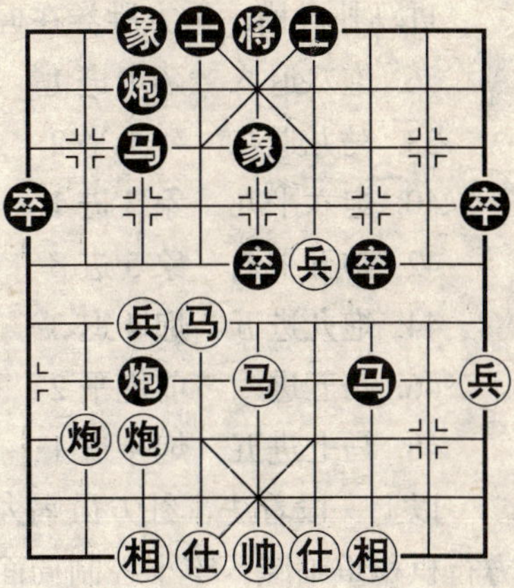

图 62-1

22. 兵四平五　炮 3 平 5

23. 炮七平五

似应改走仕六进五较好，以下炮 5 进 3，相七进五，红方尚有谋和机会。

23. …………　马 7 进 5

24. 相七进五　炮 5 进 3

25. 仕六进五　炮 5 进 1

26. 兵一进一　马 3 进 4　27. 炮八进三　马 4 进 6

28. 兵一进一　卒 9 进 1　29. 炮八平一　士 6 进 5

30. 炮一进一

兑掉边兵后，由于红方双马欠灵活，局势落后。似应走兵七进一活马为好。红方虽少兵，但吃掉一象，活马后还有和棋机会。

30. …………　卒 1 进 1

31. 炮一平六　象 3 进 1

32. 炮六平七　炮 3 平 4

33. 炮七平八　卒 1 进 1

34. 马六进七　象 1 退 3

35. 炮八进三　马 6 进 8

(图 62-2)

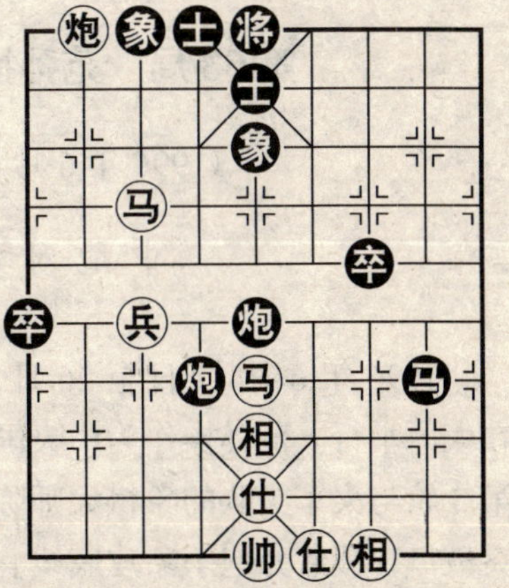

图 62-2

进马扑卧槽，黑方胜券在握。

36. 炮八退八　卒1进1　37. 马七退九　卒1进1
38. 马九退八　卒1平2　39. 炮八平六　卒2平3
40. 炮六平九　象3进1　41. 兵七进一　卒3进1
42. 帅五平六　象5进3　43. 仕五进四　卒3平2
44. 炮九进五　炮4退3　45. 炮九平八　炮5平4
46. 马五进六　前炮平2　47. 马六退七　马8进7
48. 马七进五　炮4进1　49. 帅六进一　马7退6

以上一段着法，红方虽竭力找寻和棋机会，但未能如愿。黑方行棋稳重细腻，牢牢控制局面。现在有马6进4得子手段，红方已没有好办法。

50. 马五退七　炮4退1　51. 帅六平五　炮4平5
52. 帅五平六　马6退4　53. 马七进五　马4进3
54. 炮八平七　象3退5　55. 马五进七　马3进2

跳马叫将，红方失马，黑方胜。

第63局　范孙操（先胜）陈启明

（1996年6月18日弈于太原）

中炮对后补列炮

1996年6月17日至26日，第3届全国工人运动会象棋赛在太原举行。范孙操作为中央国家机关代表队选手之一，在预赛第3轮与火车头队的象棋大师陈启明相遇。进入中局，红方看准突破口，毅然弃炮杀象攻底线。范弈来井井有序，挟优势进入残局，终至获胜。

范孙操，1949年生于杭州，幼年随家迁京。北京名手。少儿时期参加先农坛体校象棋训练班，师从侯玉山先生。上世纪80年代，多次进入北京市象棋赛前6名。对三棋（围棋、象棋、国际象棋）素有研究。著有《象棋》《教你学下象棋》《中炮布局精要》《围棋入门》《教你学下国际象棋》等书。翻译围棋著作《治孤的真髓》（赵治勋著）。与李中南合译《布局的方向》（大竹英雄著）。

陈启明，1964年生于沈阳。象棋大师。曾受教于荣誉裁判董志新先生。上世纪80年代中期成名于沈阳。1988年起代表沈阳市参加全国团体赛。1991年加入火车头队，后成为该队主力队员。1993年获全国个人赛第11名。

1. 炮二平五　马8进7　　2. 马二进三　车9平8
3. 车一平二　炮8进4　　4. 兵三进一　炮2平5
5. 马八进七　马2进3　　6. 兵七进一　车1平2
7. 车九平八　车2进4　　8. 炮八平九　车2平8
9. 车八进六　炮8平7　　10. 车二平一　炮5平6
11. 车八平七　象7进5
12. 兵七进一　卒7进1

如改走前车平3，则车七退一，象5进3，马七进六，车8进4，马六进五，马3进5，炮五进四，炮6平5，各有顾忌。

13. 马七进六　卒7进1
14. 马六进五　马3进5
15. 炮五进四　士6进5
16. 车七进三（图63-1）

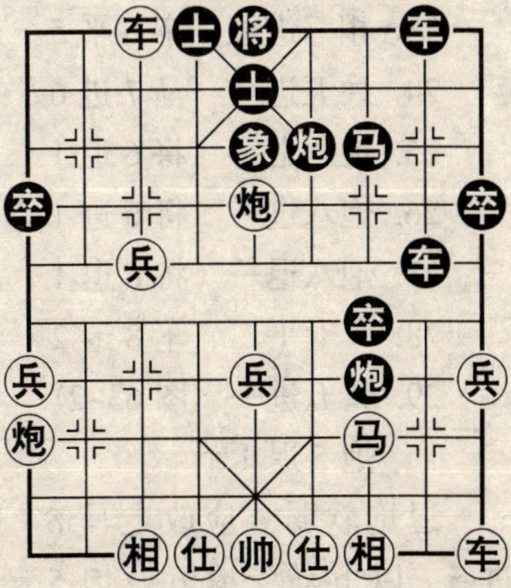
图63-1

车杀底象而弃中炮，甚

有胆识。

16. ………… 炮6进1

似应改走后车进3，以下车七退三，炮6进6，炮五平九（如炮九进四，马7进5，炮九进三，象5退3，车七进三，将5平6，兵七平六，将6进1，红方白弃一子），后车平3，兵七进一，炮7平8，红方多兵多相，但黑方有攻势。

17. 炮五退二 卒7平6 18. 车七退三 炮6平5

19. 炮九平八

如改走炮九进四，则炮5平1，炮五平八，炮1退3，红方无计可施，将处下风。

19. ………… 将5平6

如改走卒6平5，则炮八进七，象5退3，车七进三，卒5进1，仕四进五，卒5平6，相三进五，士5退6，车一平四，红方优势明显。

20. 炮八进七 象5退3 21. 车七进三 将6进1

22. 车七退二 后车进2

23. 相三进五 卒6平5

24. 兵五进一 马7进6

25. 炮八退一 将6退1

26. 炮八进一 将6进1

27. 炮八退一 将6退1

28. 车七平二 车8退2

29. 兵五进一（图63-2）

炮5退1

退炮软弱。应改走马6进5，以下马三退五，炮5退1，车一平三，车8平7，

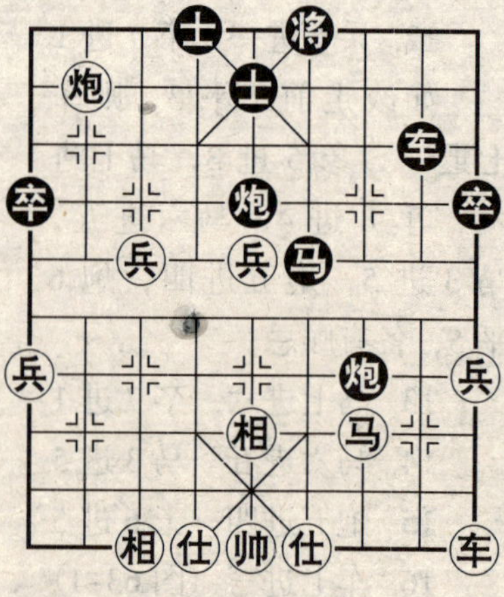

图63-2

车三平二，仍属红方好走，黑方也有对抗机会。

30. 仕四进五　马6进8　31. 车一平四　车8平6

顺手兑车，铸成大错。应改走士5进6，以下炮八退六，马8进7，炮八平三，炮7平5，兵五进一，红方虽仍占优，但黑方尚可支撑。

32. 车四平二　车6平8　33. 炮八退七

退炮防黑马8进6卧槽，攻守兼备。至此，红方已大致胜定。

33. ………… 车8进1

防红车二进三捉炮。

34. 兵五进一　炮5平6　35. 兵五平四　炮6平5

36. 兵四平三　车8进1　37. 车二进三

红方借黑车马被拴链之困，连续运兵，逼黑车躲避，最后捉死一子，黑认负。

第64局　李义庭（先负）徐家亮

（1996年8月9日弈于兰州）

中炮直横车对屏风马双炮过河

1996年8月，甘肃省兰州市举办“电力杯”全国象棋名人邀请赛。来自北京、上海、辽宁、湖北、四川、江苏和甘肃的8位名手进行角逐，北京徐家亮以4胜3和的不败战果捧杯。徐家亮和湖北李义庭在第3轮进行较量。有趣的是，徐李二人在1958年分获全国国际象棋和象棋冠军，38年后两冠军兰州相会，争夺的是象棋冠军。

徐家亮，1931年生于上海。象棋名手。著名象棋理论家。

上世纪50年代初，调到北京工作，为当时京都名手之一，后改弈国际象棋。中国第1届象棋协会委员，第3届象棋协会国际象棋裁判委员会副主任，中国国际象棋协会裁判委员会主任。1958年获得国际象棋全国个人冠军。60年代初，曾任北京市少年宫国际象棋教练及北京棋艺研究社国际象棋教练。1981年国际棋联授予国际裁判称号。1984年获国际象棋大师称号。1990年获象棋荣誉裁判称号。《象棋研究》等杂志特约顾问。著作颇丰。著有《适情雅趣诠注》《象棋实用战术技巧》《象棋电视快棋赛妙局精解》等，以及《中国古代棋艺》《国际象棋布局原理》《国际象棋攻防技巧问答》等。与人合著有《飞相局》《象棋杀法入门》《过河车新编》等30多部。主编《象棋战术丛书》《象棋布局丛书》等。

1. 炮二平五　马8进7　2. 马二进三　车9平8

3. 车一平二　马2进3　4. 兵七进一　卒7进1

5. 马八进七　炮2进4　6. 兵五进一　炮8进4

7. 车九进一

如改走兵五进一，则象3进5，兵五平六，士4进5，兵六进一，车1平4，兵六平七，车4进6弃马，兵七进一，车4平3，马七退五，马7进6，黑方弃子抢攻，局面激烈。

7. …………　炮2平3　8. 相七进九　车1平2

9. 车九平六　炮3平6

如改走车2进6，则兵三进一（如车六进六，象7进5，车六平七，士6进5，炮八退二，炮8退1，变化结果黑方占优），卒7进1，车六进二，炮8退2，局势复杂，各有顾忌。

10. 仕四进五

补右仕不如补左仕较为稳固。从本局以后的发展看，红方右翼出现空虚的弱点，当是补右仕造成的弊病。

10. ………… 象7进5

此着可改走士6进5较含蓄。以下如兵五进一，则车2进6，车六进三，卒5进1，马三进五，马3进5，车六平四，象7进5，马五进六，炮6平1，炮八退二，炮1平7，黑方多卒占优。

11. 兵五进一 卒5进1　12. 车六进四 炮8退2

13. 车六进三 士6进5　14. 车二进四

似应走炮八进二较好。

14. ………… 炮6退5　15. 车六退二

退车准备压马，但似应走车六退五，防止黑车占据兵线。

15. ………… 车2进6　16. 车六平三 车8进2

17. 马三进五

劣着。应走兵一进一等一手，或走炮八退二，均可抗衡。

17. ………… 卒5进1

（图64-1）

好棋。进卒欺马，诱使红车平中路。

18. 车二平五

欠妥。不如马五退三软一手，以后还有对抗机会。如图64-1形势，红车吃中卒后，右翼洞开，底线空虚，黑方乘虚而入。

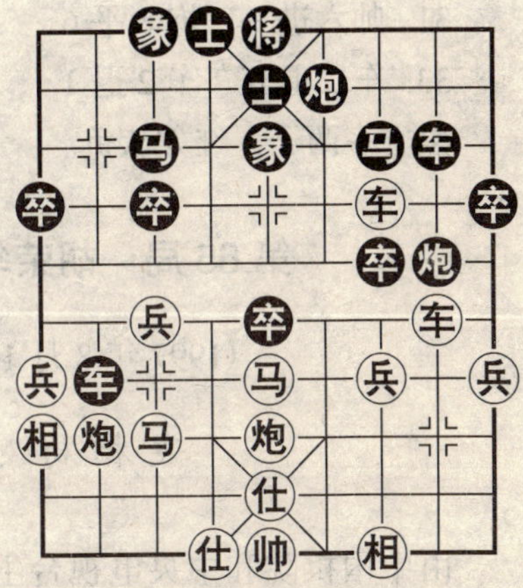

图64-1

18. ………… 炮8进5

19. 仕五退四 炮8平9

20. 炮五平二

平炮拦车，加强右翼防御，但红方中路的薄弱又显露出来。

20. ………… 士5退6

好棋！黑方落士伏平中炮，以加大攻势。

21. 车五平四 炮6平5

22. 车四进三 炮5进5

23. 车四平三 车8进3

24. 后车平六 炮5退2

25. 帅五进一 士6进5

26. 车六进二 炮5平2

(图64–2)

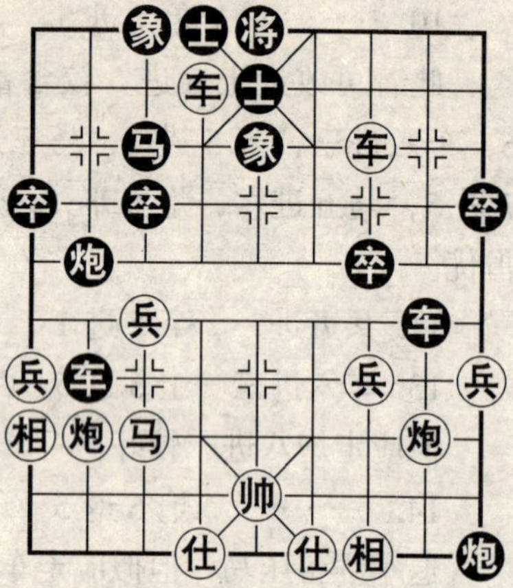

图64–2

紧着。平炮邀兑，摧毁红方防线。

27. 车三平五 炮2进3

28. 车五平七 车8平5

29. 帅五平六 炮2平8

30. 车七平二 车2进2

31. 帅六进一 炮8平6

32. 车六退四 车5退3

33. 车二退五 车2退1

34. 帅六退一 车2平3

黑方多两子，红方认负。

第65局 胡荣华（先负）张强

（1997年8月16日弈于上海）

飞相局对士角炮

由中国棋院和中央电视台主办、北京银鸿广告公司承办的“中立杯”象棋快棋赛，荟萃了当时男子等级分排名前列的24位高手。棋赛于1997年5月31日在北京中国棋院开锣，11月16日降下帷幕。在历时半年之久的对弈中，除去北京大师张强和上海特级大师胡荣华在上海激战外，其余均在北京举行。8 月 16 日张胡相遇，结果前者连胜两局，爆出了棋赛的冷门。张强因此进入八强。其中以后手士角炮应飞相一局，开盘新颖，中变紧凑，结局微妙。

张强，1971 年出生，北京人。象棋大师。1980 年开始在北京市少年宫象棋班训练。1985 年获全国少年锦标赛第 3 名。1986 年获北京市象棋赛冠军。1991、1992 年全国个人赛分获第 7、第 5 名。1993 年“金棋王”全国象棋大师快棋邀请赛获亚军。2002 年第 2 届全国体育大会获个人第 4 名。一度在中央电视台主持象棋节目。现为北京象棋队主教练。著有《象棋实用战术选粹》。与阎文清合著《布局骗着与对策》《布局疑形与攻击》《布局定式与战理》等。

1. 相三进五　炮 2 平 4　2. 车九进一　马 2 进 3
3. 车九平六　马 8 进 7　4. 马八进九　车 1 平 2
5. 兵九进一　车 2 进 4　6. 车六进三　车 2 平 6
7. 马九进八　卒 3 进 1　8. 炮二退一　车 9 进 1

上一着红方退炮似嫌过急，改走兵三进一较为稳健。黑方起横车针锋相对。此时尚可走士 6 进 5 或炮 4 平 5 两种着法，但均不及横车积极主动。

9. 炮二平七　车 9 平 6　10. 马二进三　前车进 1
11. 兵五进一　卒 5 进 1

紧着。以下双方互补中炮后，黑方巧过中卒，反先占优。

12. 炮七平五　炮 4 平 5　13. 兵三进一　卒 5 进 1
14. 车六退二　前车进 1　15. 车一平二　炮 8 平 9
16. 马三进二

应走炮五进三打卒为宜，可免除后患。

16. …………　前车平 3　17. 马二进三　车 6 进 2

18. 马三进一　象7进9
19. 车六进五　车3平2
20. 炮八平七　车2退1
21. 车六平七　车2平4
(图65–1)

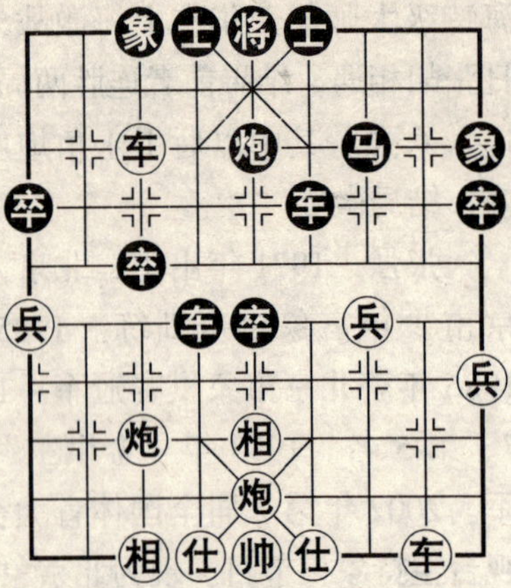

图65–1

车占肋，紧凑凶狠，黑方优势扩大。

22. 炮七平九

如改走炮五平三，则卒5进1，红方面临崩溃。

22. …………　车6平4
23. 炮九退二　炮5进5

黑炮轰相，佳着！由此敲开红方宫门，奠定取胜基础。

24. 炮五平八　马7退5
25. 车七平四　炮5退1
26. 车二进九　马5退7
27. 车四平八　前车平3
28. 车八退四　车3进4
29. 炮八退一　车3退2
30. 炮九进三（图65–2）

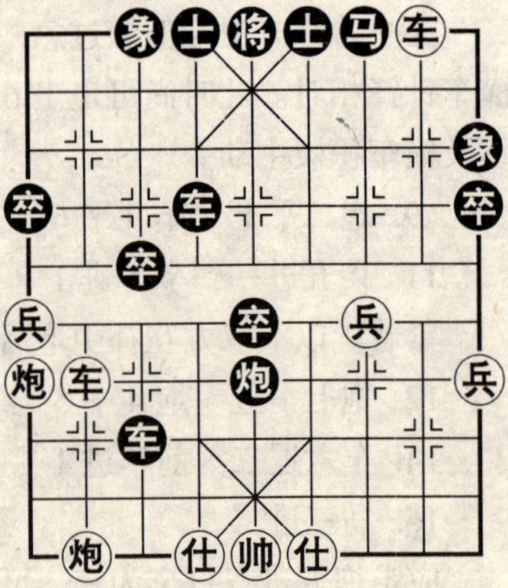

图65–2

由于是快棋，有时计算上略有出入。如图65–2形势，黑方若走炮5平1兑炮，再车3进2捉炮伏杀，可得子多卒胜定。

30. …………　车4平5
31. 车二退六　炮5平1
32. 车八平九　马7进6
33. 炮八进一　士6进5

34. 炮八平五　车5平6　35. 炮五平九　卒3进1
36. 车九平四　车6进3　37. 车二平四　车3平1
38. 炮九平一　车1平7　39. 炮一进五　车7退2
40. 车四进三　卒5进1　41. 炮一平九　车7平5
42. 炮九平五　士5退6　43. 仕六进五

这一段着法，黑方在优势下有条不紊缓步进取，红方煞费苦心伺机寻和。现在上仕，明显要一炮换马卒。黑方退马反捉炮，趁势跃出，加快胜利步伐。

43. …………　马6退4　44. 炮五平九　卒5进1
45. 炮九进三　马4进5　46. 兵九进一　马5进6
47. 车四平六　卒5进1　48. 仕四进五　车5进3
49. 帅五平六　车5进1　50. 帅六进一　士6进5
51. 车六平七　马6退4

回马伏杀，红方认负。红方如接走车七退二，则马4进5，抽吃红车胜。

第66局　许银川（先胜）陶汉明

（1999年5月10日弈于北京）

中炮急进中兵对屏风马

第10届“银荔杯”象棋全国冠军赛，于1999年5月10日至17日在北京中国棋院举行。这次参赛的男子组中8位特级大师，除台北吴贵临是台湾地区冠军外，均获得过全国冠军。比赛结果，广东吕钦和许银川分获冠亚军。在第1轮角逐中，许银川和陶汉明的这盘棋是唯一分出胜负的对局，另外三台皆为和棋。

许银川，1975年8月出生，广东惠来人。象棋特级大师。

1987年调入广东省象棋集训队。1988年获全国少年赛冠军。全国个人赛名次：1991、1997、2004年第3名，1993、1996、1998、2001、2006年冠军，1994、2003年第4名，1995、1999、2000年亚军。多次全国团体冠军广东队主力队员。多次获得“五羊杯”“银荔杯”冠军。首届BGN世界赛冠军。2007年世界锦标赛团体冠军中国队成员，个人赛冠军。2008年全国象棋排名赛以不败战绩夺冠。

陶汉明，1966年出生，辽宁海城人。象棋特级大师。1987年代表大连第一次参加全国比赛。1989年全国象棋个人赛第5名。1994年全国象棋个人赛冠军，是第一个获得全国冠军的业余棋手。1995年第4届世界象棋锦标赛团体冠军中国队成员，个人赛第3名。1999年全国象棋个人赛第3名。2001年连续获得“五羊杯”全国象棋冠军邀请赛亚军、“银荔杯”全国象棋争霸赛亚军、首届BGN世界象棋挑战赛亚军。2002年全国象棋个人赛亚军。

1. 炮二平五　马8进7　　2. 马二进三　马2进3
3. 车一平二　车9平8　　4. 兵七进一　卒7进1
5. 车二进六　炮8平9　　6. 车二平三　炮9退1
7. 兵五进一　士4进5　　8. 兵五进一　炮9平7
9. 车三平四　卒7进1

冲7卒威胁底相，反击之着。如改走卒5进1，则车四平七，马3退4，车七退一，卒5进1，炮八进二，红方活通左翼子力，形势占优。

10. 兵三进一

如改走马三进五，则卒7进1，马五进六，车8进8，马八进七，象3进5，马六进七，车1平3，另有攻防。

10. …………　车8进6　11. 马八进七

进马尽快出动左翼子力，正着。如改走兵五平六，则象3进5，兵六进一，车1平4，兵六平七，炮7进4，相三进一，马7进8，黑方易走。

11. ………… 象3进5

(图66–1)

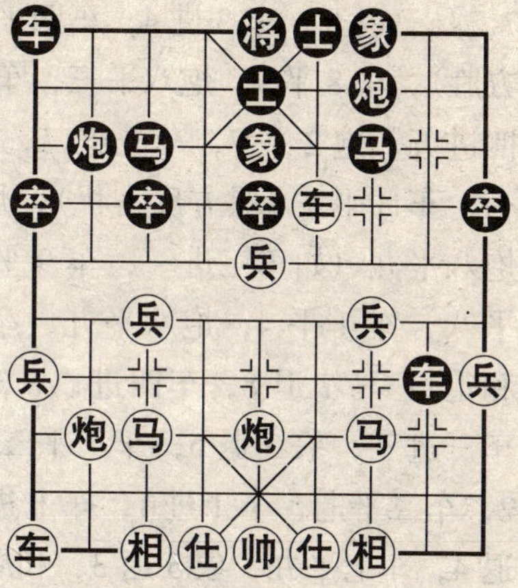

图66–1

上象巩固中路，正着。如改走马7进8（如卒5进1，马七进五，红方先手），则兵三进一，炮7进6，炮五进四，马3进5，炮八平三，车8平7，兵三平二，车7进1，马七进五，红方优势。

12. 马七进五　车1平4

如改走卒5进1，则炮八平七，炮2进3，兵七进一，马7进8，兵三进一，马8进7，兵七进一，卒5进1，马五进七，卒5平4，兵七进一，卒4平3，双方对攻，红方稍好。

13. 兵五平六　马7进8　14. 兵三进一　炮7进6

15. 马五退三　马8进7　16. 车四退三

退车拴链黑车马，黑方局面被动。

16. ………… 车4进4　17. 兵九进一　卒3进1

18. 炮五平七　车4平7　19. 兵七进一　车7平3

20. 炮七进五　车3退2　21. 相七进五

新珠江棋院象棋研究班认为：如改走炮八进一，则炮2进2，以下：一、炮八平三，炮2平5，车九进三（防车3进6再车8进2杀着），车3进5，黑方大占优势；二、相七进五，炮2平

7，马三退五，车3进4，车四平三（如车四平七，马7退5，黑方胜），车8平7，炮八平三，车3平7，黑方多卒占优；三、仕四进五，炮2平7，车九进二，车3进3，炮八进六（如炮八平三，车3平7，黑方反占优），炮7进3，车九平三，车8平9，炮八平九（如车三进一，车9平7，车四平三，车3平1，车三平八，车1平4，炮八平九，卒5进1，车八进六，车4退5，和定），马7退8，车四进二，车3退1，车四平七，象5进3，车三进三，象3退5，车三平二，车9退2，车二退二，车9平2，车二平七，卒1进1，车七进六，士5退4，车七退四，车2退4，车七平九，象5退3，和局已定。

21. ………… 车3进2　22. 车九进三　车3平7

23. 炮八平九　炮2平1　24. 仕六进五　士5退4

25. 马三进五　车8退5　26. 车九平六　车8进3

似应走炮1进3，炮九进四，车8平1，车六进三，卒5进1，尚可一战。

27. 炮九进四　炮1进3

似应走士6进5较为稳妥。现在炮打兵，造成丢士，黑方处于劣势。

28. 炮九进三　士4进5

29. 帅五平六　士5进4

30. 车六进四　炮1平5

31. 车六进二　将5进1

32. 车六退一　将5退1

33. 车六进一　将5进1

34. 帅六平五　车7平4

（图66-2）

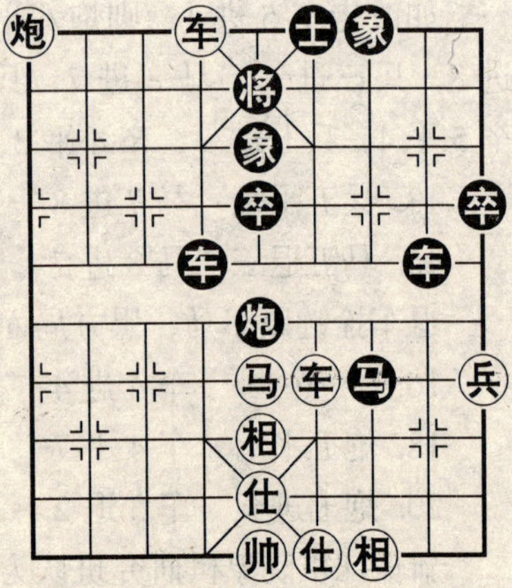

图66-2

如图 66-2 形势，黑方残士怕双车，黑主动兑车虽明智，但失子亦难免败局。

35. 车六退四

可改走车四平三，车 8 平 7，车三进二，车 4 平 7，车六退五，卒 5 进 1，车六进一，红方得子速胜。

35. ………… 车 8 平 4　36. 车四平三　车 4 进 2

37. 兵一进一　将 5 退 1　38. 炮九退九

正着。残棋炮归家，攻防两利。

38. ………… 卒 5 进 1　39. 车三平一　车 4 平 3

40. 炮九平六　炮 5 平 1　41. 马五进三　炮 1 进 4

42. 炮六进二　车 3 进 3　43. 仕五退六　车 3 退 6

44. 仕六进五　卒 5 进 1　45. 车一平九　炮 1 平 2

46. 车九退三　炮 2 退 4　47. 车九进九　将 5 进 1

48. 车九平四

车杀士，红方稳操胜券。

48. ………… 炮 2 平 7　49. 相五进三　车 3 平 8

50. 炮六平一　车 8 进 2　51. 炮一进四　车 8 平 9

52. 炮一平五　象 5 进 7　53. 车四平三　车 9 平 7

54. 相三进五

黑方少子残士象，停弈认输。

第 67 局　靳玉砚（先胜）王晓华

（2000 年 5 月 6 日弈于宜春）

中炮对屏风马右炮过河

2000 年全国象棋团体赛在江西省宜春举行。乙组第 2 轮，北京靳玉砚与福建王晓华对阵。这是一盘精彩对局，虽无激烈的搏杀，但北京小将凭借精湛的运子技巧、老练的残局功夫，致使对方将府支离破碎，最终败局。

靳玉砚，1980 年出生，北京人。象棋大师。1994 年全国少年赛获第 3 名。1995 年进入北京队，多次参加全国赛。1996 年全国象棋个人赛乙组第 4 名。1998 年北京市象棋等级赛冠军。2002 年全国等级赛第 4 名。2003 年全国个人赛乙组第 5 名。2005 年北京市第 14 届“民族团结杯”象棋赛冠军。2006 年“威凯房地产杯”一级棋士赛冠军。

王晓华，1961 年出生，福建霞浦人。象棋大师。1986 年起参加全国赛。1991 年获全国个人赛第 13 名。

1. 炮二平五　马 8 进 7　　2. 马二进三　卒 7 进 1

3. 兵七进一　马 2 进 3　　4. 马八进七　车 9 平 8

5. 车一平二　炮 2 进 4　　6. 车二进四

稳健之着。如改走兵五进一，则炮 8 进 4，车九进一，相 3 进 5（如炮 2 平 3，则相七进九），车九平六，士 4 进 5，形成激烈的双炮过河布局。

6. …………　炮 8 平 9

兑车稍软。应炮 2 平 7 打兵，如红马七进八，则炮 8 平 9 再兑车，黑方可战。

7. 车二进五　马 7 退 8　　8. 兵五进一　象 3 进 5

9. 马七进八　车 1 平 2

黑方出直车牵马，但也被牵制。不如士 4 进 5，再车 1 平 4 出肋车，车路宽畅。

10. 仕四进五　士 4 进 5　　11. 车九进一　车 2 平 4

平车 4 路，失去一先。但随机应变，犹未为晚。

12. 车九平七　炮 2 平 9　　13. 马三进一　炮 9 进 4

14. 马八进七　车4进4　15. 炮八进五

抓住黑方中象及底线要害，进炮打象，展开围攻。

15. …………　炮9退2　16. 炮八平九　车4平2

平车让肋道，防红炮沉底再平车八路，黑方不得已而为之。

17. 车七平六　马8进7　18. 车六进二

应直接走车六进七，加快进攻步伐。

18. …………　马7进6　19. 炮五平七　车2退4

20. 车六进五　炮9平8　21. 车六平七　炮8退2

22. 相三进五　卒9进1　23. 兵七进一

冲兵过河，着法简明有力。黑方右翼受到极大压力。

23. …………　车2进7　24. 炮七平六　马6退4

25. 车七平六　马3退2

退马踩双，软着！导致亏兵，残局难下。不如改走马4进5吃兵，下步有马5进4兑子以及炮8退1打车的手段，黑方尚可周旋。

26. 车六退二　马2进1

27. 马七进九　炮8平1

28. 车六平五（图67-1）

炮1进4

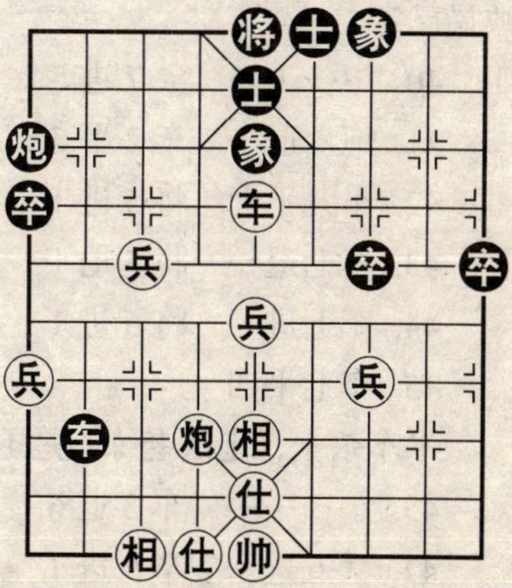

图67-1

弄巧成拙。黑方本意希望红方接走兵七平六，则车2平4，仕五进六，炮1平5，仕六退五，炮5退3，黑方多子胜势。然而，红方没有坠入黑方的陷阱。如图67-1形势，程福臣先生在评注中指出：此时黑方应走象

5进3吃兵，以下车五平九，车2退1，兵九进一，车2平5，车九平五，车5平1，黑方捉死红兵，和棋希望甚浓。

29. 车五平九　车2退1　30. 兵七进一　车2平7
31. 兵七进一　炮1平5　32. 帅五平四　车7平6
33. 仕五进四　车6平8　34. 炮六平八　炮5平6
35. 帅四平五　车8进3　36. 帅五进一　车8退1
37. 帅五退一　车8平2

捉炮为防沉底，未料后来红方有炮打士妙手。应改走炮6平2拦挡为宜。

38. 车九进三　士5退4
39. 炮八进七　象5退3
40. 炮八平六（图67-2）

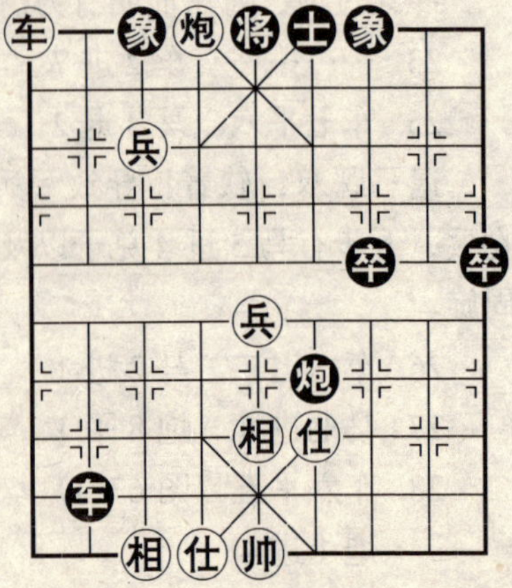

图67-2

佳着！黑将不敢吃炮，否则红方速胜。至此，红方兵临城下，黑方将府残破，败局已定。

40. …………　象7进5
41. 炮六退一　车2平3
42. 车九平七　将5进1
43. 车七退一　将5退1
44. 车七进一　将5进1
45. 车七平四

平车杀士，走法老练，是迅速取胜的关键。

45. …………　车3退6　46. 车四退六　将5平4
47. 兵五进一　卒9进1　48. 兵五进一　卒9平8
49. 车四进四

进车捉死象，黑方认负。

第68局　才溢（先胜）龚晓民

（2002年4月7日弈于济南）

中炮直横车对屏风马两头蛇

"嘉周杯"2002年象棋全国团体赛于4月2日在山东省济南市揭开战幕。第6轮火车头队与北京队对阵，两位北京籍选手才溢和龚晓民交锋。

才溢，1984年出生，北京人。象棋大师。8岁开始学棋。1994年获北京市首届金棋王杯中小学立体象棋赛男子甲组第1名。2000年"翔龙杯"南北擂台电视快棋赛中担任北方队先锋。2001年代表火车头队获全国象棋团体锦标赛男子甲组季军。2002年1月获得第10届全国"棋友杯"赛冠军。2006年获第3届全国体育大会象棋赛男子专业组个人第8名。2007年代表火车头队获全国象棋团体锦标赛亚军。2008年5月"洁达杯"全国象棋等级赛，以9胜4和的优异成绩获得冠军。

龚晓民，1973年4月出生，北京人。象棋大师。1993年北京市第5届"振兴杯"赛获冠军。1994年起代表石化体协参加全国赛。1996年第3届全国农运会个人第5名。1997年第3届全国象棋棋协大师赛冠军，同年获梁山"棋友杯"全国象棋精英赛第4名。1998年代表北京参加全国象棋团体赛。

1. 炮二平五　马8进7　2. 马二进三　车9平8
3. 车一平二　卒7进1　4. 车二进六　马2进3
5. 马八进七　卒3进1　6. 车九进一　炮2进1
7. 车二退二　象3进5　8. 兵七进一　炮8进2

至此形成中炮过河车对屏风马两头蛇常规阵势。黑方以巡河炮应付得当。

9. 车九平六　士4进5　10. 车六进七

进车下二路是新变，战略意图是控制局面，有效地发挥双车优势。以往多走车六进五或兵三进一。

10. …………　车1平3

黑方右马易受攻击，平车护守是稳妥之着。

11. 兵三进一　卒7进1　12. 车二平三　马7进6

13. 炮八退一

灵活之着。河沿兵卒相互对峙，任何一方先过河都会吃亏。红方退炮等一手是好棋。如改走车三平四，则炮8平7，车四进一，炮7进5，仕四进五，卒3进1，黑方弃子有攻势。

13. …………　炮2平3　14. 马七进八　炮3进2

15. 车三平四　炮8退3

黑方意图退炮打车后再弃马，似乎多此一举，反使红车回守。可径走炮8平7，红方肋车无从发挥作用。

16. 车六退七　炮8平7

弃马，炮打底相，过急之着。因为红方子力占据要津，黑方后续兵力暂时无法进入红阵，仅凭车炮难以成事。不如走马6退7忍耐一时，再炮8平7仍有反击机会。

17. 车四进一　炮7进8　18. 仕四进五　炮7平9

19. 帅五平四　车8进9　20. 帅四进一　车8退6

21. 帅四退一　车8进6　22. 帅四进一　车8退7

23. 帅四退一　车8进7　24. 帅四进一　车8退6

25. 帅四退一　车3平4

这几个回合黑方一将一捉相，必须变着。现兑车乃无奈之举。如改走炮 3 平 7，则炮八平七，炮 7 退 3，马八进九，红方易走。

26. 车六进八　将 5 平 4　27. 马八退九　将 4 平 5
28. 车四退一　车 8 进 6　29. 帅四进一　车 8 退 3
30. 炮八进二　车 8 进 2　31. 帅四退一　车 8 平 7
32. 马三进二　马 3 进 4

上马捉车，可行之着。迫使红车进退维谷，惟有拦截。

33. 车四平六（图 68–1）　马 4 退 6

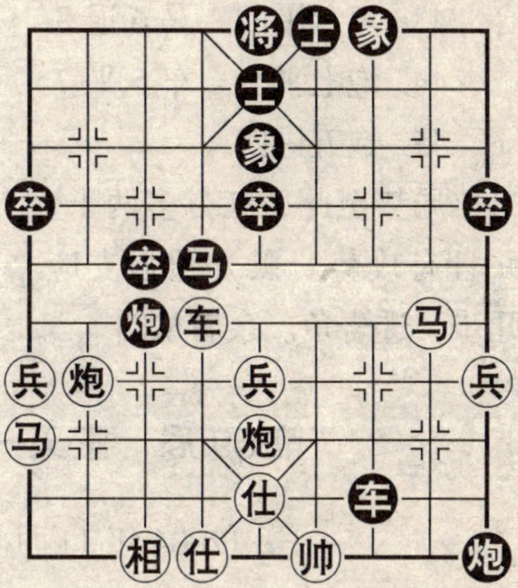
图 68–1

如图 68–1 形势，黑方退马失策。应走炮 3 平 8，不管红方吃炮还是吃马，黑形势不差。

34. 马二进四　车 7 进 1
35. 帅四进一　车 7 退 5
36. 马四退三

红马退兵线，是加强防御的好棋。黑方依然无法成势。

36. ………… 炮 9 平 3

劣着。炮打底相，对黑车潜在的险境没有觉察。应改走马 6 进 7，车六平四，马 7 进 9，比实战结果略好。

37. 炮五平三　车 7 平 5　38. 马九进七　前炮退 1
39. 仕五进四　前炮退 1　40. 兵五进一

第 37 回合起，红炮打车，跳出边马，挺中兵，好棋！连贯的组合战术，使黑车陷入绝境。

40. ………… 后炮平5

（图68-2）

无奈再弃一子，黑方败局已定。

41. 炮三平七 炮5进1

42. 炮八进六 士5进4

43. 车六平四 马6退8

44. 炮七平五 车5平7

45. 炮五进四

局势至此，红方多两子，并且有攻势。黑方勉强支应几步，遂告负。余着从略。

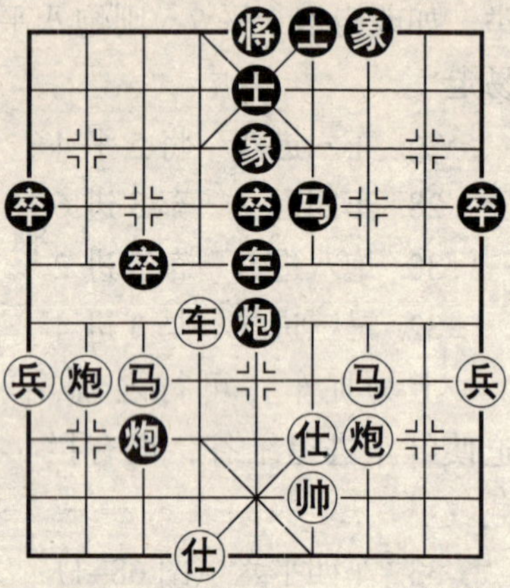

图68-2

第69局 王天一（先胜）王浩昌

（2004年11月24日弈于北京）

五八炮进三兵对三步虎

2004年11月24日，在北京举行的“银荔杯”第13届象棋亚洲锦标赛全部结束。团体赛中国队获得冠军，越南获得亚军。中国党国蕾获得女子组冠军。中国小将王天一7胜1和获得少年组冠军，香港王浩昌7胜1负居亚军。是局为第5轮时的激战。当时二王均已4战皆捷，这盘棋的胜负对冠军归属至关紧要。本局为王天一自战评解，原载于2005年第2期《棋艺》。

王天一，1989年出生，北京人。象棋大师。5岁起，先后在宣武区少年宫和北京棋院象棋班学弈，师从孙耀先、方士庆、王国栋、李鹏等。2002年获首届“中国中学生报杯”北京少儿三项棋赛中学组象棋冠军。2004年获“银荔杯”第13届亚洲象棋锦标赛少年组冠军。2005年8月在沈阳，获“中街冷饮杯”全国少年象棋锦标赛16岁年龄组冠军。2006年7月在天津，获“南开杯”津京冀象棋对抗赛个人冠军。2008年5月，获北京“龙文杯”职工象棋大奖赛冠军。2008年6月在黑龙江省绥芬河市，获得有14个省市参赛的“绥芬河杯”象棋大奖赛亚军。

1. 炮二平五　马8进7　2. 马二进三　车9平8

3. 兵三进一　炮8平9　4. 马八进七　卒3进1

5. 炮八进四　车8进4

求变之着，以往多走象7进5或马2进3。

6. 炮八平三　象7进5　7. 车九平八

面对新着，我思量许久，也未能发现其弱点所在，于是采取了常规的攻法。

7. …………　车1进2

再一次出乎我的意料，我原以为黑方会走炮2平3。

8. 车一进一　马2进3

正着。如改走炮9退1，则车八进六，炮9平3，车一平六，黑方子力难以开展。

9. 车八进四　马3进4　10. 兵七进一　卒3进1

11. 车八平七　炮2平3　12. 车一平四

至此，形成了双方均可接受的局面。

12. …………　车8退1

缓手！可考虑走炮9退1，红方如接走车四进七，则车8退1，兵三进一（如误走车四平一，马7退9，炮五进四，象5进3！红方有失子之危），士6进5，双方形成互缠之势。

13. 车四进四　炮3进5　14. 车四平六　车8平7

15. 车七退二　车7进2　16. 炮五退一

退中炮，针对黑方子力占位差的弱点实施攻击，至此局势的主动权已被红方牢牢地控制。

16. ………… 车7平2

应改走车7退1兑车较为顽强。

17. 炮五平三 马7退5

如改走马7退8，则车六平二，炮9平7（马8进6，车七平四，马6进4，车二进二，红方有攻势），车二进四，炮7进6，车七退一，红方得子。

18. 车七平四 马5进3

如改走马5退7，则车四进四，红可轻松获得多兵之势。

19. 车六平二

平车打击黑方空门，至此红方形势已非常乐观。

19. ………… 士4进5 20. 车二进二 象5进7

不够顽强，应改走炮9退2，尚有周旋余地。

21. 炮三平二（图69-1）象3进5

如图69-1形势，红方舍弃小利而选择平炮，伏有严厉的攻击手段，犹如平地一声雷，黑方已颇难应对。面对红方车二平七去马的威胁，黑方飞象属无奈之举。

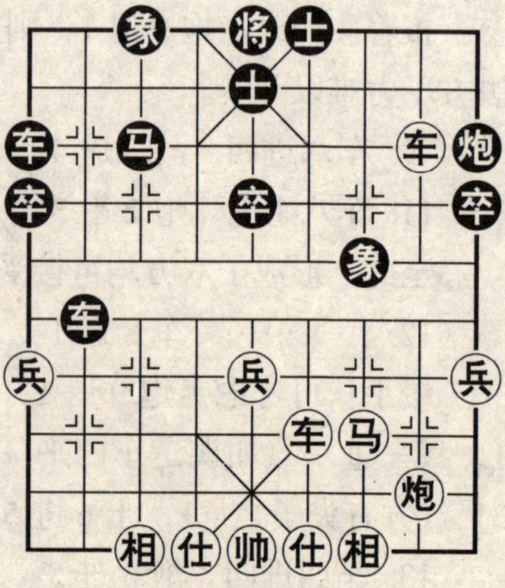

图69-1

22. 车二平三 炮9退2

23. 炮二进八 象5退7

24. 炮二退二

红方此时退炮是为了将来获得更大的物质利益，其实车三退二吃象也是不错的选择。

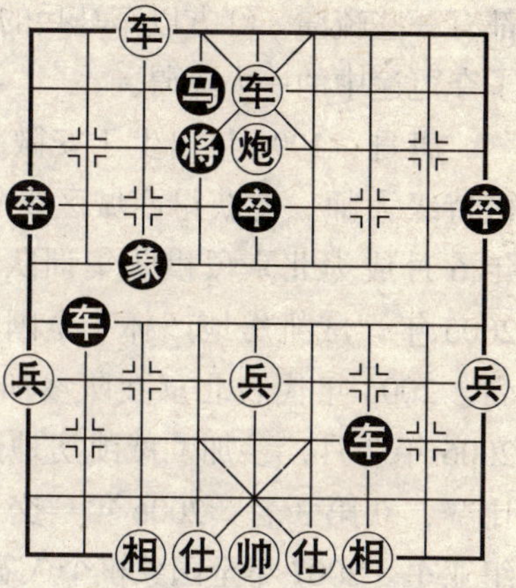

图 69-2

24. …………　象 7 进 5

黑方如改走象 7 退 5，则车四进六，马 3 进 4，车三进二，象 5 退 3，炮二进一，车 1 平 6，车三平一，红方速胜。

25. 车三退二　马 3 退 2

由于时间紧张，黑方忙中出错，使得局面雪上加霜。

26. 车四进六　炮 9 平 8

27. 车三进四　象 5 进 3

28. 车三平二　车 1 平 7

29. 炮二进一　车 7 进 5　30. 炮二平五　将 5 平 4

31. 车二平四　将 4 进 1　32. 炮五退一　将 4 进 1

33. 后车平五　马 2 进 4　34. 车四平七（图 69-2）

以上一段，红方抓住黑方中局出现的缓手，迅速出击，一举擒王。至此，黑方投子认负。

第 70 局　唐丹（先胜）张国凤

（2007 年 9 月 12 日弈于呼和浩特）

顺炮直车对横车

2007 年仲秋，在呼和浩特市举行“伊泰杯”全国象棋个人赛。1/8 淘汰赛首轮，唐丹与等级分长年位居前两位的女特大张国凤相遇。在斗顺炮对攻中，黑方弈出进边马的冷着。中局时黑方占得优势，红方奋力顽强对抗。由于时限等因素的制约，双方都有一些疏漏。红方以车马兵的优势进入残局，最终获胜，跨越了夺冠途中的一大障碍。

唐丹，1990年出生于安徽，同年随父母迁居北京。女子象棋特级大师。曾获得西城区少年儿童象棋赛女子组冠军。2004年6月成为北京象棋队集训队员，师从象棋大师张强。2004、2005年“威凯房地产杯”全国象棋一级棋士赛女子组均获第2名。2005年代表北京女队参加全国团体赛，该队夺得第8名。2006年7月，参加“威凯房地产杯”全国象棋一级棋士男子组比赛，获第3名。2006年“交通建设杯”全国象棋大师赛女子组亚军。2007年全国象棋个人赛女子组冠军。2008年“郑和杯”全国象棋女子特级大师赛冠军。

张国凤，1975年11月出生，江苏镇江人。象棋女子特级大师。1988年调入江苏省象棋队，为江苏女队多次夺得全国冠军的主要得分手。全国女子个人赛名次：1991年第4名，1993、1998年第6名，1994、1997年亚军，1996、2000年第3名，1999年第5名，2001年冠军。1998年全国象棋大师赛战胜4名男子大师，获第8名。1999年“银鸿杯”女子象棋大师快棋赛亚军。1995、2002年亚洲象棋个人锦标赛女子组冠军。2000年“翔龙杯”电视快棋赛女子冠军。2001、2002年“银荔杯”象棋争霸赛女子冠军。2003年“嘉周杯”象棋特级大师冠军赛女子冠军。2003年与徐天红共获“汤沟杯”混双赛冠军。2004年与柳大华共获“常家花园杯”特级大师混双赛冠军。由于棋风勇猛好斗，棋界有“红颜杀手”之称。现为江苏省棋队队员兼女队教练。

1. 炮二平五　炮8平5　　2. 马二进三　马8进7

3. 车一平二　车9进1　　4. 马八进七　车9平4

5. 兵七进一　马2进1

大概是黑方孰知红方“兵书”娴熟，故不按常规走马2进3而跳边马，以此来考验小将的开局应变能力。

6. 车二进四　车4进5　7. 炮八进四

如改走相七进九，则车1进1（如炮2平3，马七进六，车1平2，炮八平七，士4进5，仕六进五，卒1进1，车九平六，车4平3，双方相持），车二平六（如仕六进五，车4平3，车九平七，车1平6，车二平六，车6进5，黑方较好），车1平4，车六进四，车4退5，兵三进一，车4进3，马三进四，车4平6，炮八进二，卒7进1，兵三进一，车6平7，仕六进五，炮2退1，车九平六，炮2平8，黑方优势。

7. …………　士4进5　8. 车二平六　车4平3

9. 车九进二

高车，正确。如改走马七退五，则卒1进1，炮八平五，马7进5，炮五进四，马1进2，车六进三，车1平2，车九进二，炮2进1，炮五退一，马2退4，车九平六，象3进1，相三进五，马4退6，前车退二，马6进5，前车平五，炮2进6，黑方反先。

9. …………　卒1进1　10. 炮八平五

似应避开黑方进马捉车的先手，改走车六进一，以下马1进2，兵七进一，车3退2，车六平七，卒3进1，炮八平三，象7进9，马七进六，红方先手。

10. …………　马7进5　11. 炮五进四　马1进2

如改走炮2进1，则炮五退一，卒3进1，车六进二，炮2进1，炮五进一，卒3进1，马七退五，卒3平4，车九平六，炮2退4，后车平七，卒4平3，车七平八，黑方子力受制，红方较为有利。

12. 车六进一　马2退3　13. 炮五退一　卒3进1

14. 车六平七　马3进5　15. 炮五进二

正着。如改走车七平六，则炮5进2，车六平五，车1进3，以下有炮2平5的先手，红方受攻。

15. …………　象3进5　16. 车七平五　车1进3

至此，红方虽多兵，但兵种单调，双马呆滞，黑方占优。

17. 相七进五　卒7进1　18. 车九平八　炮2平4

19. 仕四进五　炮4进4　20. 兵五进一

下法冒险，应改走兵三进一，卒7进1，相五进三，接近均势。

20. …………　马5退3

（图70–1）

黑方退马，佳着。置红方中车尴尬地步，准备炮4平1。至此黑方优势扩大。

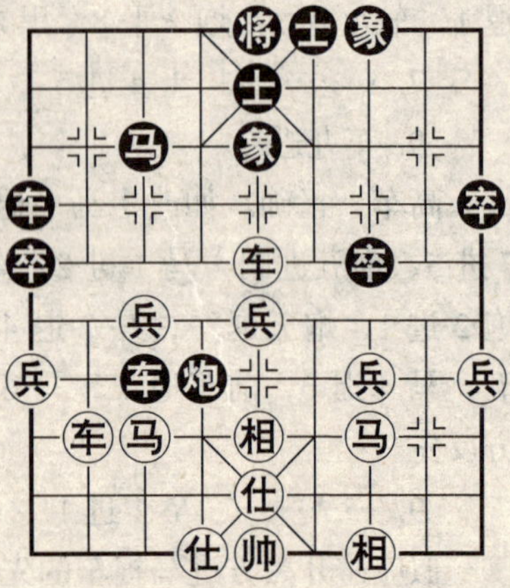

图70–1

21. 兵九进一

被迫弃兵，防止炮4平1的手段。如改走车八进五，则车3进1，车八平七，车1平2，以下有炮4平2的手段，红方处境不妙。又如马三进五，车1平3，黑方易走。

21. …………　卒1进1　22. 马七进五　车3退1

23. 车八进一　车1平4　24. 兵三进一　卒1平2

25. 车八平九　车3进3　26. 兵三进一　炮4平2

27. 车九退三　马3进4　28. 车五平四

如改走马五进三，则马4进3，下手再马3进4，黑方攻势凶猛。

28. ………… 车3退2　29. 车九平七　车3平4

30. 马五进三　前车平7

欠妥。平车压马，给红方进中兵的机会。应走马4进3，以下有前车平7或马3进4的手段，黑方优势。

31. 兵五进一　马4进3　32. 车四退一

正着。如改走后马进五，则马3进4，下手炮2进3牵制底车，黑方大优。

32. ………… 马3进5

如改走炮2进1，则后马进五，马3进1（如车7平5，车四平八，红方优势），马五退七，双方互缠。

33. 相三进五　车7进1　34. 兵三平四

如改走车四平八，则炮2平8，红方右翼空虚受攻击。

34. ………… 炮2平8　35. 车七进三

应走车四退二，车7退1，车四平二，互有顾忌，红方可以周旋。

35. ………… 炮8进3

36. 车七平二　炮8平4

似佳实劣。局势由此发生逆转。黑方应走炮8平9，互有顾忌，黑方稍好。

37. 车四平八

好棋！红方反劣为优。此时不可走仕五退六，否则车7平5，仕六进五，将5平4，黑方胜。

37. ………… 车7平5

（图70-2）

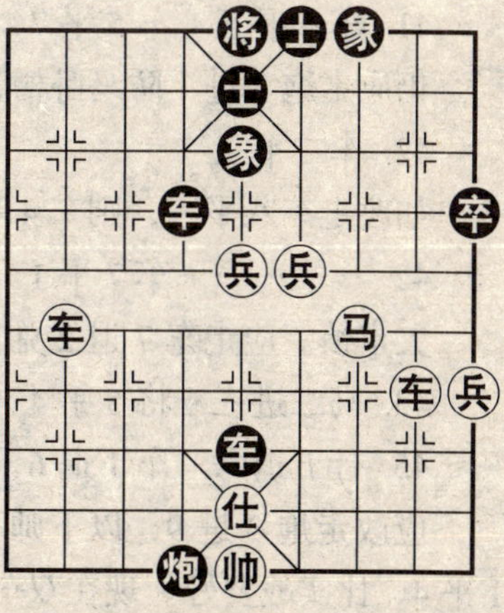

图70-2

38. 马三进二

如图 70–2 形势，红方进马缓着，失去获胜时机。应改走车八进五，以下士 5 退 4，马三进四，车 5 平 7（如车 4 退 2，车二平六，车 4 进 5，马四进三，将 5 进 1，车八退一，车 4 退 5，马三退四，将 5 退 1，车八平六，红方胜），车二进五，士 6 进 5（如车 7 退 5，马四进三，将 5 进 1，车八退一，车 4 退 2，马三退五，红方胜），车二平五，将 5 平 6，兵五平六，红方胜定。

38. ………… 炮 4 平 3　39. 车二进一　炮 3 退 8

40. 车八进五

应改走车八平六。如黑方车 4 平 2，红可车六平八长兑；如黑方车 4 平 3，则车六平七，象 5 进 3，车七平八，象 3 退 1，车八平七，黑方一时难以进取。

40. ………… 炮 3 退 1

应改走士 5 退 4，红方如走车八退一，则车 4 平 3 要杀，黑方胜定。

41. 车八退五　车 5 平 7

仍应走炮 3 进 1 防马卧槽，黑方较有获胜机会。

42. 车二平三

如改走车八平三，则车 4 平 8，兑车后，基本和局。

42. ………… 车 7 平 1

欠审慎。应走车 7 退 2 兑车，尚有机会求和。

43. 马二进三　将 5 平 4　44. 车三平六　车 1 进 2

45. 仕五退六　车 1 退 6

应改走炮 3 进 9，以下帅五进一，车 1 退 1，帅五进一，车 1 平 4，比实战要好。现在双车连线，黑方已完全被动挨打。

46. 兵五进一　车 4 退 1　47. 兵四进一　车 1 进 1

48. 兵五进一　象 7 进 5　49. 兵四进一

应改走车六进三，士5进4，马三退五，红方取胜机会很大。以下黑方若接走士6进5，则车八进五，车1平5，仕六进五，车5退2，车八平七，将4进1，车七平一，红方形成必胜残棋。

49. ………… 炮3进9 50. 仕六进五 象5退7

败着。应改走车1平4，以下车六进一，车4进2，帅五平四，象5退7，仍有求和希望。

51. 车六进三

应改走马三退四，以下车4进3，车八平六，将4平5，车六平七，红方胜定。

51. ………… 士5进4 52. 车八进五 将4进1

53. 车八退一 将4退1 54. 车八进一 将4进1

55. 车八平四 炮3退8 56. 马三退二 士4退5

应改走车1进5，以下仕五退六，炮3进8，帅五进一，车1退1，帅五进一，车1退5，车四退一，将4退1，红方位置还没有完全调整好，黑方优于实战。现在退士，红方形成左车右兵，黑负局已定。

57. 车四平七 车1进5

58. 仕五退六 炮3进8

59. 帅五进一 车1退1

60. 帅五进一 车1退1

61. 帅五退一 车1进1

62. 帅五进一 车1退5

63. 车七退一 将4退1

64. 车七进一 将4进1

65. 车七退一 将4退1

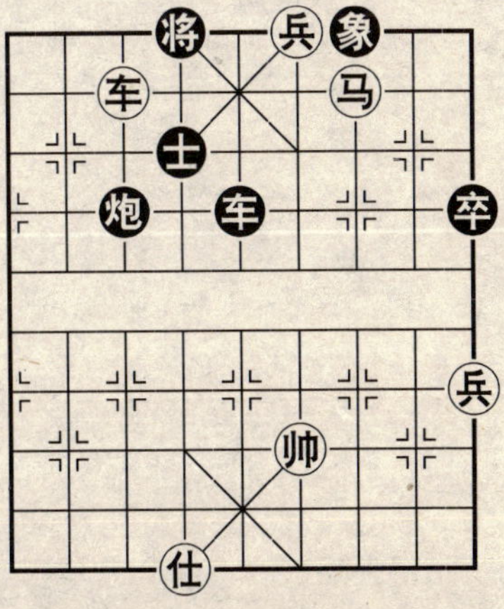

图70-3

66. 马二进三　车1平5　67. 帅五平四　炮3退6

68. 兵四进一　士5进4　69. 车七进一　将4进1

70. 车七退一　将4退1　71. 兵四进一（图70–3）

黑方认负。

这盘棋黑方从一开始就占据上风，但中盘不慎出现明显误算，把大好江山断送，令人可惜。

下 编

【排局汇编】

那健庭拟局

第1局　回眸一笑

图1，红先胜：

1. 炮三进二　将4进1
2. 马八进七　将4进1
3. 马七进八　将4退1
4. 兵四平五　士6进5
5. 炮三平六

平炮打车，获胜关键，以此点题。

5. …………　士5退4
6. 车一进二　马8进6
7. 车一平四　士4进5
8. 车四平五

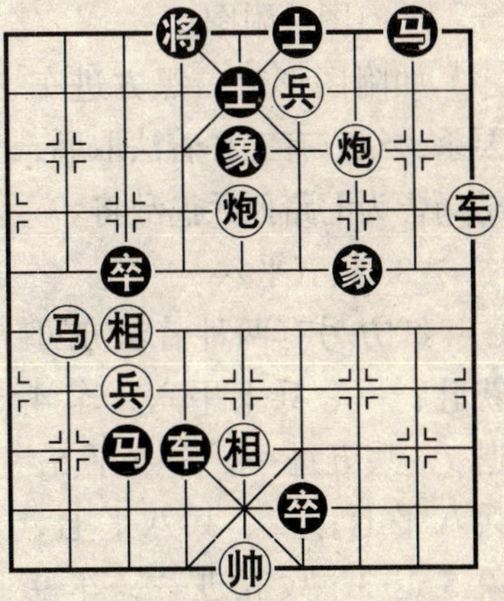

图1

本局原载于1940年6月18日上海《时事新报》专栏“象棋新趣残局”第663局。

那健庭（1896—1945年），北京人，满族。华北一流象棋高手。着法灵活多变，被人誉称“大鬼头”。20世纪30年代中期，曾获北京冠军。四次代表华北参加东北、华北区际大赛，战绩显著。

谢小然拟局

第2局　七路孤兵擒敌将

图2，红先胜：

1. 马八进六　车4进2　　2. 炮九平六　车4退3

3. 仕四进五　车4进3
4. 车一平六　车4退4
5. 兵七进一　象7进5
6. 马二退四　炮8平5
7. 兵九平八　车4进4

(图2附图)

如附图形势，黑方进车要杀，红方有三种着法取胜，结局皆为七路孤兵擒敌将。

8. 兵五平六

红方另有两种着法亦可获胜：一、兵七平六，车4退7，兵五进一，车9平5，兵八平七；二、兵八平七，象5退3，兵五进一，车9平5，兵七进一。

8. ………… 车4退7
9. 兵八平七　炮5平3
10. 兵七进一

本局原载于1959年2月14日《北京晚报》。红方连续弃马、炮、车，最后以底兵闷杀制胜，点题生动，令人叫绝！

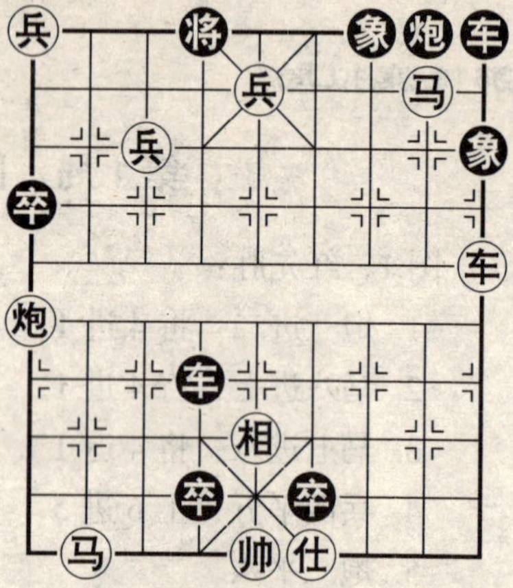

图2

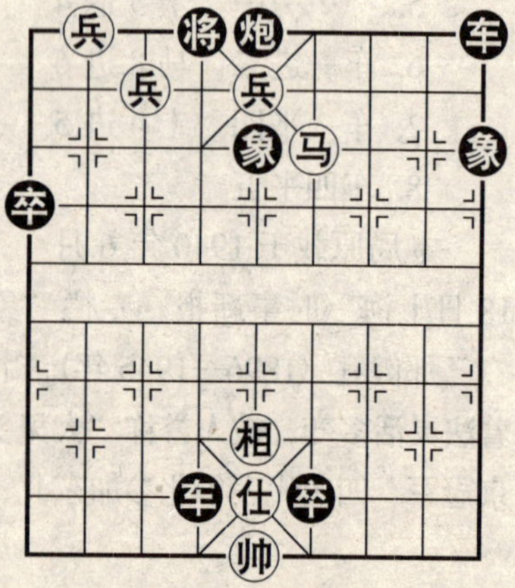

图2附图

第3局　暗渡陈仓

图3，红先胜：

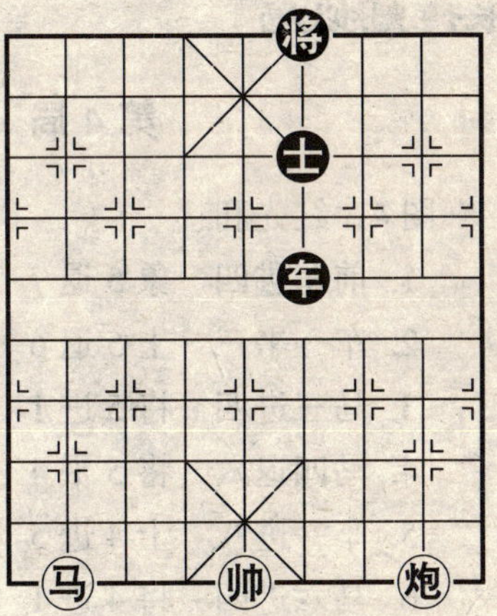

图3

1. 炮二平四　车6进4
2. 马八进七　将6进1
3. 马七退九　将6退1
4. 马九进八　将6进1
5. 马八退六　车6退1
6. 炮四进一　将6退1
7. 帅五进一　将6进1
8. 马六退七　将6退1
9. 马七进八　将6进1
10. 马八进六　车6退1
11. 炮四进一　将6退1
12. 帅五进一　将6进1
13. 马六退五　将6退1
14. 马五进三　将6进1
15. 马三进二　车6退3
16. 炮四进三　将6退1
17. 马二进一　将6进1
18. 马一进三

本局选自谢小然、冯锦诸合著《象棋精编》（1953年10月上海初版，协兴印刷厂印刷）第68页“残局举隅”，原名“炮马胜车士”。从局图看，这是一则与实战息息相关的排局。笔者借“明修栈道，暗渡陈仓”典故，试加拟名。明修栈道，指炮帅在马的助动下升至九宫之顶。暗渡陈仓，指马由帅后转到右翼取胜。本局构图简练，着法精妙，短小精悍，颇有意趣。

原评解如下：

红马不能入中，防将6平5，又不能越过车线，势必炮帅两子俱升至顶。马原始地位恰当，由帅后盘旋而出，与炮取得联络，将敌军节节驱退。步步官着，发人深省，有恰到好处之妙。

张德魁拟局

第4局 前赴后继

图4，红先和：

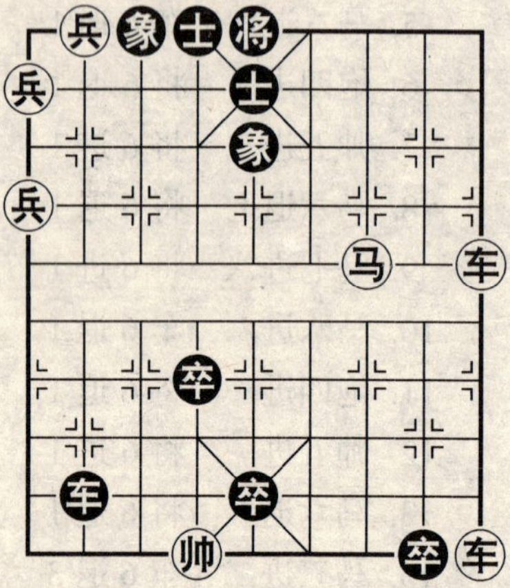

图4

1. 前车进四　象5退7
2. 车一平三　士5退6
3. 马三进四　将5进1
4. 马四退六　将5平4
5. 车一进八　士4进5
6. 马六进四　将4进1
7. 马四退五　将4退1
8. 马五进七　将4退1
9. 车三平四　士5退6
10. 马七进八　车2退7
11. 车一平八　卒4进1

(图4附图)

如附图形势，黑方下一步杀棋。红方如果走车八退七，则卒4进1，车八平六，卒5平4，帅六平五，士6进5，后兵平八，将4平5，兵八平七，将5平6，兵七平六，卒8平7要杀，黑方胜。

12. 兵八平七　将4平5　13. 兵七平六　将5平4

14. 车八进一

红车顿挫，与上回合弃兵，皆系拖延战术，属关键之着。惟有如此，方能和局。

14. …………　将4进1
15. 车八退八　卒4进1
16. 车八平六　卒5平4
17. 帅六平五　将4退1
18. 后兵平八　士6进5
19. 兵八平七　将4平5
20. 兵七平六　将5平6
21. 兵六平五　卒8平7
22. 兵五平四　将6进1
23. 兵九平八　士5进4
24. 兵八平七　士4退5
25. 兵七平六　士5进4

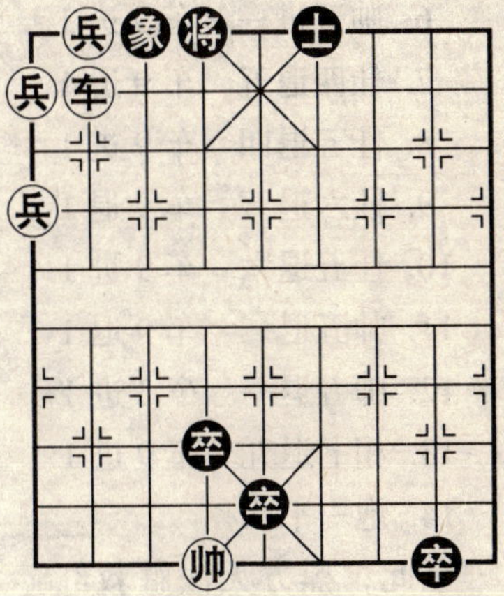

图4附图

双方经过巧妙的攻守，化险为夷，形成了兵士闪捉的有趣局面，终成和局。

这则棋局系方长勤先生著文披露，原刊于1986年11月16日出版的《象棋报》第80期。文中说，这则排局是张德魁先生在1959年修改的一则古局。“原局是一位排局爱好者手抄给他看的。他经过研究发现抄局有误，故修改成此局。”原局无局名，笔者试为拟名。

侯玉山拟局

第5局　运筹帷幄

图5，红先胜：

1. 前兵进一　车2平8　2. 炮二平八　车8平2
3. 炮八平一　车2平9　4. 炮一退四　车9进1

5. 帅五进一　车9退1
6. 帅五进一　车9进1
7. 仕四退五　车9退1
8. 仕五退四　车9进1
9. 仕六退五　车9退1
10. 仕五退六　车9进1
11. 帅五退一　车9退1
12. 帅五退一　卒3进1
13. 相七退九　车9进1
14. 炮一平八

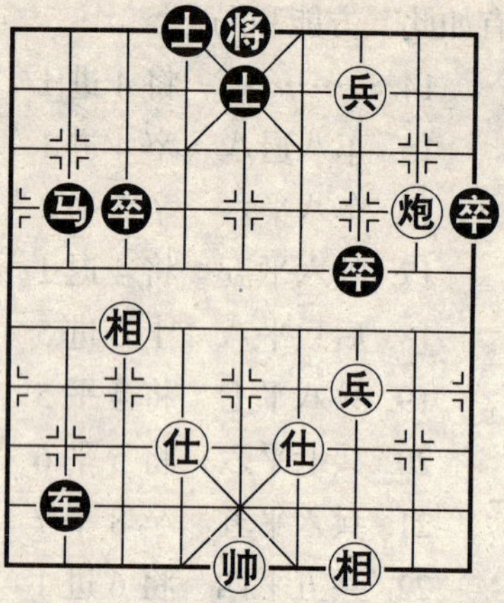

图5

至此，黑方无法解救红方炮八进七杀。

本局原载于1958年5月17日《北京晚报》，题为“象棋残局”。此局红方双仕调位，老帅运作，犹如军帐内筹谋划策，易名为“运筹帷幄”。红方仅以炮双兵仕相全妙胜黑车马双卒双士，构思奇巧，令人赞叹。

董齐亮拟局

第6局　车冲马跃炮轰鸣

图6，红先胜：

1. 车四进三　将5平6　　2. 马一进二　将6平5
3. 炮四进四　象5退7　　4. 炮四平八　象7进5

如改走士5退6，则车七进五，将5进1，炮一退一，将5进1，炮八退二，士4退5（车3退6，车七平五，士6进5，车五退一，红胜），车七退二，士5进4，车七平六，红胜。

5. 车七进五　士5退4　　6. 车七退八　象5退3

如改走士4进5，则车七进八，士5退4，马二退四，将5平6，马四进三，将6进1，马三退二，将6平5，车七退一，红胜。

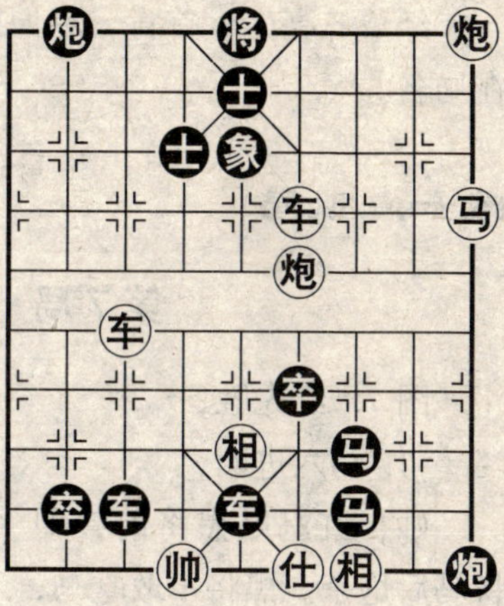

图6

7. 马二退四（图6附图）　将5进1

如附图形势，黑方如走将5平6，则马四进三，将6进1，车七进七，士4退5，车七平五，士4进5，马三退二，将6进1，炮一退二，红胜。

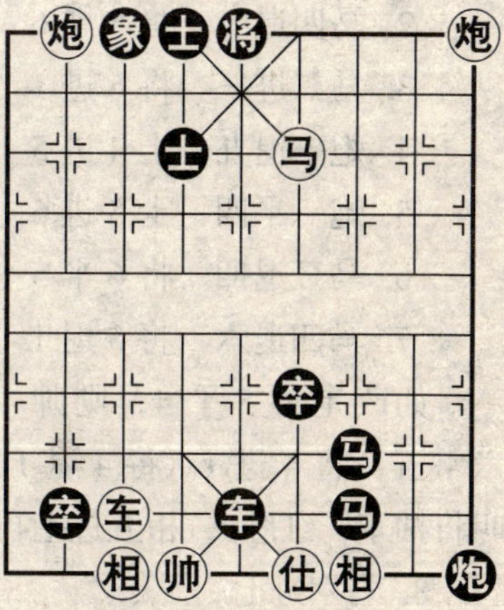

图6附图

8. 车七进七　将5进1
9. 炮八退二　士4退5
10. 车七退一　士5进4
11. 车七平六　将5退1
12. 马四进三　将5平6
13. 车六平四

本局原载于1977年第4期《新体育》杂志。原注：黑方已构成一步叫杀，但现在轮红方走。红方可以用来组织进攻的，有双车、双炮、单马、帅等棋子。红方只要把一切积极因素调动起来，充分发挥各个棋子的应有作用，把目标集中到一点上——进攻黑将，就可以一鼓作气，夺取胜利。

经董齐亮先生首肯，易原题“调动一切积极因素”，改拟现在局名。

臧如意拟局

第7局　卧马擒车

图7，红先胜：

1. 马六进四

妙！红马贴黑将前，即将马后炮杀。黑将不敢吃马，否则炮一平九吃车。

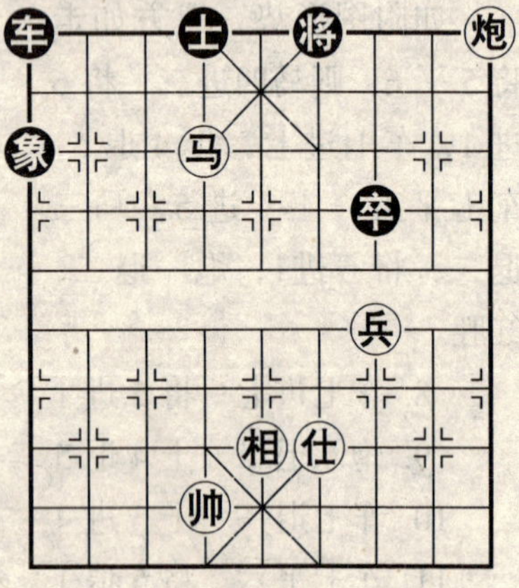

图7

1. ………… 将6平5
2. 马四退二 将5平6
3. 马二进三 将6进1
4. 炮一退九 士4进5
5. 炮一平四 士5进6
6. 马三退四 将6平5
7. 马四退六 将5退1

如改走将5平4，则帅六平五，将4进1（将4退1，炮四平六，将4平5，马六进七叫将抽车，红胜），相五进七再炮四平六，红胜。

8. 马六进七

本局系象棋大师臧如意先生一则佳作。红方利用炮对黑方底线的牵制，巧妙运马至最佳位置，再马炮配合围攻黑将，最后以一马擒车告捷。该局深得运马之妙，颇有实用价值。

王启宏拟局

第8局　外弛内紧

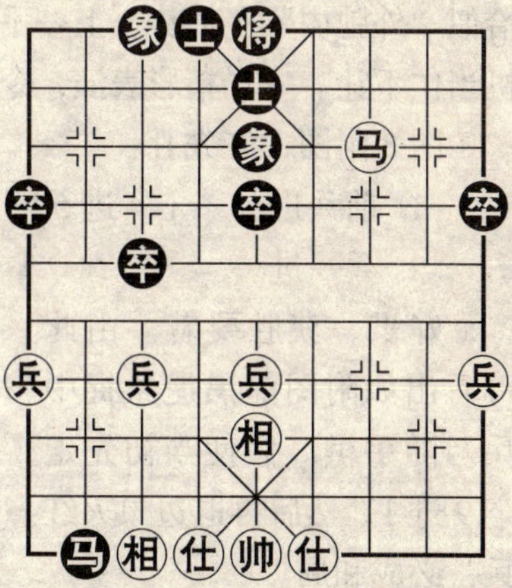

图 8

图 8，红先胜：

1. 兵九进一

要着。红方如走其他着法，黑方挺起 1 路卒后，即成和局。

1. ………… 马 2 退 3
2. 马三退四 卒 5 进 1
3. 仕四进五

准备下一手仕五进六，轧住黑马。

3. ………… 将 5 平 6
4. 仕五进六

精妙。此时黑马已被囚禁，左突右冲无济于事。

4. ………… 马 3 退 1　　5. 相七进九 马 1 进 3
6. 马四进二 马 3 进 2　　7. 相九退七 马 2 退 3
8. 马二退三 马 3 进 1　　9. 相七进九 马 1 退 3
10. 马三进一

此着红马吃边卒后，再陆续吃掉黑方 5 路和 1 路卒，成多兵稳胜局面。余着从略。

本局发表于 1963 年 3 月 24 日《北京晚报》，系根据实战修改而成。初看似乎可成和局，但“这是一个外弛而内紧的棋局，由于黑马位置欠佳，红方有极为精妙的着法，可以获胜”。

此局红方困马灭卒战法，颇具意境，引人入胜。无独有偶，

20年后的全国大赛上，竟然出现了与此十分形似的对局，战术运用与“外弛内紧”局完全一样。附录于后，以作备考。

附图是1982年12月13日出现在成都全国赛上的局面。河北刘殿中执红棋与江苏言穆江鏖战39回合后，黑马偏于一隅，恰似“外弛内紧”局势。上一手黑方退象捉兵失误，红方抓住战机当仁不让。一场精彩表演，令人大饱眼福。

图8附图，红先胜：

1. 前兵进一　士4进5

2. 兵一进一

好棋，获胜要着。由此可看出如附图前黑退象捉中兵乃随手棋。假使当初先走卒9进1，然后再退边象灭红兵，必成和局。

2. …………　马1退3

3. 仕五进六

佳着！黑马出头之日遥遥无期。红方的构思，与“外弛内紧”不谋而合。

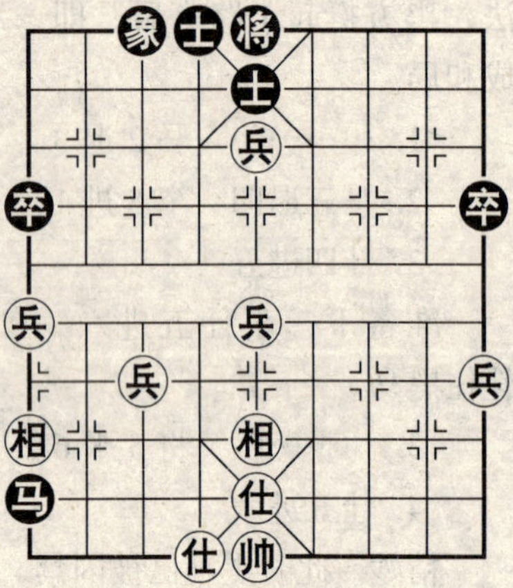

图8附图

3. …………　将5平6　　4. 兵五进一　士5进4

5. 仕六进五　士4退5　　6. 兵五平四　将6进1

7. 兵四平三　将6进1　　8. 兵三平二　将6退1

9. 兵二进一

至此，黑方1路卒也会被消灭，红方四兵必胜黑方孤马单士象。以后黑马解脱被困之际，便是红兵临城下之时。余着从略。

钱俊拟局

第9局　勇士如云谋似雨

图9，红先和：

1. 车四进三　将5平6

如改走将5退1，则炮九平五，士6进5，车四平二，卒2平3，车二平五，将5平6，车五进一，将7进1，马四进三，将7进1，车五平四，红胜。

2. 马四进三　将6平5

如改走将6进1，则马三进二，将6退1，炮九平一，卒5平4，帅六进一，炮2平9，炮一退二，亦和。

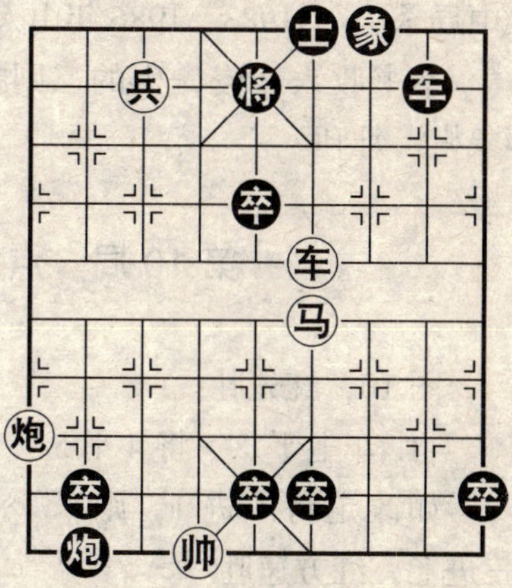

图9

3. 炮九平五　象7进5　　4. 兵七平六　将5退1

5. 马三进二　士6进5

如改走前卒平4，则帅六进一，炮2平6，马二退三，卒6平5（士6进5，马三进五，士5进4，马五进六，将5平6，炮五平七，红胜），帅六平五，炮6退6，炮五进五，卒2平3，马三进四，炮6进1，马四进六，炮6平4，炮五平七，炮4退4，炮七进二，红胜。

6. 炮五进五　士5进4　　7. 马二退四　将5平6

8. 兵六平五　士4退5　　9. 马四进二　将6进1

10. 炮五平一　卒5平4　　11. 帅六进一　炮2平9

12. 炮一退七　卒2平3　13. 帅六进一　卒9进1

14. 马二退三　将6退1　15. 帅六平五

红马护守河沿，不让黑中卒渡河，以帅走闲着，成为和棋。

钱俊先生是20世纪50年代北京市劳动人民文化宫棋艺研究组成员，60年代初期调往外地工作。其所编著《象棋中局初探》《中局杀法》，1983、1986年由人民体育出版社出版。

本书收入钱俊先生的三则排局，曾发表于上世纪50年代《象棋》月刊。

第10局　点水蜻蜓款款飞

图10，红先胜：

1. 车七平六　将4平5

如改走将4进1，则车三进七，红方速胜。

2. 车六平五　将5平6

3. 车五平四　将6进1

如改走将6平5，则马六进七，亦红方胜。

4. 车三进七　将6退1

5. 车三平四　将6平5

6. 车四平五　将5平4

7. 炮一平六　炮2平4

8. 马六进七

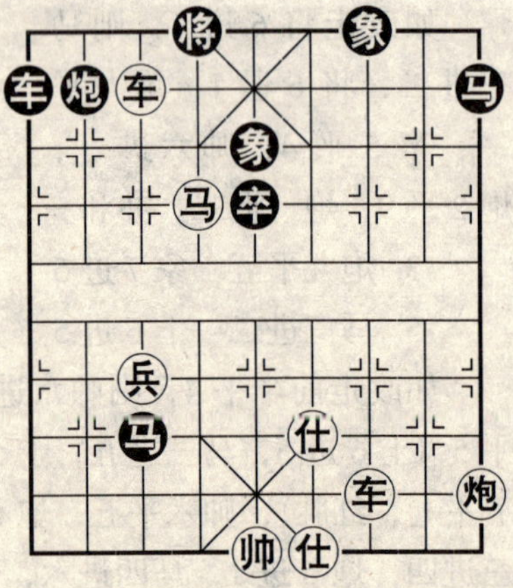

图10

第11局　倒海翻江卷巨澜

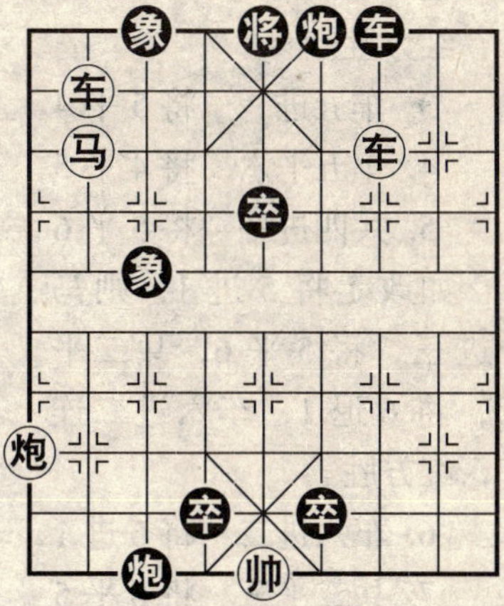

图11

图11，红先胜：

1. 炮九进七　象3进5

2. 车八进一　将5进1

如改走象5退3，则车三平五，象3退5，车八退一，红胜。

3. 车八平五　将5平6

4. 车五平四　将6平5

如改走车7平6，则车三进一，将6进1，马八进六，红胜。

5. 车四平五　将5平6

6. 车三平四　将6进1　　7. 马八进六　将6退1

8. 炮九退一

原注：是局红车如入海蛟龙，因引毛主席“十六字令”之句题名。

李溟拟局

第12局　鲸游碧海

图12，红先胜：

1. 兵四进一　将6退1

如改走将6平5，则兵四平五，将5退1，兵五进一，以下连杀，红方胜。

2. 兵四进一　将6平5

如改走将6进1，则车五平四，将6平5，马一进三，将5退1，车四进三连杀，红方胜。

3. 车五进一　将5平4

4. 车五平六　将4平5

5. 兵四进一　将5平6

如改走将5进1，则马一进三，将5平6，兵二平三，将6退1，车六进二连杀，红方胜。

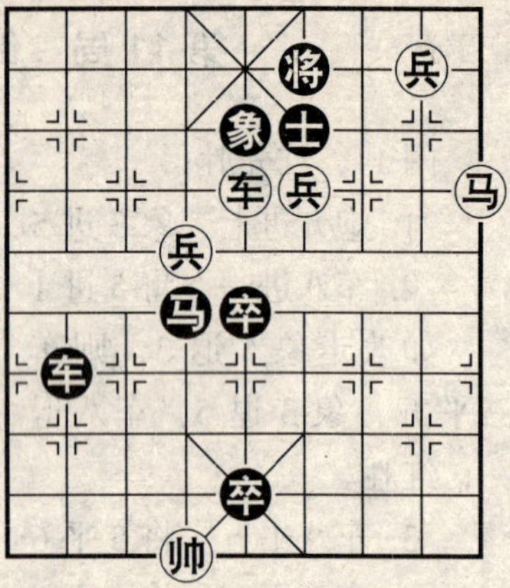

图12

6. 车六进二　将6进1

7. 兵二平三　将6平5　8. 马一进三　将5进1

9. 车六平五　将5平6

如改走将5平4，则兵六进一，将4退1，马三退五，马4退5，兵六进一连杀，红方胜。

10. 车五平四　将6平5　11. 马三退四　将5退1

12. 马四进六　将5平4　13. 马六进四　将4进1

14. 兵六进一　将4平5　15. 兵六进一　将5平4

16. 马四退五　将4退1　17. 马五进七　将4平5

18. 兵三平四

本局着法，如惊涛骇浪，曲折制胜。局名取自杜甫《戏为六绝句》诗句："或看翡翠兰苕上，未掣鲸鱼碧海中。"

李湮先生1943年出生于河北芦台（今属天津），少时受祖父影响酷爱象棋。1979年首次参加区级象棋赛，即获得丰台区冠军。1981年代表丰台区坐镇第2台参加市赛，该队获团体第2名。著述颇丰，作品散见于《象棋》《鹿城棋苑》《北方棋艺》《象棋研究》《上海象棋》《象棋报》《棋牌报》《北京晚报》《京郊日报》等，以及台湾《宝岛象棋》《高雄棋苑》、香港《香江象棋》、新加坡《北斗棋苑》和菲律宾《世界日报》等。独自或与人合作，先后改编、整理《金鹏十八变》《百局象棋谱》《心武残篇》等古谱，编著《星罗棋布》《奇趣象棋排局谱》《象棋名局鉴赏》《车马兵战法精华》《斗炮布局新招》《象棋大师制胜精妙战法》等书谱几十种。

张德华拟局

第13局　上 弦 月

图13，红先胜：

1. 兵五平六　将4平5
2. 兵六进一　士5进4
3. 马五进三　将5平6
4. 车五进三　象7退5
5. 马三退五

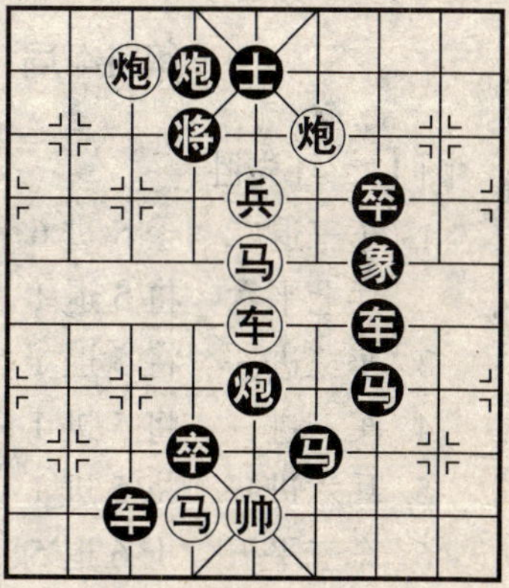

图13

这则棋局图形恰似一弯新月，入眼给人美感，着法精练妙趣。

是局曾被收入《象棋与棋话》（周家森编著，1942年世界书局出版），局名“新月形”；被收入《趣味象棋》（苏江编，上海文化出版社1986年版），局名“月上柳梢”；被收入《中国象棋趣味局》（仇国良编，上海文化出版社1992年版），局名“弯月形”，注明又名“月上柳梢”。三书收入时，是局均无作者姓名，是个缺憾。1992年冬，笔者在孙经存先生故居，偶见北京市劳动人民文化宫棋艺研究组 1958 年油印本《棋友》第 4 期，内有这则排局，作者署名张德华。

张德华（1913—1990 年），北京人。少时受祖父及母亲启蒙即好象棋，研习古谱后，在居所一带已无敌手。解放初期与京中高手张德魁对弈，由被让二先改让长先。后来加入文化宫棋艺组，在研究和推动象棋文化上作出许多贡献。70 余岁高龄时，将自己熟稔数十年的棋界旧闻撰写成《北京棋话》《三十年代的台湾棋坛》等文章，为棋史研究留下宝贵的资料。象棋作品散见于《象棋》月刊、《象棋报》等报刊。

方长勤等拟局

第 14 局　要道伏兵

图 14，红先胜：

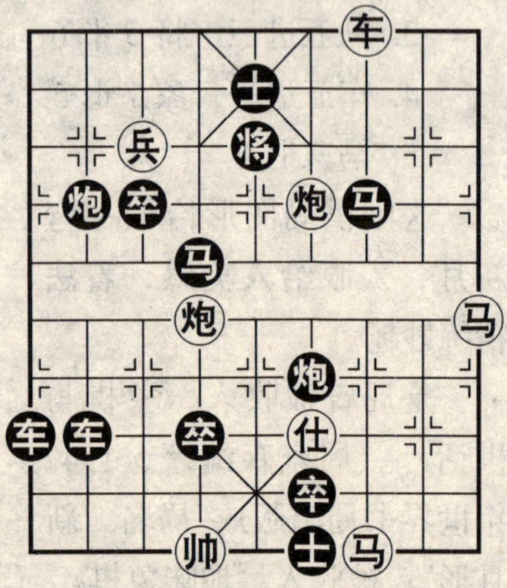

图 14

1. 车三退二　士 5 进 6
2. 兵七平六　将 5 退 1
3. 车三进一　将 5 退 1
4. 车三进一　将 5 进 1
5. 兵六进一　将 5 进 1
6. 车三平五　士 6 退 5
7. 车五退一　将 5 平 6
8. 炮六平四　马 4 进 6
9. 炮四退三　马 6 进 4
10. 炮四退二　马 4 退 6
11. 仕四退五　马 6 进 5
12. 马三进四　马 5 退 6
13. 马四进三　马 6 进 5
14. 马三进四　马 5 退 6
15. 马四进六　马 6 退 5

16. 仕五进四　马5进6　17. 马六退五　马7进5
18. 马一进三　马5退7　19. 仕四退五　马6退5
20. 马三退四　马5进6　21. 马四进六　马6退4
22. 马六进四　马4进6　23. 车五退一　马7退5
24. 马四进六　马6退5　25. 仕五进四

此局系方长勤与外地棋友裘望禹、沈庆生、黄德蕴、刘汉夫等合拟。

方长勤，北京人，北京名手，象棋研究家。著述较多，编著《特级象棋大师杨官璘的棋锋》，与臧如意、李来群合著《中国象棋大师争雄谱》，与李来群、杨典合著《仙人指路对卒底炮》，与温满红合著《象棋特级大师的攻杀技法》《象棋运车巧杀》《象棋运马巧杀180着》，与张雅楠合著《五六炮布局》。

苏德龙拟局

第15局　横跨川江

图15，红先胜：

1. 车一进三　将6退1
2. 马四进三　将6平5
3. 车一平五　将5平4
4. 炮一进七　象7进9
5. 马三进四　象5退7
6. 马四退六　象7进5
7. 车五进一　将4平5
8. 马六退四　将5平4
9. 马四进三　将4进1
10. 炮九进三　将4进1

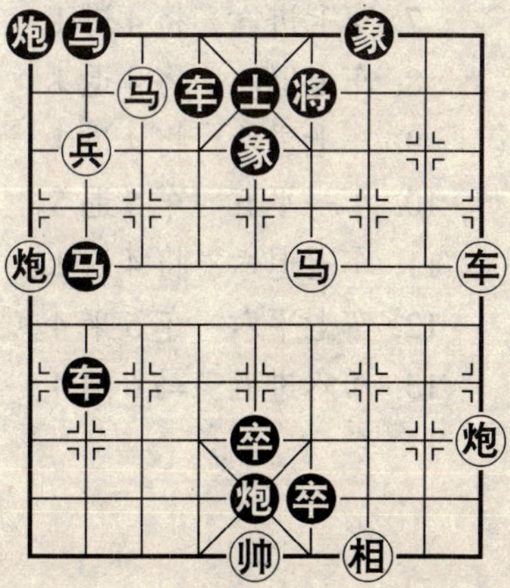

图15

11. 马七退八　将4退1　12. 兵八进一

苏德龙，北京排局家。棋局创作颇丰，作品散见于《象棋报》《象棋》《象棋研究》等报刊。编著《暇豫象棋谱》《象棋排局妙胜巧和》《象棋残局杀局宝典》《象棋残局巧胜战法》《象棋中残局战法》等。与徐家亮合编《象棋现代排局》《象棋排局百花谱》，与张书合著《棋局与故事》。

第16局　川流环运

图16，红先胜：

1. 兵七进一　将4退1
2. 兵七进一　将4退1
3. 兵七进一　将4进1
4. 兵七平六　将4退1
5. 车七进五　将4进1
6. 车七退六　将4退1
7. 车七进六　将4进1
8. 车七退八　将4退1
9. 车七进八　将4进1
10. 车一平五　车5退5
11. 车七退六　将4退1
12. 车七平六　车5平4
13. 车六进五　马6退4　14. 马八退七

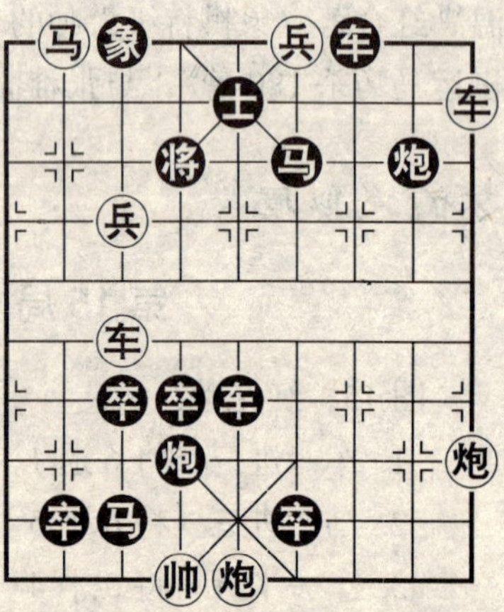

图16

第17局　特殊埋伏

图17，红先胜：

1. 兵四进一　将6平5
2. 兵五进一　士4进5
3. 炮八进一

如改走炮六平五，则炮8退1，炮五退一，车9平5，帅六平五，车7进1，黑方胜。

3. …………　象3进5
4. 车六进二　将5平4
5. 马九进七　将4平5

如改走将4进1，则兵四平五，将4进1，炮八退二，红方胜。

6. 兵四平五　将5平6
7. 炮六进八　象5退3
8. 炮六平一　象3进5
9. 马七进六　象5退3
10. 马六退四　象3进5
11. 马四进二　车7退8
12. 炮八平三　炮8退8
13. 炮三退九　象5退7
14. 相七进五　车9退1
15. 炮一退一（图17附图）

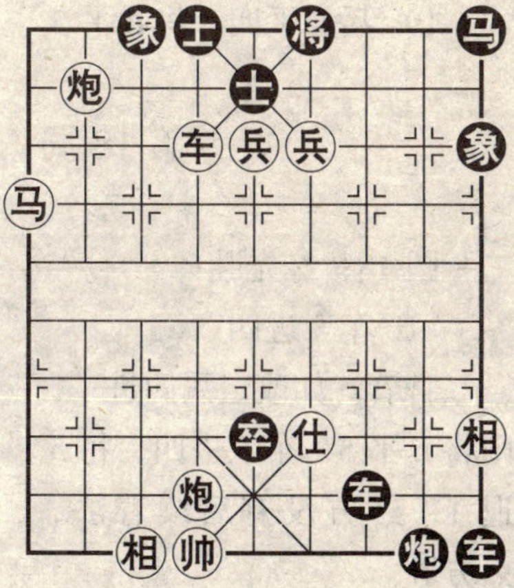

图17

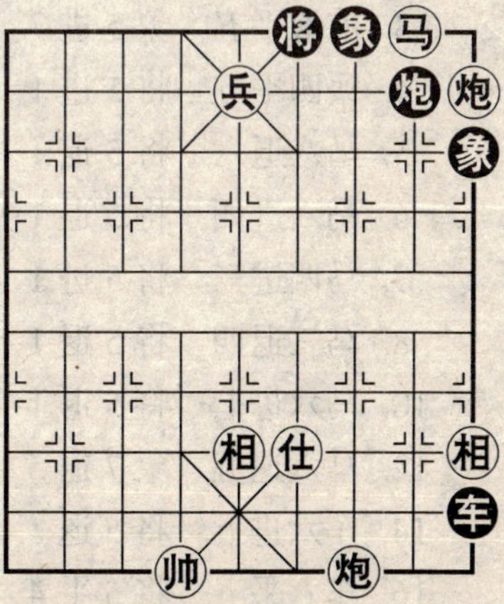

图17附图

退炮，准备走兵五平四，以下将6平5，炮三平五，车9平5，仕四退五吃车，红方胜。退炮即“特殊埋伏”。

15. ………… 炮8进8　16. 炮三进一 车9平7
17. 相五进三 炮8退8　18. 帅六平五 象7进5
19. 兵五平四 将6平5　20. 炮一进一

第18局　定岗哨兵

图18，红先胜：

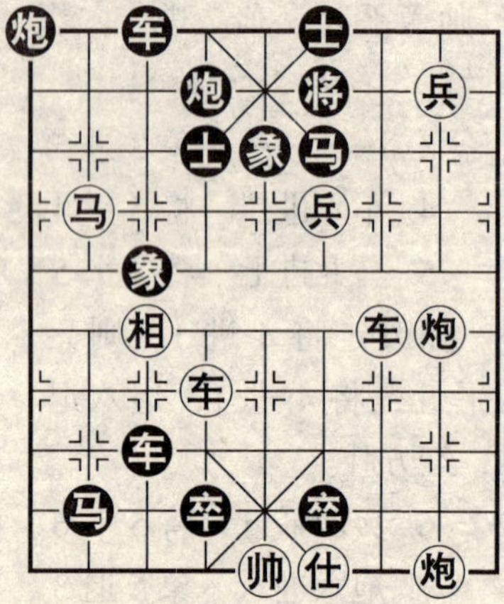

图18

1. 车三进四

官着。如改走兵四进一，则将6平5，车三进四，将5退1，红方没有后续着法，黑方胜。

1. ………… 炮4平7
2. 兵四进一 将6平5
3. 前炮平五 象5进7
4. 兵四平五 将5进1
5. 马八退六 将5退1
6. 马六进四 将5退1
7. 马四进三 将5进1
8. 马三退四 将5退1　9. 马四进六 将5进1
10. 马六进七 将5退1　11. 马七退六 将5进1
12. 马六退五 象7退5　13. 马五进七 象5退3
14. 车六进五 将5退1　15. 马七进五 士6进5
16. 车六平五 将5平4　17. 车五进一 将4进1
18. 马五退七 将4进1　19. 车五退二 象3进5

20. 炮二进七 象5进7 21. 炮五进三

第19局 长驱直入

图19，红先胜：

1. 兵四平五 士6退5
2. 兵五进一 将4退1
3. 兵五进一 将4进1
4. 车九进四 将4进1
5. 车九退一 将4退1
6. 马六进八 将4平5
7. 马八进七 将5退1
8. 马七退六 将5进1

如改走将5平4，则马六进四，将4平5，车九平五，将5平6，马四退六，马8退6，车五进二，红方胜。

9. 马六退四 将5平4

(图19附图)

如改走将5平6，则马四进二，将6平5，前马进三，将5平4，炮四平六，卒5平4，车九平六，将4进1，兵六进一，将4退1，兵六进一，将4退1，兵六进一，将4平5，兵六平五，

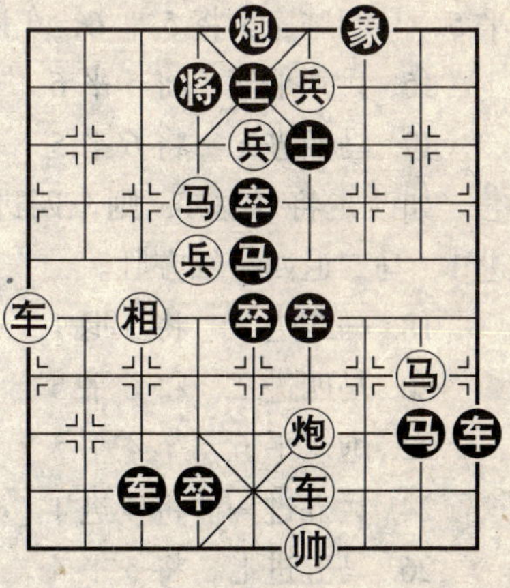

图19

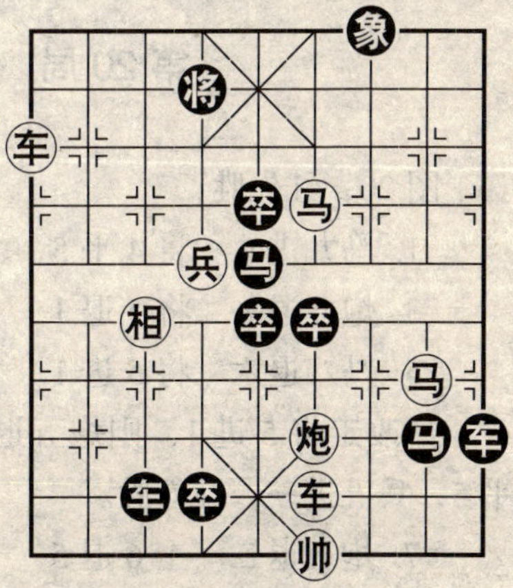

图19附图

将5平6，车四进三，红方胜。

10. 炮四平六　卒5平4　11. 兵六平五　卒4平3

12. 兵五平六　卒3平4　13. 车九平六　将4进1

14. 兵六进一　将4平5

如改走将4退1，则兵六进一，将4退1，兵六进一，将4平5，马四进三，将5平6，车四进三，红方胜。

15. 兵六平五　将5平6　16. 马二进三　将6退1

17. 马四进二　将6平5

如改走将6退1，则车四进三，将6平5，车四进五，将5进1，马二退四，红方胜。

18. 马二进三　将5退1　19. 后马进四　将5平6

20. 马四进二　将6平5　21. 马三退四　将5进1

22. 炮六平五　卒4平5　23. 兵五进一　将5平4

24. 兵五进一　将4进1　25. 马四退五　将4平5

26. 马五进七　将5平4　27. 马五进七　将5平4

28. 车四平六　车3平4　29. 马七进八

第20局　棋局测验

图20，红先胜：

1. 马九进八　将4平5　2. 炮九进四　将5进1

3. 炮九退一　将5退1　4. 炮四平五　象5进3

5. 马八退六　将5进1　6. 马六进七　将5平4

如改走将5进1，则炮五退四，炮5平4，兵六平五，炮4平5，兵五进一，红方胜。

7. 炮五退二　士6退5　8. 炮五平六　车8平4

如改走士5进4，则兵六进一，将4退1，炮九进一，将4

进1，兵六进一，红方胜。

9. 兵六进一　士5退4

10. 马七退六　将4平5

11. 马六退四　将5退1

12. 炮九进一　士4进5

13. 炮六平八　将5平4

如改走士5进6，则马四进六，将5进1，马六进七，将5平6，炮八进四再炮九退一，红方胜。

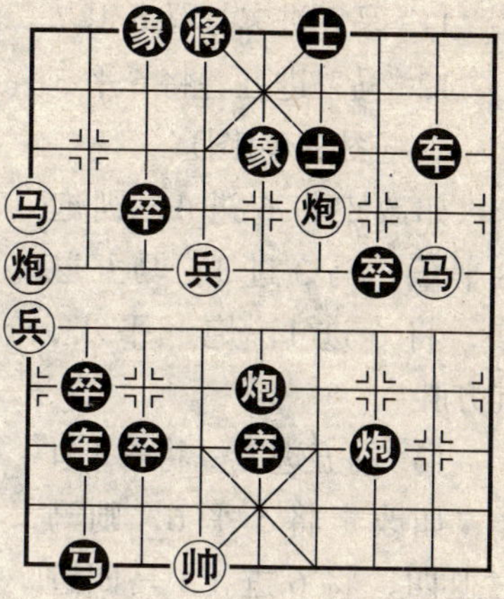

图20

14. 马四进六　士5进4

如改走炮5退2，则炮八进五，将4进1，马六进八再炮九退一，红方胜。

15. 兵六进一　将4平5　　16. 兵六进一再炮八进五

本局是1981年第8期《象棋》月刊“棋局测验”。

添和拟局

第21局　驰骋定中原

图21，红先胜：

1. 兵八平七　将4退1　　2. 兵七进一　将4退1

3. 兵七平六　将4平5　　4. 兵三平四　将5平6

如改走马7退6，则兵六平五，马3进5，车九进一，象1退3，车九平七，红方胜。

5. 马一进二　将6平5　　6. 兵六平五　马7退5

7. 马二退四　将5平6　　8. 马三进二　将6进1

9. 炮六进七　马5进6　　10. 马二退三　将6退1

11. 马四进二　马6退7

12. 马三进五　将6平5

(图21附图)

如改走将6进1，则炮六平三，马3进1，马五退三，将6进1，炮三平八，红方胜。

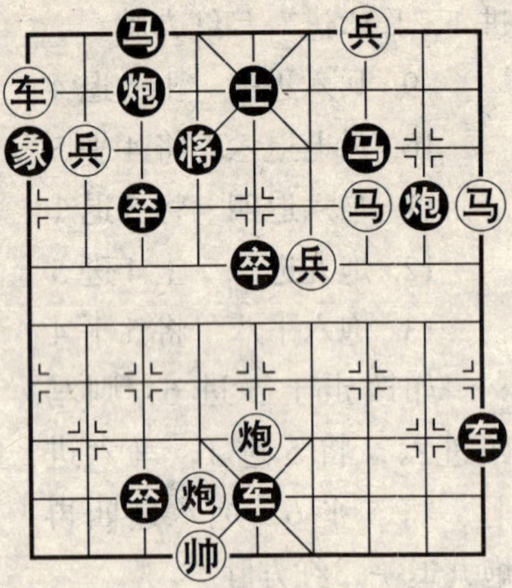

图21

13. 马五进三　将5平4

如改走将5平6，则马三退四，将6进1，马四进二，红方胜。

14. 马三退五　将4平5

15. 马二退四　将5进1

16. 炮六退四　马3进1

17. 马四进三　将5平4

如改走将5退1，则马五进七，将5平4，马七退六，红方胜。

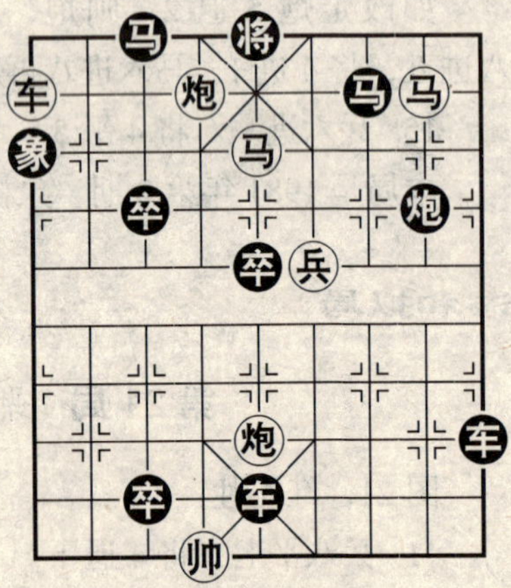

图21附图

18. 马五退七　马1进3

19. 马三退四　将4退1

20. 马四退六

本局系孟巩拟局，陈宗明修订，署名“添和”，发表于1961年第5期《象棋》月刊。那时孟、陈二人均为15岁，都是北京市少年宫象棋组学员，在学棋之余，对排局有所偏爱。他们的排局作品，1961年在《象棋》月刊共发表4则，皆在“棋局创作”栏首位。少年之作，能取得这样成果，难能可贵。

第22局　远炮勿虚发

图22，红先胜：

1. 兵六进一　将5平4

如改走士5退4，则车一平四，将5进1，车九平八，将5进1，马四退三，将5平4，车四平六，红方胜。

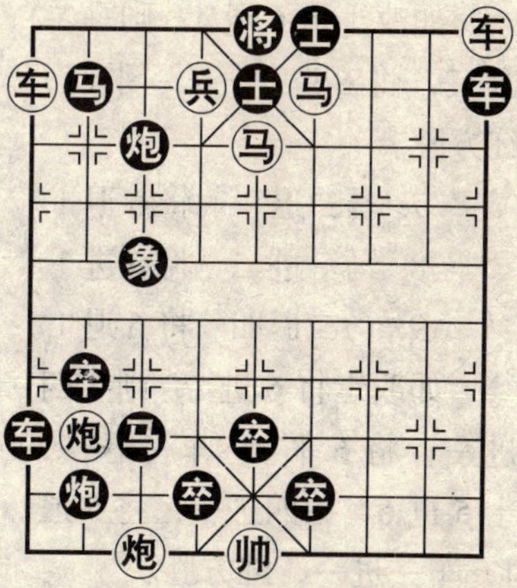

图22

2. 车一平四　将4进1
3. 车九平八　将4进1
4. 车四平六　将4平5
5. 马四退三　将5平6
6. 车六退二　士5进4
7. 车八平四　车9平6
8. 马三退五　将6平5
9. 炮八平五　马3退5
10. 马五进三　将5平6
11. 炮七进七　士4退5
12. 马三进五　士5进4
13. 马五退四　士4退5
14. 马四进六

局名取自南宋刘克庄《象弈》诗句。第11回合红炮远射照将，以此点题。

第23局　巧奏回旋曲

图23，红先和：

1. 兵三平四　将6进1　2. 兵二平三　将6退1

3. 兵三平四　将6进1

4. 车一进一　将6退1

5. 马四进二　将6进1

6. 车六平四　车3平6

如改走炮6退4，则马二退三，将6退1，车一平四，红方胜。

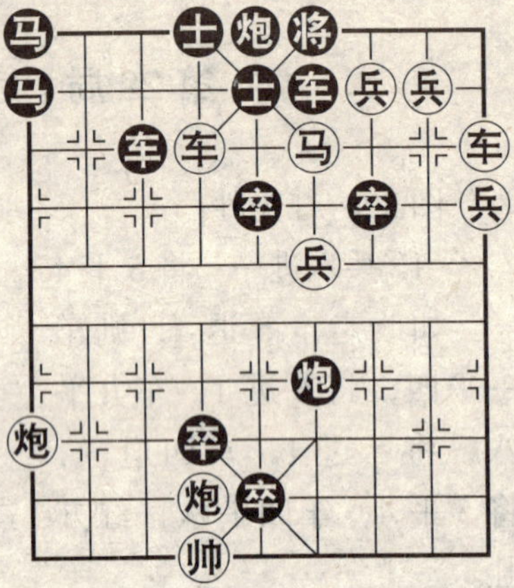

图 23

7. 马二退三　将6退1

8. 马三进二　将6进1

9. 马二退四　将6退1

如改走将6进1，则兵四进一，将6平5，车一退一，士5进6，兵四进一，将5退1，车一进一，红方胜。

10. 炮六进八　士5退4

11. 马四进六　士4进5

(图23附图)

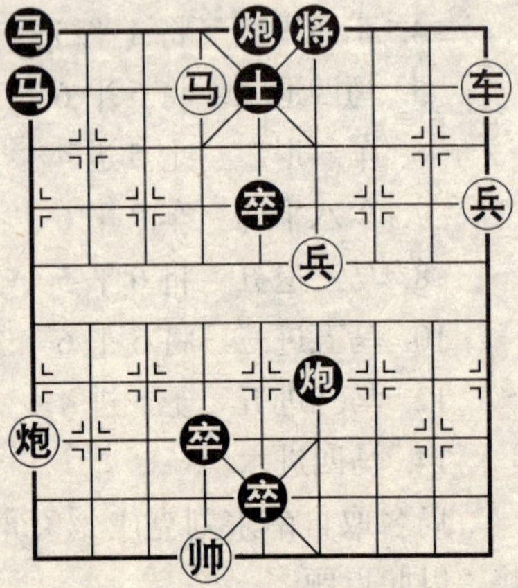

图 23 附图

如改走炮5进1，则车一进一，将6进1，马六退五，炮5进1，车一退一，将6退1，马五进三，将6平5，车一进一，红方胜。

12. 炮九进七　马1退3

13. 车一进一　将6进1

14. 马六退五　炮5进3

15. 车一退一　将6进1

16. 兵四进一　将6平5

17. 车一退一　士5进6

18. 兵四进一　将5平4

19. 兵四平五　将4退1

20. 车一进一　马 3 进 5　21. 兵五进一　将 4 进 1
22. 车一退一　炮 5 退 1　23. 车一平五　将 4 平 5
24. 炮九平五　将 5 退 1　25. 炮五退八

第 24 局　海燕掠波

图 24，红先胜：

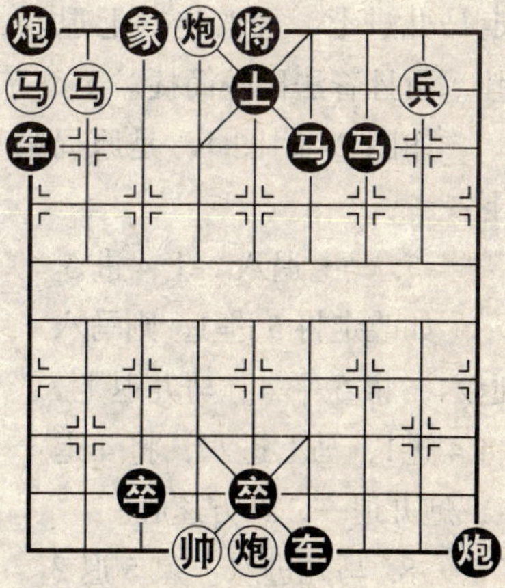

图 24

1. 炮六平九　象 3 进 5
2. 马八进六　象 5 退 3
3. 马六退七　象 3 进 5
4. 马七进八　士 5 退 4
5. 马八退九　士 4 进 5
6. 前马进七　士 5 退 4
7. 马九进七　将 5 平 6
8. 马七退五　将 6 平 5

如改走将 6 进 1，则马五进六，将 6 退 1，马六退五，将 6 进 1，兵二平三，红方胜。

9. 马七退八　士 4 进 5

如改走将 5 进 1，则马八退六，将 5 平 4，马五退七，将 4 进 1，马七进八，将 4 退 1，炮九退一，红方胜。

10. 马五进七　将 5 平 6　11. 马七进五　士 5 退 4
12. 马五退四　士 4 进 5　13. 马四进五　士 5 退 4
14. 马五退六　士 4 进 5　15. 马六进七　士 5 退 4
16. 马八进六　马 7 退 5　17. 马七退六

本局原载于 1961 年第 9 期《象棋》月刊。红方双马借助炮威，围绕黑方九宫回环往复，纵横驰骋，异乎寻常。30 多年后，排局家崔鸿传在《象棋报》专栏“排局美学鉴赏百例”撰文，对这局棋双马的运用赋予很好的评介，从美学角度称誉此局：双马“明暗之间，虚实之际，充分表示了飘逸、曲折、威风八面之美”(见 1994 年 9 月 3 日出版《象棋报》第 267 期)。

可惜的是，这个排局有疏漏。1961 年第 11 期《象棋》月刊发表赵已生先生文章指出：“海燕掠波”第 13 着，红方如果不走马九进七，而改走马七退八，则不需吃象、吃马，也可以获胜，而且着法比较简捷。

如图 24 附图 1，是原局第 6 回合后形势。红方速胜着法如下：

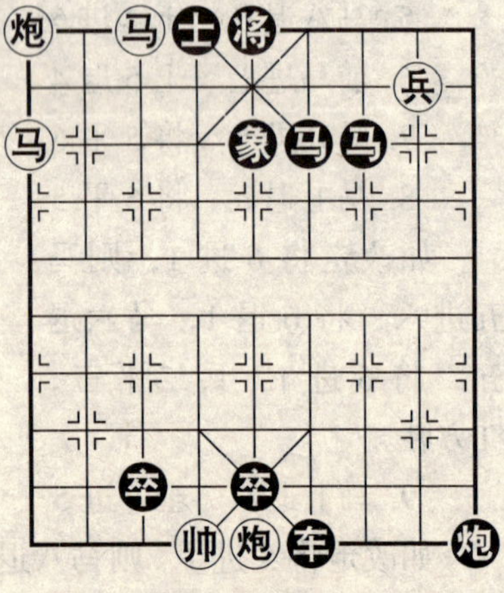

图 24 附图 1

7. 马七退八　士 4 进 5

如改走将 5 进 1，则马八退六，将 5 平 4，马九退七，将 4 进1，马七进八，将 4 退 1，炮九退一，红方速胜。

8. 马九进八　象 5 退 3

9. 前马退七　象 3 进 5

10. 马八进七　士 5 退 4

11. 前马退六　将 5 进 1

12. 马六退五　将 5 平 6

13. 兵二平三

由于出现速胜着法，末后还要动兵成杀，抢了双马的光，使得该局减色不少，美中不足。

当年添和（孟巩和陈宗明）谈起这则排局，认为是个失败之作。他们没有对“海燕略波”进行修改，多年来也未见他人对此修正，笔者深感遗憾。现试将原图改为图 24 附图 2，并修改着法。结局不需动兵，仍是退马以炮闷杀，并且依随原局共计33 着。着法如下：

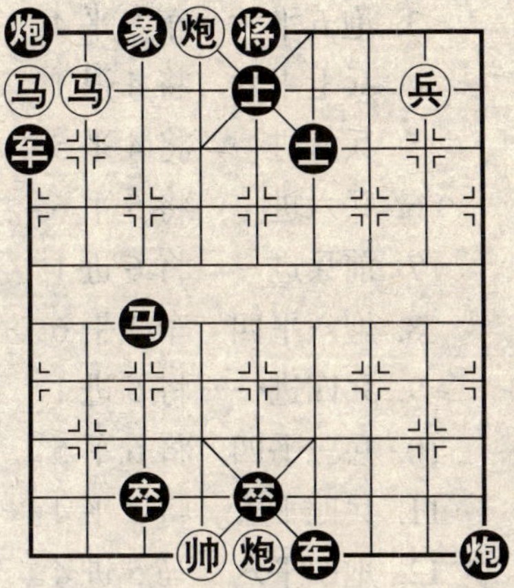

图 24 附图 2

1. 炮六平九　象 3 进 5
2. 马八进六　象 5 退 3
3. 马六退七　象 3 进 5
4. 马七进八　士 5 退 4
5. 马八退九　士 4 进 5
6. 前马进七　士 5 退 4
7. 马九进七

如改走马七退八，则将 5 进 1，红方负。

7. ………… 将 5 平 6　8. 马七退五　将 6 平 5

如改走将 6 进 1，则马五进六，将 6 退 1，马六退五，将 6 进 1，兵二平三，红方胜。

9. 马七退九　士 4 进 5

如改走将 5 进 1，则马九退七，将 5 平 6，兵二平三，红方胜。

10. 马五进七　将 5 平 6　11. 马七进五　士 5 退 4
12. 马五退六　士 4 进 5　13. 马九进七　士 5 退 4
14. 马七退八　士 4 进 5　15. 马六进七　士 5 退 4
16. 马八进六　士 6 退 5　17. 马七退六

第 25 局　力排万难

图 25，红先和：

1. 车七平六　马 2 退 4　2. 车六进一　炮 6 平 4

3. 炮五平六　车5平4
4. 兵七平六　将4退1
5. 兵六进一　将4平5
6. 兵六进一　将5平6
7. 前兵进一　将6进1
8. 炮六平四　车7平6
9. 兵四进一　将6进1
10. 兵三平四　将6平5
11. 兵四平五　将5平4
12. 炮四平六　马5进4
13. 前兵平六　将4退1
14. 兵六进一　将4退1

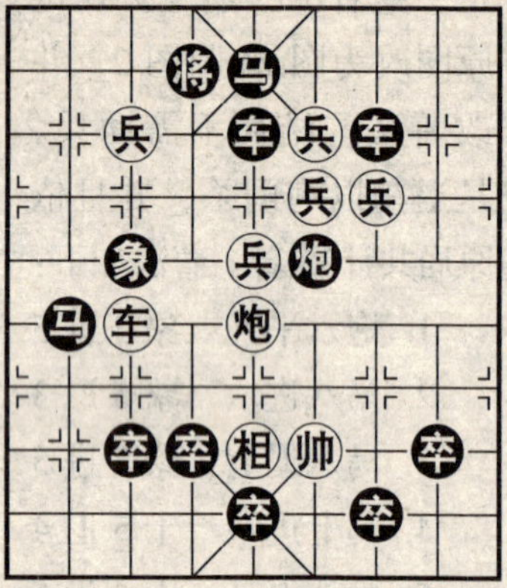

图25

15. 兵六进一　将4平5　16. 炮六平五　象3退5
17. 兵五平六　象5进7　18. 炮五退三　象7退5
19. 相五退七　象5进3　20. 后兵平五　象3退5
21. 炮五进一　卒4平5　22. 帅四平五　象5进3

双方对峙，皆有闲着可走，成和。如有一方动将帅，则被对方所乘，将告负。

本局原载于1962年5月17日《羊城晚报》。原注：这盘棋，红帅处境千钧一发，黑卒只要横行一步就杀棋。现在是红方先行。红方巧妙地运用弃子抢攻战术，连叫20个“将军”，迫使黑将绕城而走，终于解除了一个又一个威胁，力战成和。所以，特名之曰“力排万难”。

高军飞拟局

第26局　偏师建功

图26，红先胜：

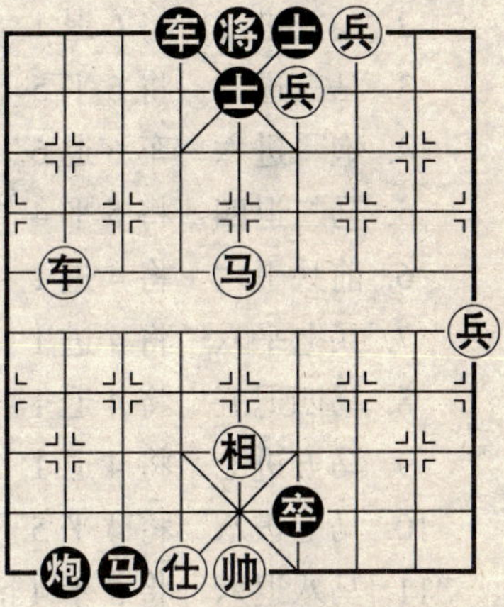

图26

1. 马五进六　车4进2
2. 车八进四　车4退2
3. 相五退七

解杀还杀，要着。

3. …………　卒6进1

如改走车4平2，则兵三平四，将5平4，后兵平五，卒6进1，帅五平四，黑方无法解杀，红方胜。

4. 帅五进一　车4平2
5. 兵三平四　将5平4
6. 后兵平五　车2进8
7. 帅五进一　车2退1　　8. 帅五退一　车2平5
9. 相七进五　炮2退9　　10. 兵四平五　炮2平5
11. 兵五进一　将4平5　　12. 帅五平六　卒6平5
13. 仕六进五　将5进1　　14. 兵一进一

黑方卒被困死，以下红方独兵擒将，此乃“偏师建功”之所指。

第27局　野马旋风

图27，红先胜：

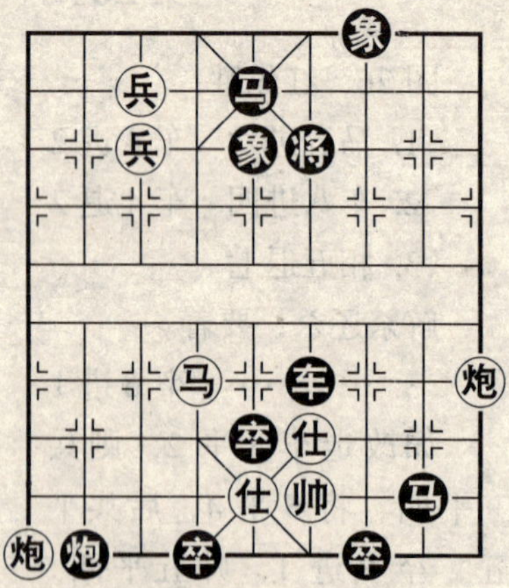

图27

1. 马六进五　将6退1
2. 马五进三　将6退1
3. 马三进二　将6平5
4. 炮一进六　车6退6
5. 马二退四　将5平4
6. 前兵平六　将4进1
7. 兵七平六　将4进1
8. 马四退五　将4退1
9. 马五进七　将4退1
10. 马七进八　将4平5
11. 马八退六　将5平4
12. 炮九平六　卒5平4　13. 马六退八　卒4平5
14. 仕五进六　将4平5　15. 马八进七

第28局　一线穿珠

图28，红先和：

1. 车五平四　士5进6　2. 车六平四　将6进1
3. 兵四进一　将6进1　4. 马八进六　车4退7
5. 前兵平四　将6退1　6. 炮九平四　炮9平6
7. 兵四进一　将6进1　8. 兵三平四　马8进6
9. 兵四进一　将6退1　10. 兵四进一　将6退1

11. 兵四进一　车4平6
12. 炮四进二

此着点题。红方一炮拴链黑方车马将，犹如一线穿珠。

12. …………　卒2平3
13. 帅五进一　后卒平4
14. 帅五进一　卒7平6
15. 相三退一　车6进1
16. 相一进三

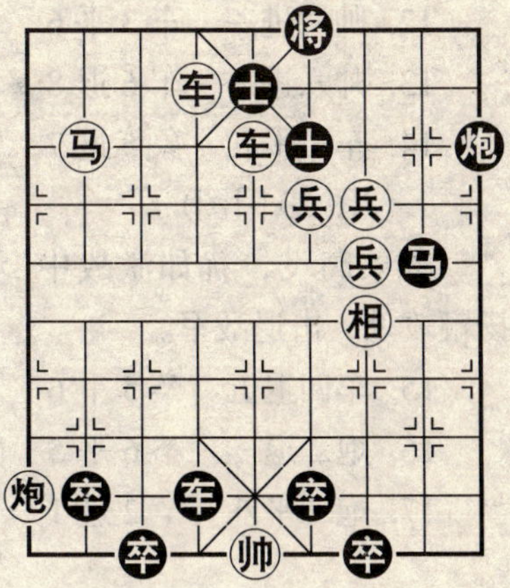

图 28

第29局　扬鞭退敌

图29，红先和：

1. 兵八平七　将4平5
2. 兵三平四　将5平6
3. 兵二平三　将6平5
4. 兵三平四　将5平6
5. 车一退一　马6进8
6. 车二平四　将6平5
7. 车一平二　将5退1
8. 车四进七　卒3平4
9. 帅六进一　马1进2
10. 帅六退一　前车进2
11. 相五退七　车3进3

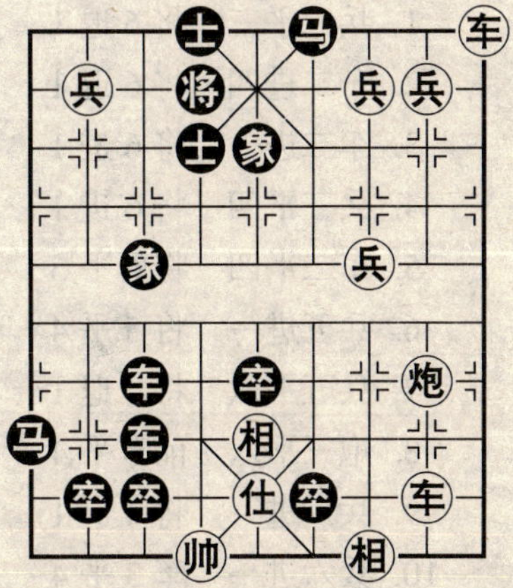

图 29

12. 帅六进一　车 3 平 6
13. 帅六进一　车 6 退 8
14. 车二平四　象 5 进 7
（图 29 附图）

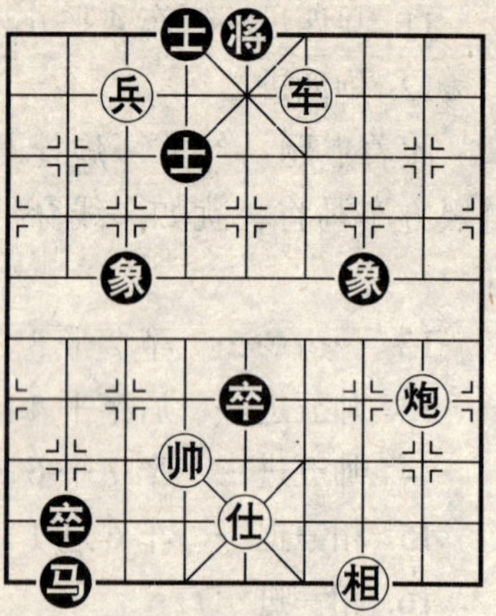

图 29 附图

黑象高飞，犹如激战中扬鞭攻杀，击退敌军。

15. 车四退五　卒 5 平 6
16. 炮二退三　卒 6 平 5
17. 炮二平八　卒 2 进 1

第 30 局　急流勇退

图 30，红先和：

1. 兵二平三　将 6 退 1
2. 车二进四　将 6 退 1
3. 车二进一　将 6 进 1
4. 兵三平四　将 6 进 1
5. 车二平四　将 6 平 5
6. 兵五进一　将 5 平 4
7. 兵五平六　将 4 退 1
8. 炮三平六　前车平 4
9. 兵六进一　将 4 退 1
10. 兵六进一　车 3 平 4
11. 炮五退八　后车进 2
12. 车四平五　将 4 进 1

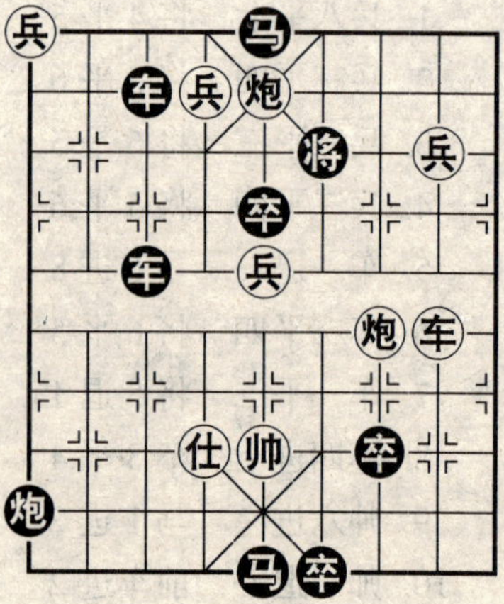

图 30

13. 车五退一　将 4 进 1
14. 车五退二　前车进 1
15. 车五平六　车 4 退 2
16. 炮五平六　炮 1 平 4
17. 仕六退五　卒 6 平 5
18. 炮六进六　炮 4 退 4

第 31 局　棋局测验

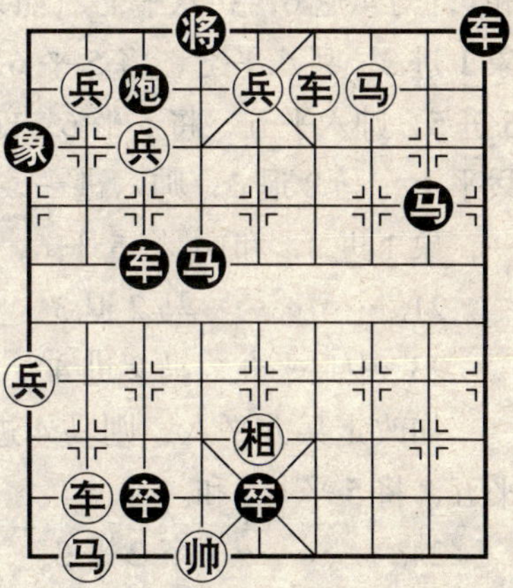

图 31

图 31，红先和：

1. 兵五平六　将 4 平 5
2. 车四平五　将 5 平 6
3. 车五进一　将 6 进 1
4. 兵六平五　将 6 进 1
5. 马三退二　将 6 平 5
6. 马二退四　将 5 平 6
7. 马四进六　将 6 平 5
8. 兵五平四　车 9 平 5
9. 马六进七　将 5 平 6
10. 马七进五　将 6 退 1
11. 马五退六　将 6 平 5
12. 马六退七　卒 3 进 1
13. 相五退七　卒 5 进 1
14. 帅六进一　马 4 进 3
15. 帅六进一　马 3 进 2
16. 帅六退一　象 1 进 3
17. 兵九进一　卒 5 平 4
18. 兵九进一　卒 4 平 3
19. 兵九平八　象 3 退 1
20. 后兵进一　卒 3 平 2

(图 31 附图)

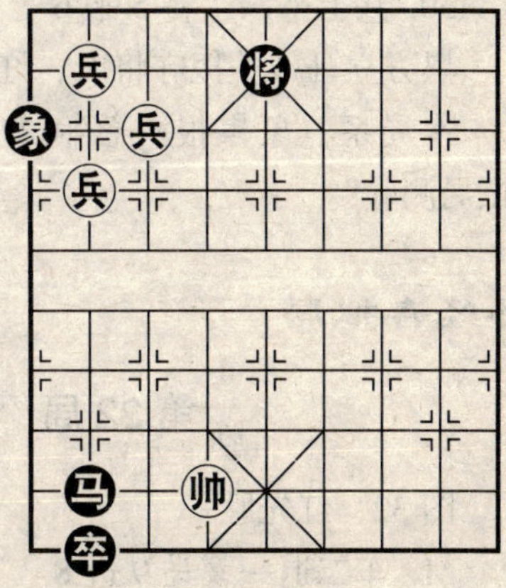

图 31 附图

21. 兵七平八

如附图形势，红方另有两种着法：一、兵七平六，马2退3，帅六进一，马3退4，后兵平七（如前兵平七，马4退2，兵七平六，将5退1，后兵平五，马2进3，帅六退一，马3退4，和），马4退6，兵六平七（如兵七平六，马6退4，兵六进一，象1进3，兵八平七，将5平6，兵七平六，将6进1，和），马6进5，帅六平五，将5平6，前兵平六，象1进3，和；二、后兵平七，马2退3，帅六进一，马3退5，帅六平五（如帅六退一，象1进3，和），将5平6，前兵平六，象1进3，和。

21. ………… 马2退3　22. 帅六进一　马3退2

23. 中兵平九　马2进4　24. 帅六退一

如改走兵九平八，则马4进6，帅六退一，马6退5，帅六平五，将5平6，和。

24. ………… 卒2平3　25. 兵九平八　卒3平2

26. 中兵平七　将5进1　27. 前兵平七　卒2平3

28. 前兵平六　卒3平2　29. 兵八平七　马4退3

30. 兵七平六　将5平6

黑方立马雄关扼守将府，红方兵临城下无可奈何。和局。

本局系《象棋报》总第274期（1994年12月18日出版）“棋局测验”。

孙经存拟局

第32局　小中见大

图32，红先胜：

1. 车二退一　马9进8　2. 车二退二　士5进6

3. 车二平四　象7进5　4. 兵七平六　炮4进2

5. 马六进四　炮2平6

6. 马九退七　将4退1

7. 车四进一　士6进5

8. 兵八平七

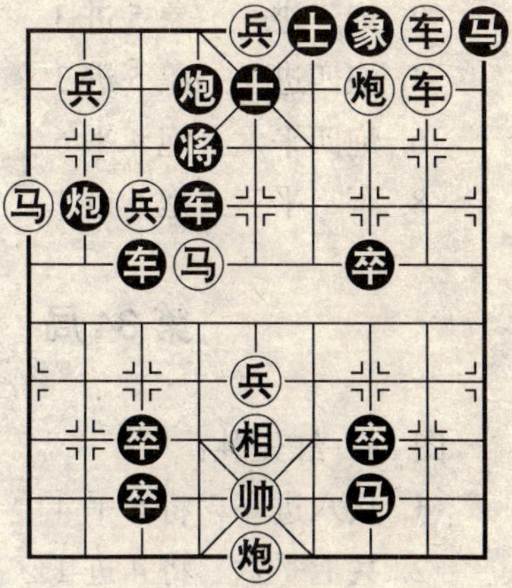

图 32

局图下面有一“小”字形。弈完后，上面又见一“大”字形，合成“大小”二字。

孙经存（1911—1986年），原籍浙江绍兴。北京排局家。20世纪30年代初，主持《小小日报》《现代日报》象棋专栏，主编《汇报》及《民强报》象棋周刊。新中国成立后，作品散见于《象棋月刊》（福州）、《象棋》（广州）、《北方棋艺》（哈尔滨）、《象棋研究》（哈尔滨）、《象棋报》（广州）、《体育报》（北京）、《北京晚报》等报刊，以及《象棋现代排局》等排局谱。与那健庭合编《华北象棋名手对局汇编》，与张德华、钱梦吾合编《万象棋苑》，与屠景明合编油印本《棋坛纵横录》。

第33局　鸳鸯戏水

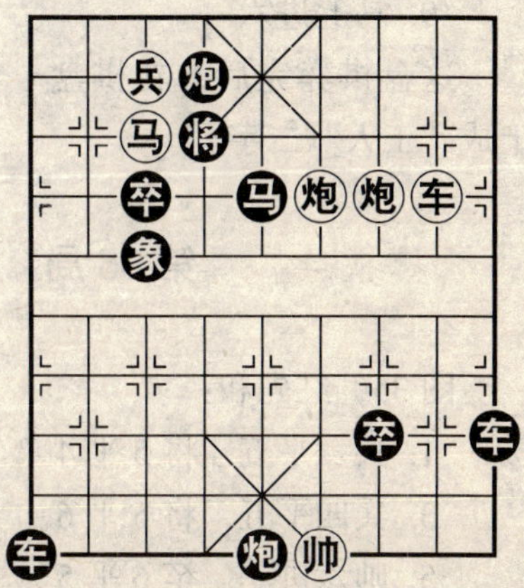

图 33

图33，红先胜：

1. 车二进一　象3退5

2. 炮三进一　象5进3　　3. 炮三进一　象3退5
4. 炮四进一　象5进3　　5. 炮四进二　马5退7
6. 炮四平六　炮4平6　　7. 兵七平六　将4平5
8. 车二平三　炮6进1　　9. 车三平四

第34局　工人团结

图34，红先胜：

1. 兵六进一　将5平4
2. 兵七平六　将4进1
3. 车七平六　士5进4
4. 前车进一　将4进1
5. 车六进一　卒3平4
6. 车六进一　马2退4
7. 车六进一　炮1平4
8. 炮九平六　炮4平6
9. 马七进六

这盘棋弈完后，在棋盘上成“工人”二字。

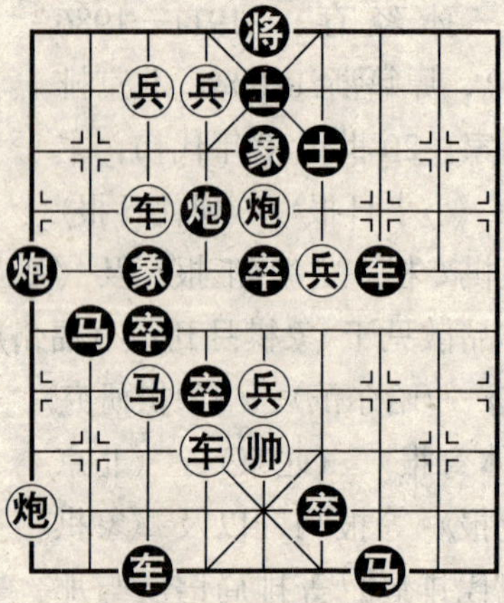

图34

第35局　画中有画

图35，红先和：

1. 兵六平五　将5平4　　2. 兵五平六　将4平5
3. 兵四平五　将5平6　　4. 兵六进一　前卒平5
5. 帅六进一　卒6平5　　6. 仕六退五　前车平5

7. 帅六平五　车 7 平 5
8. 帅五进一　炮 7 退 9
9. 兵六平五　炮 7 平 5
10. 兵五进一　将 6 平 5

本局图呈“凹凸”不平，结局时为“四点”一线。

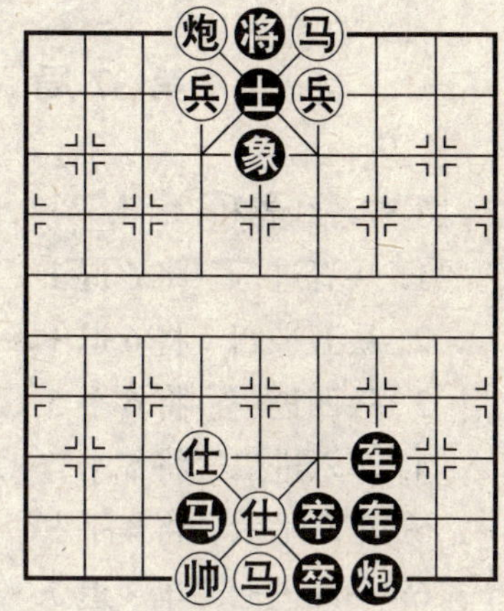

图 35

第 36 局　双峰插云

图 36，红先胜：

1. 炮三平五　卒 5 进 1
2. 兵七平六　将 5 平 4
3. 兵八平七　将 4 平 5
4. 兵七平六　将 5 平 4
5. 车四平六　卒 5 平 4
6. 车六进一　炮 4 进 5
7. 车九平六　将 4 平 5
8. 马五退七　炮 5 平 4
9. 车六平五　将 5 平 6
10. 马七退六　将 6 退 1
11. 车五平四　马 8 进 6
12. 车四进一

弈完后形成两行五子之图案。

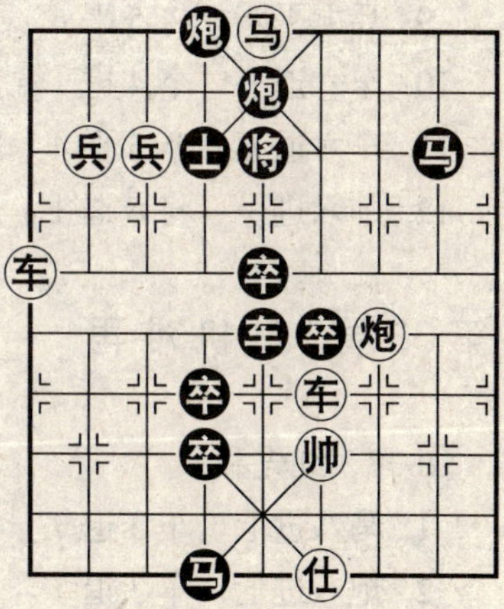

图 36

第37局 两败俱伤

图37，红先和：

1. 兵五进一　将6退1
2. 兵五平四　将6退1
3. 兵四进一　将6平5
4. 车六进二　将5平4
5. 车八平六　将4平5
6. 马九进七　车3退7
7. 兵八平七　马5进4
8. 兵四进一　将5进1
9. 兵七平六　将5平6
10. 车六退一　卒4进1
11. 车六退五　卒5平4
12. 帅六进一　将6退1

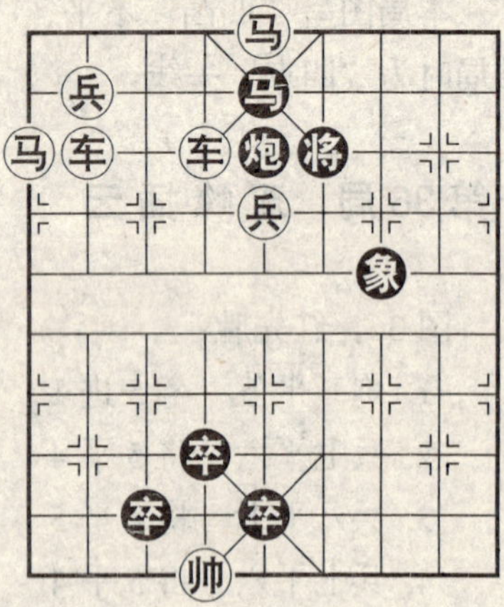

图37

第38局 良机难再

图38，红先和：

1. 马八进七　车3退7
2. 炮八进七　车3退1
3. 马四进三　将5平6
4. 兵三平四　卒5平6
5. 车三平二　士5进6
6. 马三退四　后卒平5
7. 马四进六　象7退5

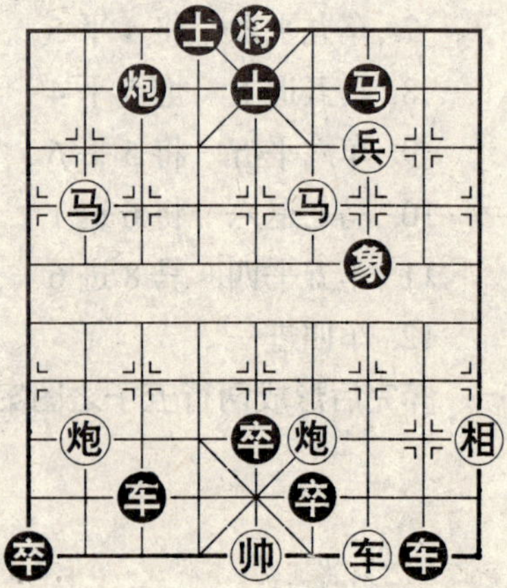

图38

8. 马六进七　象5退3　　9. 相一进三　卒6平5

如改走卒5进1，则帅五平六，卒1平2，相三退五，红方胜。

10. 帅五平四　后卒平6　11. 车二进一　卒6进1

12. 车二平四　卒5平6　13. 帅四进一

第39局　独辟蹊径

图39，红先和：

1. 马九退七　将5平6
2. 兵三进一　将6退1
3. 车二平四　马7进6
4. 兵三进一　将6退1
5. 车四进一　士5进6
6. 马七退五　士6退5
7. 兵三进一　将6进1
8. 马五退三　将6进1
9. 马三进二　将6退1
10. 马二退三　将6进1
11. 马三退一　车1平5
12. 马一退三　车5平4
13. 帅六平五

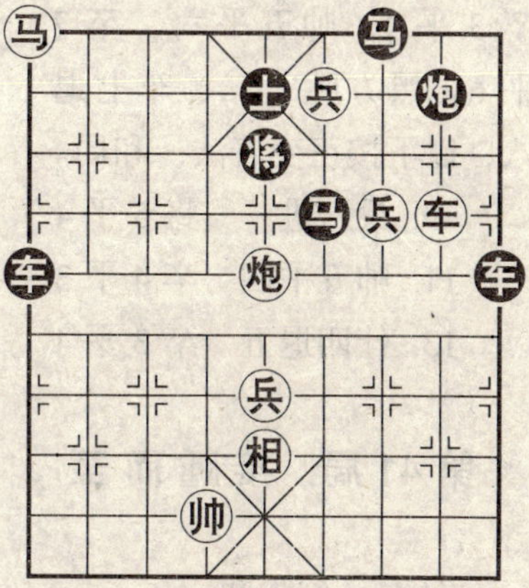

图39

第40局　曲径通幽

图40，红先和：

1. 兵三平四　将6退1　　2. 车八平四　士5进6

3. 车四进四　将 6 平 5
4. 车四进一　将 5 退 1
5. 车四进一　将 5 进 1
6. 车四平七　象 5 退 7
7. 前兵平六　将 5 平 4
8. 兵七平六　将 4 平 5

如改走将 4 进 1 吃兵，以下有两种着法：一、车七平六，将4 平 5，车六退八，卒 3 平 4，帅五平六，卒 7 平 6，黑方胜；二、车七退八，以下按正变着法，和局。

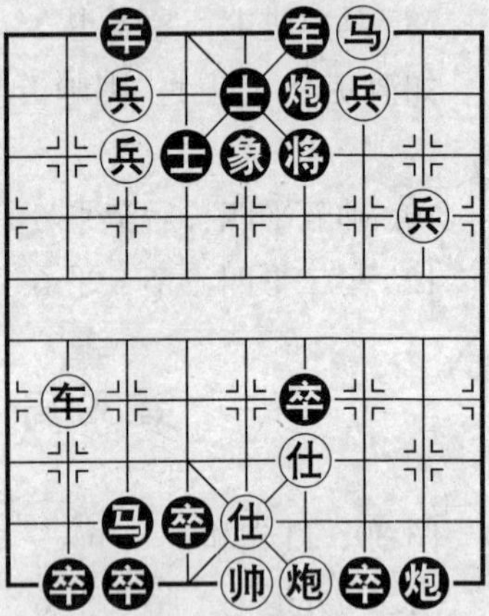

图 40

9. 兵六进一　将 5 平 4
10. 车七退八　卒 7 平 6
11. 帅五平四　卒 4 平 3
12. 仕五退六　前卒平 4
13. 仕四退五　卒 3 平 4
14. 帅四进一

第 41 局　接踵而至

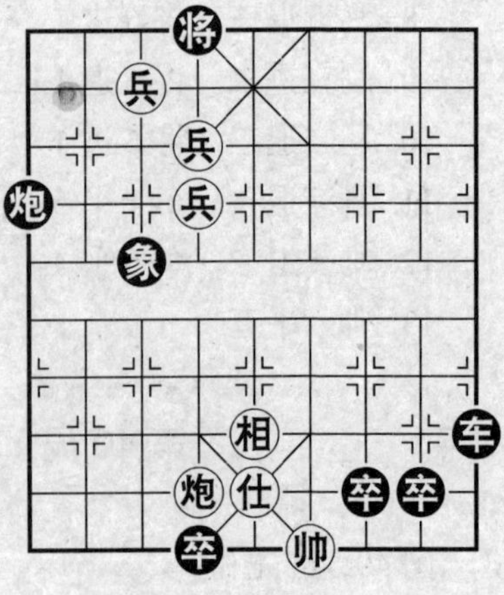

图 41

图 41，红先和：

1. 兵七进一　将 4 平 5
2. 兵七平六　将 5 进 1
3. 中兵进一　将 5 进 1
4. 后兵平五　将 5 平 4
5. 仕五进六　炮 1 平 4
6. 兵五平六　将 4 退 1
7. 后兵进一　将 4 退 1
8. 兵六进一　将 4 平 5

9. 炮六平五　象 3 退 5　10. 相五进三　象 5 进 3
11. 相三退一　卒 4 平 5　12. 帅四平五　卒 7 平 6
13. 炮五进二　卒 8 平 7

第 42 局　滚滚向前

图 42，红先和：

1. 前兵平六　将 4 进 1
2. 前车进五　马 8 退 6
3. 车四进六　车 9 平 6
4. 前兵平六　将 4 进 1
5. 兵七平六　将 4 退 1
6. 炮三平六　卒 3 平 4
7. 兵六进一　将 4 退 1
8. 兵六进一　车 6 平 4
9. 炮九退三　前卒平 5
10. 帅五平六　卒 4 进 1

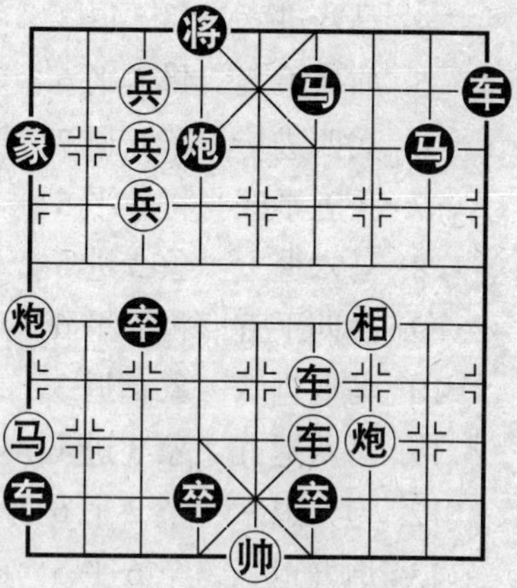

图 42

如改走卒 6 进 1，则炮九退一，卒 4 进 1，炮六进六，卒 4 进 1，马九进七，将 4 进 1，炮九平四，将 4 平 5，相三退五，卒 4 进 1，马七退六，卒 5 平 4，帅六进一，和。

11. 炮六进六　卒 4 进 1　12. 马九进七　将 4 进 1
13. 炮九平四

红方此时改走其他着法，则黑卒 4 进 1，马七退六，卒 5 平 4，帅六平五，卒 4 平 5，黑方胜。

13. …………　卒 5 平 6　14. 帅六平五

第43局　排除万难

图43，红先和：

1. 兵三平四　将5退1
2. 车七进三　象5退3
3. 炮九进五　象3进5
4. 马八进六　象5退3
5. 前兵平五　将5平6
6. 兵四进一　车6退7
7. 兵五平四　将6平5
8. 马六退七　象3进5
9. 兵四平五　将5平6
10. 马七进八　象5退3
11. 马八退九　象3进1
12. 炮九退六　卒7平6
13. 炮九退三　卒6平5
14. 炮九平五　卒5进1
15. 帅六平五

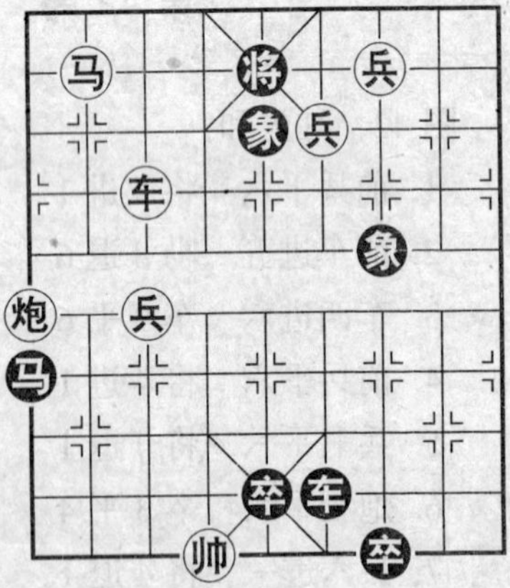

图43

第44局　群舟争渡

图44，红先和：

1. 兵五进一　将6平5
2. 兵六进一　将5平4
3. 兵七进一　将4退1
4. 车二进八　炮7退1

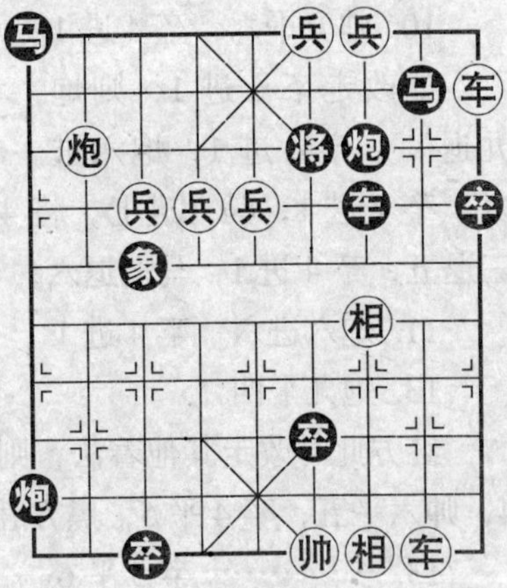

图44

5. 车二平三　车7退2　6. 车一平三　将4退1
7. 兵四平五　将4平5　8. 兵三平四　将5平4
9. 兵四平五　将4平5　10. 车三进一　将5进1
11. 车三平九　卒3平4　12. 相三进五　炮1平3
13. 车九退九　炮3进1　14. 车九平七　卒4平3
15. 相五退七　卒9进1　16. 炮八退三

第45局　炮兵阻敌

图45，红先和：

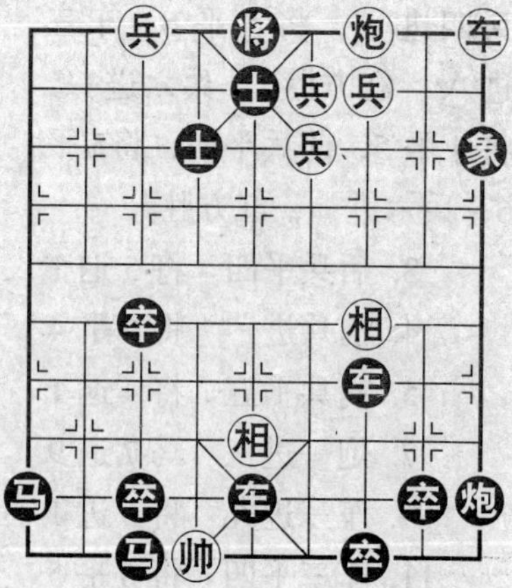

图45

1. 前兵进一　将5平6
2. 兵三平四　将6平5
3. 炮三退六　炮9退8
4. 炮三平五　士5退6
5. 炮五退二　士6进5
6. 相五进七　士5进6
7. 相七退五　士6退5
8. 相五退七　士5进6
9. 相七进五　士6退5
10. 相五退三　士5进6
11. 相三进五　士6退5
12. 炮五平九　炮9平3
13. 炮九平二　炮3进1　14. 炮二进二　炮3平6
15. 炮二平五　士5进6

第46局　搏风击浪

图 46，红先和：

1. 兵五进一　将 5 退 1
2. 兵五进一　将 5 进 1

如改走将 5 平 4，则兵五平六，将 4 退 1（如将 4 平 5，以下后兵平五，将 5 进 1，后兵平四，将 5 退 1，兵四进一，将 5 平 6，车三进八，红方胜），兵六进一，将 4 平 5，前兵平四，将5 平 6，兵六进一，红方胜。

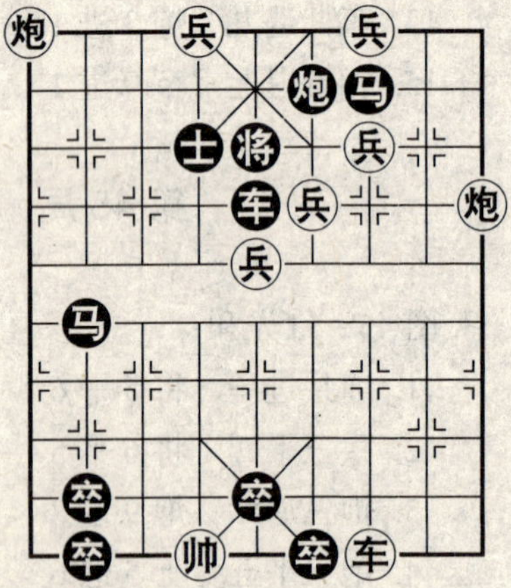

图 46

3. 后兵平四　将 5 退 1
4. 前兵进一　将 5 平 4
5. 前兵平五　将 4 退 1
6. 兵五平六　将 4 平 5
7. 炮一进三　马 7 退 9
8. 后三平四　将 5 平 6
9. 车三进九　将 6 进 1
10. 兵四进一　将 6 进 1
11. 车三平四　将 6 平 5
12. 车四平五　将 5 平 6
13. 车五退八　马 2 进 3
14. 帅六进一　马 3 进 5
15. 帅六平五　马 9 进 7

红方数弃其兵，采取弃兵吸引的战术，搏风击浪，挽救危局。着法精警，回味无穷。

第47局 战地黄花

图47，红先和：

1. 车一进七　将6退1
2. 车一进一　将6进1
3. 兵五平四　将6进1
4. 马四进五　车5退4
5. 车一平四　将6平5
6. 马六退七　将5平4
7. 马七退五　将4平5
8. 马五进七　将5平4
9. 兵八平七　将4退1
10. 兵七进一

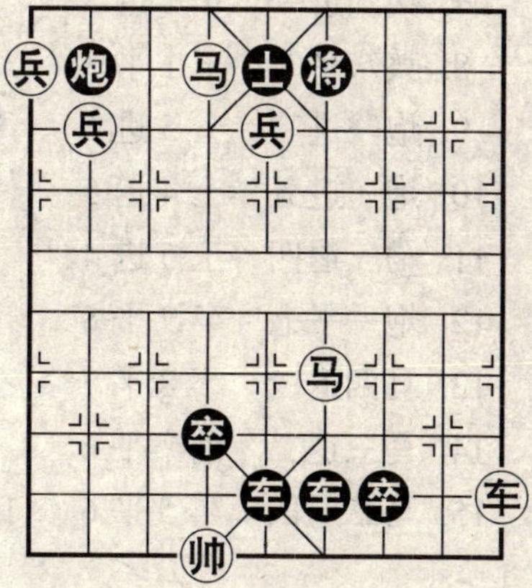

图47

如改走兵七平六，则将4进1，马七进八，将4退1，马八退七，将4进1，车四退八，卒7平6，马七退五，将4退1，帅六平五，卒4进1，马五退六，将4退1，黑将最后平6胜定。

10. …………　将4进1　11. 车四退八　卒7平6
12. 马七退五　将4平5　13. 马五退四　炮2退1
14. 马四退六　将5平4　15. 兵七进一　卒6平5
16. 兵七平八

第48局 引水归渠

图48，红先和：

1. 兵六平五　将5平6　2. 兵五平四　将6退1

3. 兵四进一　将6退1
4. 兵四进一　将6平5
5. 兵四进一　将5平4
6. 兵四平五　将4进1
7. 兵八进一　车1退5
8. 兵八平七　车1平3
9. 炮一进三　士5进6
10. 炮一进五　士4退5
11. 马三退四　士5进4
12. 炮一平七　卒9平8
13. 马四退三　卒8平7
14. 马三退二　前卒平6
15. 马二退四　卒5平6　16. 帅四进一

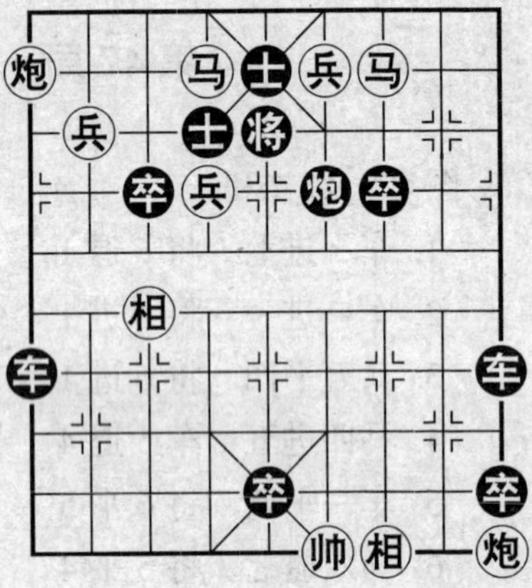

图48

第49局　舍身炸堡

图49，红先和：

1. 兵六进一　将4退1
2. 炮二平六　士5进4
3. 兵六进一　将4平5
4. 炮六平五　象5进3
5. 炮五退二　象3退5
6. 相五进三　象5进3
7. 相三退五　象3退5
8. 相五退三　象5退3
9. 相三进五　象3进5
10. 兵六平五　将5退1

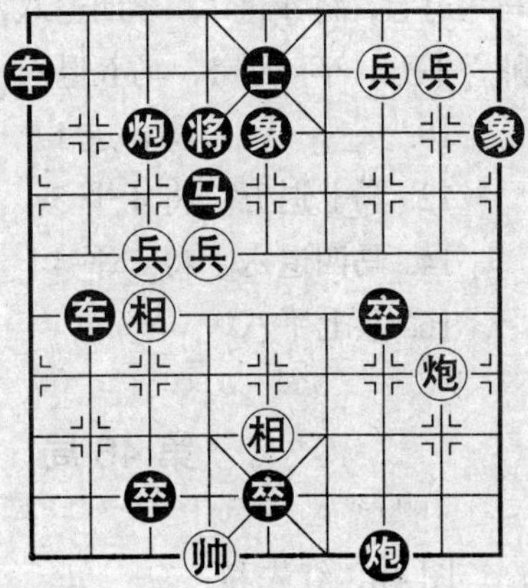

图49

11. 相五退七　车1平5　12. 兵三平四　卒3进1
13. 帅六进一　车2进3　14. 帅六进一　车2平5
15. 兵五进一

如改走兵四平五，则将5平6，兵二平三，炮3退1，黑方胜。

15. …………　车5退7　16. 兵四平五　将5进1

第50局　观阵作战

图50，红先和：

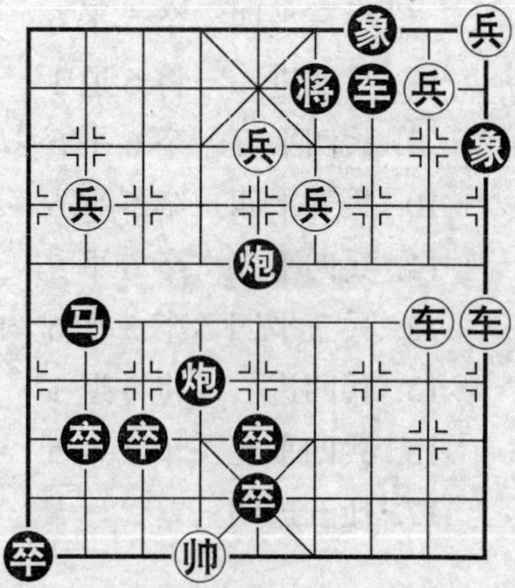

图50

1. 兵二平三　将6退1
2. 兵三平四　将6进1
3. 兵四进一　将6退1
4. 兵四进一　将6平5
5. 兵五进一　将5平4
6. 车二平六　炮5平4
7. 车六进一　马2退4
8. 车一平六　卒3平4
9. 车六退一　卒4进1
10. 车六退二　卒5平4
11. 帅六进一　卒5进1
12. 帅六进一　卒2平3
13. 帅六平五　马4退2　14. 兵四进一　马2退3
15. 兵四平五　马3退5　16. 兵五进一　将4进1
17. 帅五退一

第51局 长缨在手

图51，红先和：

1. 兵三平四　将6进1
2. 炮四退三　卒6平5
3. 炮四退三　卒5平6
4. 仕四退五　卒6平7
5. 兵五平四　卒7平6
6. 兵四平三　卒6平5
7. 兵三平四　卒5平6
8. 兵四进一　将6退1
9. 兵四平五　卒6平5
10. 兵五平四　卒5平6
11. 兵四平三　卒6平5
12. 兵三平四　卒5平6
13. 兵四进一　将6退1
14. 兵四进一　将6平5
15. 兵四平五　车2平5
16. 马七进五　将5进1
17. 仕五进四

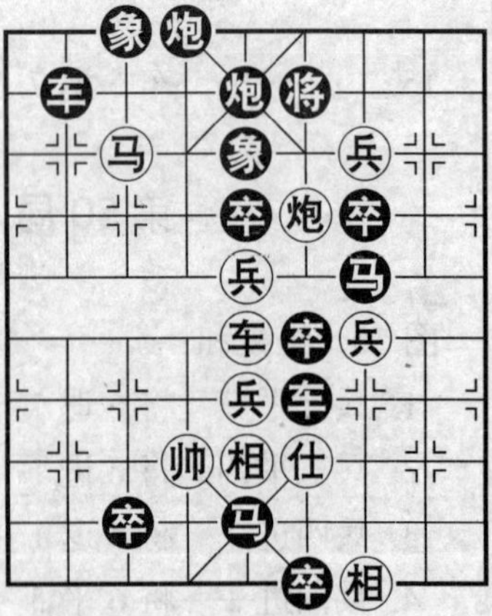

图51

第52局 漂洋过海

图52，红先和：

1. 后兵平七　将4退1
2. 兵七进一　将4退1
3. 车一平六　车5平4
4. 车六进一　马6退4
5. 车六进一　炮1平4
6. 兵七平六　将4进1

7. 兵八平七　将 4 退 1
8. 兵七平六　将 4 进 1
9. 车九进八　将 4 退 1
10. 车六进二　士 5 进 4
11. 兵四平五　将 4 平 5
12. 炮一进九　象 5 退 7
13. 兵二平三　车 6 退 8
14. 兵三平四　将 5 平 6
15. 车九退七　卒 4 进 1
16. 车九平六　卒 5 平 4
17. 帅六进一

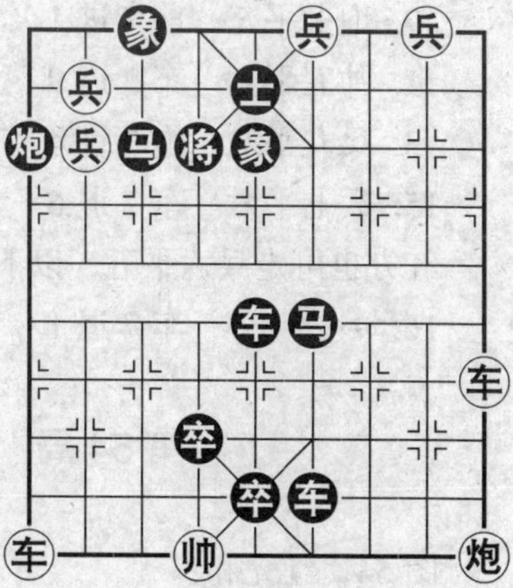

图 52

第 53 局　宇 宙 飞 船

图 53，红先胜：

1. 炮二进七　炮 8 退 4
2. 炮二平三　炮 8 平 7
3. 炮三退五　炮 7 进 2

如改走马 3 进 4，则炮三平七，马 4 进 3，相九进七，炮 7 进 2，炮七进六，下着再炮七退二，红方胜。

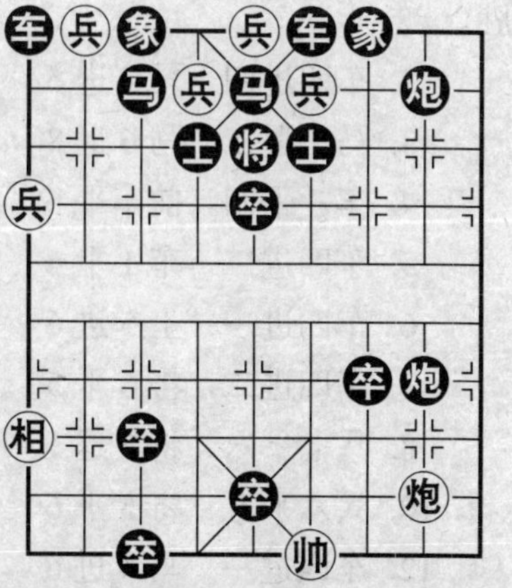

图 53

4. 炮三平七　炮 7 平 3
5. 炮七进五　炮 3 退 2
6. 炮七退六　炮 3 进 2
7. 炮七进七　炮 3 退 2
8. 兵五平四　车 1 平 2

9. 炮七平三　前卒进1　10. 帅四平五　卒3平4
11. 帅五平六　车2进9　12. 帅六进一　车2平7
13. 兵九平八　炮3进4　14. 兵八平七　炮3平4
15. 兵七平六　车7退6　16. 炮三退二

红方也可走兵六平五，以下车7平5，炮三退二，红方胜。

16. ………　车7退1　17. 兵六平五

第54局　不破不立

图54，红先和：

1. 车三平四　炮2平6

如改走士5进6，则车四进五，将6平5，兵七平六，将5退1，车四平五，马7进5，马三退四，红方胜。

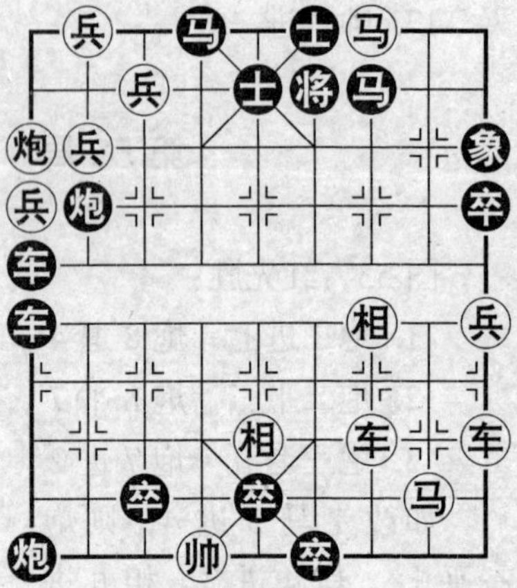

图54

2. 车四进四　马7进6
3. 马三退二　马6退8
4. 车一平四　前车平6
5. 车四进二　车1平6
6. 车四进一　士5进6
7. 车四进二　将6平5
8. 兵七平六　将5退1　9. 车四平五　士6进5
10. 兵六平五　将5平6　11. 车五平四　马8退6
12. 车四进一　马4进6　13. 炮九进二　炮1退9
14. 兵五平四　将6进1　15. 马二退四　炮1进1
16. 兵八进一　炮1进1　17. 兵九进一　将6进1

第55局　扫雷开道

图55，红先胜：

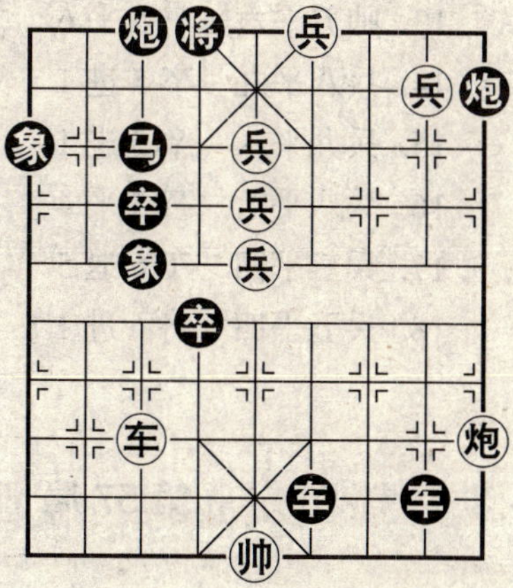

图55

1. 炮一平六　卒4平5
2. 前兵平六　卒5平4
3. 兵六平七　卒4平5
4. 前兵平六　卒5平4
5. 兵六平七　卒4平5
6. 兵五平六　卒5平4
7. 兵六平七　卒4平5
8. 前兵平六　卒5平4
9. 兵六平五　卒4平5
10. 前兵平六　卒5平4
11. 兵六平五　卒4平5
12. 兵七平六　卒5平4
13. 车七进七　象1退3　14. 兵六平七　卒4平5
15. 后兵平六　卒5平4　16. 兵六平七　卒4平5
17. 兵五平六　卒5平4　18. 兵四平五

第56局　迎头痛击

图56，红先和：

1. 兵四平五　将5平6　2. 兵六进一　车6进5
3. 帅四平五　卒3平4　4. 帅五平六　卒2平3
5. 帅六平五　卒3平4　6. 帅五平六　车6平4
7. 帅六进一　卒4进1　8. 帅六平五　卒4进1

9. 帅五平六　车2平4
10. 帅六平五　车4退3
11. 兵一平二　车4进6
12. 兵二平三　车4平5
13. 帅五平六　车5平6
14. 兵八平九　卒5进1
15. 兵九平八　卒5进1
16. 兵八平七　卒5平4
17. 兵三平四　车6退5
18. 兵五平四　将6进1

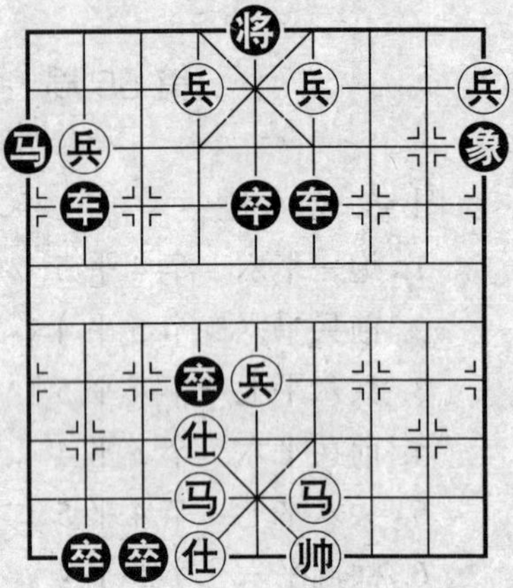

图56

第57局　珠帘卷雨

图57，红先和：

1. 车八进七　将4退1
2. 车八平六　将4进1
3. 兵六进一　将4退1
4. 兵六进一　将4退1
5. 兵六进一　将4平5
6. 车三进一　士5退6
7. 兵六进一　将5进1
8. 车三退一　将5进1
9. 炮三进一　士6退5
10. 炮三平一　士5进6
11. 兵二进一　士6退5
12. 车三退一　士5进6

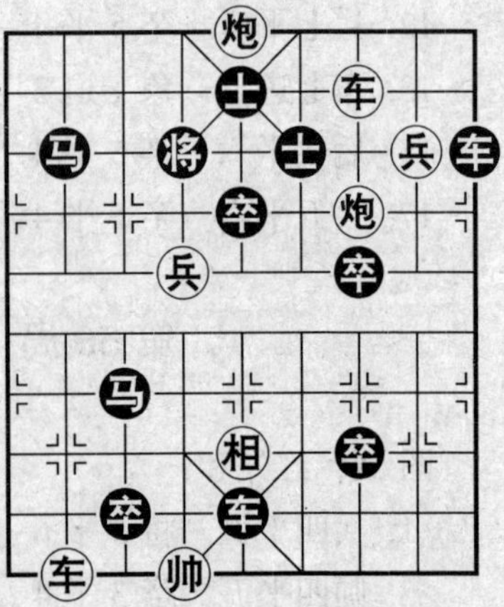

图57

13. 车三退二 士6退5　14. 车三进二 士5进6
15. 车三退五 士6退5　16. 车三进五 士5进6
17. 车三退六 士6退5　18. 车三平五 卒3平4
19. 车五平六 马3进4　20. 帅六进一 士5退4

第58局 运斤成风

图58，红先和：

1. 前兵平六 将5平4
2. 炮三进三 士6进5
3. 炮三退一 士5退6
4. 炮二进二 士6进5
5. 兵七平六 将4平5
6. 炮二退五 士5退6
7. 炮三进一 士6进5
8. 炮三退六 士5退6
9. 车九平五 炮1平5
10. 车五进四 象3退5
11. 炮三平五 马7进5
12. 炮二进五 士6进5

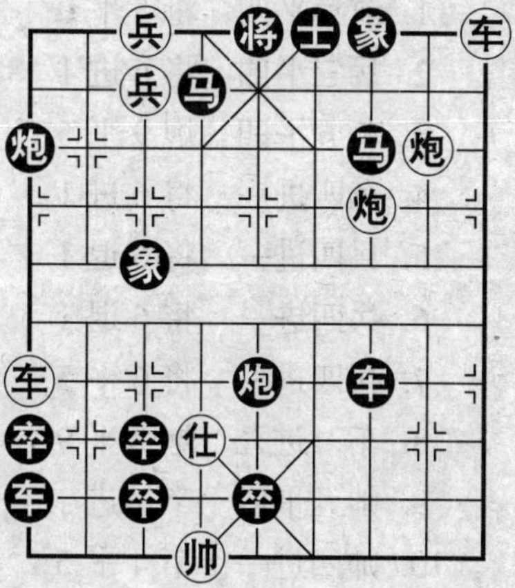

图58

13. 炮五进四 将5平6　14. 炮二退九 将6进1
15. 兵六平五 将6平5　16. 炮五退六 马5进6
17. 炮五平九 后卒平4　18. 车一退八 卒3平4
19. 车一平六 卒4进1　20. 帅六进一 卒1进1
21. 炮二进一

运斤成风，语出《庄子·徐无鬼》：“郢人垩（垩 è：白粉）漫其鼻端，若蝇翼，使匠石斫（斫 zhuó：用刀斧砍）之。匠石运斤（运斤：挥动斧头）成风，听（听：不用眼睛）而斫之，尽垩而鼻不伤，郢人立不失容。”这本是寓言，比喻手法熟练，神乎其技。本局以“运斤成风”借指红方双炮的运用，灵巧老练，十分娴熟。

第59局 松下问童

图59，红先和：

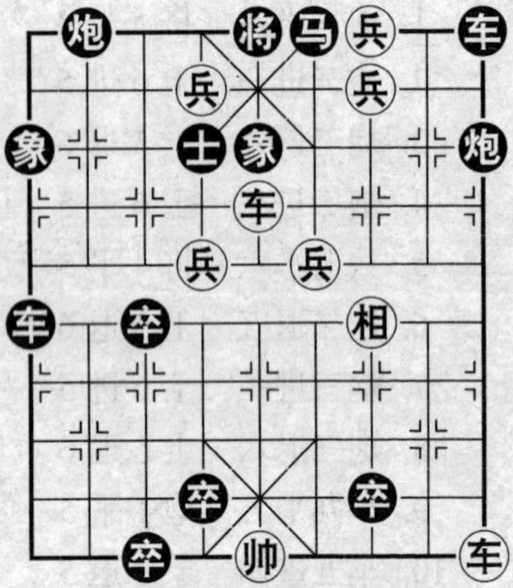

图59

1. 前兵平四　将5平6
2. 兵三平四　将6进1
3. 车五平四　炮9平6
4. 车四进一　将6进1
5. 兵四进一　将6退1
6. 兵四进一　将6退1
7. 兵四进一　将6平5
8. 车一进九　炮2平9
9. 帅五平四　卒7进1
10. 帅四进一　卒4平5
11. 帅四进一　车1进2
12. 相三退五　车1平5
13. 帅四平五　炮9进1
14. 后兵进一　炮9平4
15. 兵六进一　炮4平2
16. 兵六平五　后卒平4
17. 兵四平五　将5平6
18. 后兵平四　卒4平5
19. 帅五退一　象1进3
20. 帅五平四　卒5平6
21. 帅四平五　卒6平5

此局最后10着棋，系上海顾太生先生改拟。

第60局　披荆斩棘

图60，红先和：

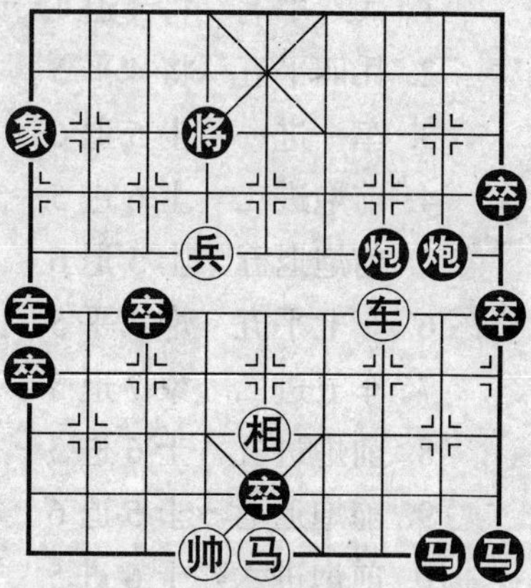

图60

1. 兵六进一　将4退1
2. 兵六进一　将4平5
3. 兵六进一　将5进1
4. 车三进一　将5平6
5. 车三平四　将6平5
6. 车四平二　将5平6
7. 车二进二　将6退1
8. 车二退七　将6进1
9. 车二进七　将6退1
10. 车二退一　将6进1
11. 车二平四　将6平5
12. 车四平一　将5平6
13. 车一进一　将6退1　14. 车一退三　将6进1
15. 车一进三　将6退1　16. 车一退七　将6进1
17. 车一进七　将6退1　18. 车一退三　将6进1
19. 车一平四　将6平5　20. 车四平七　卒5进1
21. 帅六进一　车1平3　22. 相五进七

红方巧用顿挫，借兵使车披荆斩棘，横扫黑方双马、双炮、双卒，颇有意趣。

第61局　月下听琴

图61，红先和：

1. 兵八平七　将4退1
2. 兵四平五　将4平5
3. 车一进一　士5退6
4. 前炮进二　士6进5
5. 前炮退五　士5退6
6. 车七平五　炮3平5
7. 车五进二　象7退5
8. 前炮进五　士6进5
9. 前炮退七　士5退6
10. 前炮进六　士6进5
11. 前炮退九　士5退6
12. 前炮进七　士6进5
13. 前炮平八　士5退6

(图61附图)

14. 炮三进九

如改走兵七进一，则车2退6，兵七平八，卒6平5，帅五平四，卒9平8，炮三进九，象5退7，车一平三，卒4进1，黑方胜。

14. …………　士6进5
15. 炮三退五　士5退6

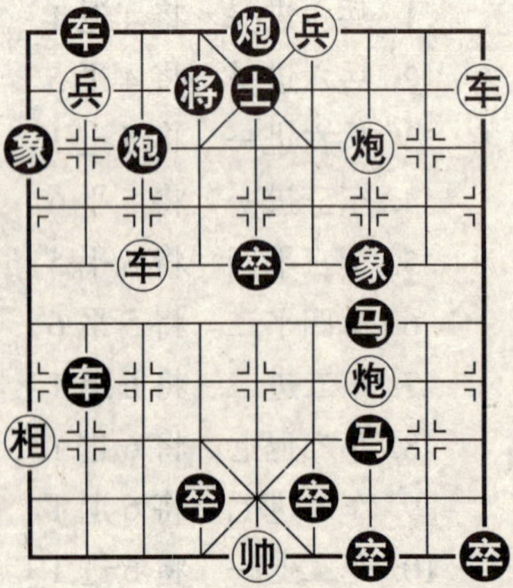

图61

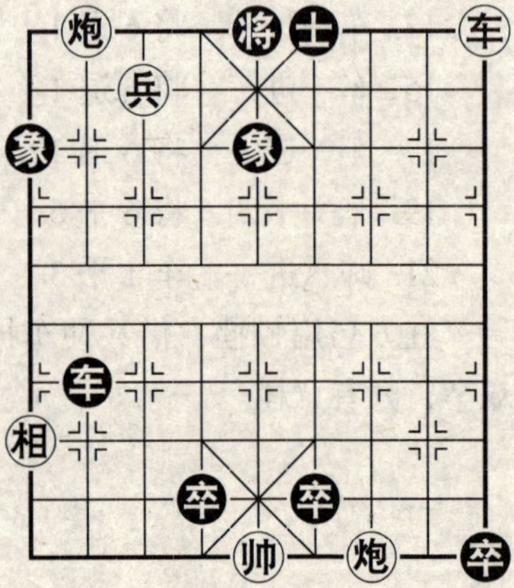

图61附图

16. 兵七进一　车2退6　17. 兵七平八　卒6平5
18. 帅五平四　卒9平8　19. 车一退九　卒8平9
20. 相九进七　卒9平8　21. 相七退五　象5进7
22. 炮三平五

第62局　雁阵惊寒

图62，红先和：

1. 后炮平四　马5退6
2. 兵三进一

如改走兵三平四，则将6退1，兵四进一，将6平5，兵四平五，马6退5，马一退三，将5平4，炮九平六，马2进4，兵六进一，将4进1，兵七平六，将4进1，马二退四，将4退1，炮四平六，卒3平4，马四进六，将4进1，马三退四，马5进6，黑方胜。

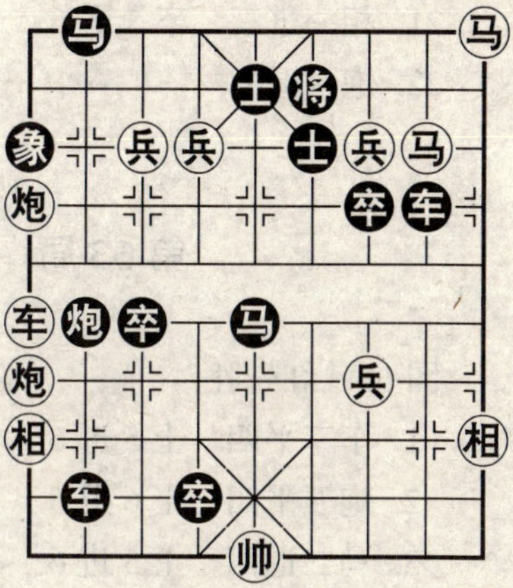

图62

2. ………　将6退1　3. 兵三进一　将6平5
4. 马一退三　将5平4　5. 炮九平六　马2进4
6. 兵六进一　将4进1　7. 兵七平六　将4进1
8. 马二退四　将4退1　9. 马四进六　将4进1
10. 马三退四　将4退1　11. 马四进六　将4进1
12. 炮四平六　卒3平4　13. 前炮平二　卒4进1

14. 车九进三　将4退1
15. 车九进一　炮2退4
（图62附图）
16. 车九平八　车2退7
17. 炮二进二　将4进1
18. 炮二平八　后卒平5
19. 相九进七　卒7进1
20. 兵三进一　卒7进1
21. 相一进三　卒5平6
22. 炮八退七

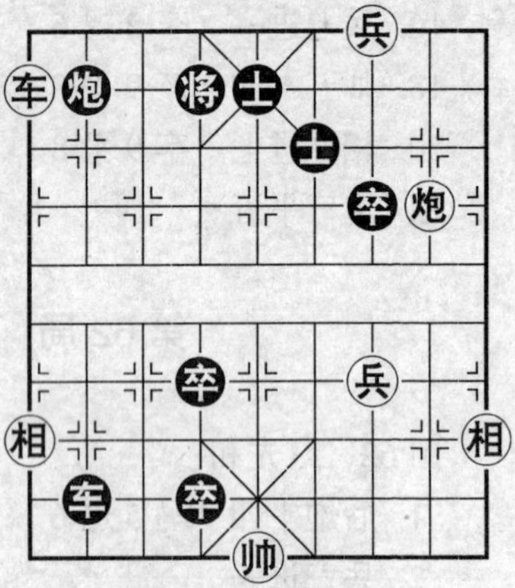

图62附图

第63局　鞠躬尽瘁

图63，红先胜：

1. 车三平四　士5进6
2. 炮五平四　士6退5
3. 马二退四　士5进6
4. 马四退五　士6退5
5. 马五退四　士5进6
6. 马四退三　士6退5
7. 马三进四　士5进6
8. 马四进二　士6退5
9. 马二进四　士5进6
10. 马四退六　士6退5
11. 马六进四　士5进6
12. 马四进三　士6退5

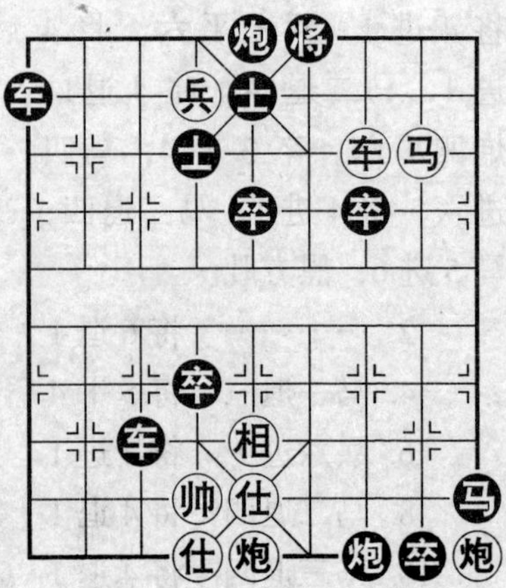

图63

13. 马三退四　士5进6　14. 马四进五　士6退5
15. 马五进三　将6进1　16. 马三退四　士5进6
17. 马四退三　士6退5　18. 马三退四　士5进6
19. 马四退二　士6进5　20. 马二进四　士5进6
21. 马四进三　士6退5　22. 马三进四　士5进6
23. 马四进二　士6退5　24. 马二进四

红马从第3回合起，20余番挪腾跳跃，扫除各种障碍后壮烈牺牲，鞠躬尽瘁于此可见。

24. ………… 将6进1　25. 仕五进四　将6平5
26. 炮四平五　将5平6　27. 炮一平四

第64局　无限风光

图64，红先胜：

1. 车一进六　士5退6
2. 炮三平五　炮7平5
3. 炮二进一　士6进5

如改走将5进1，则车一退一，将5进1，兵七平六，将5平6，兵二平三，红方胜。

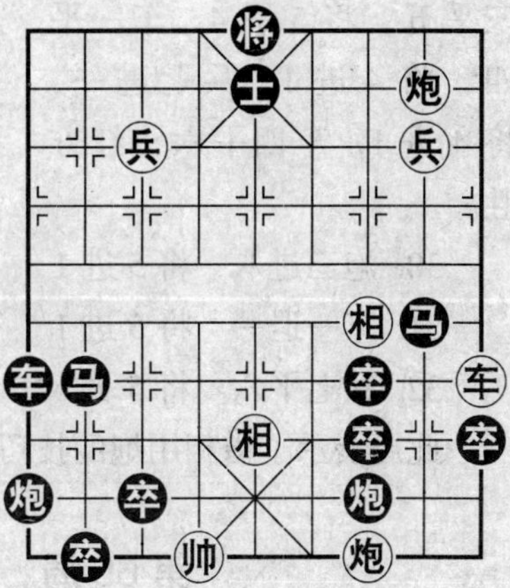

图64

4. 炮二退五　士5退6
5. 相五退七　炮5平9
6. 相三退五　炮9平5
7. 相五退三　炮5平9
8. 炮二平五　炮9平5
9. 炮五平三　炮5平9　10. 相七进五　炮9平5

11. 炮三进五　士 6 进 5　12. 炮三退四　士 5 退 6
13. 相五进三　炮 5 平 9　14. 相三进五　炮 9 平 5
15. 炮三进四　士 6 进 5　16. 炮三退六　士 5 退 6
17. 相五进七　炮 5 平 9　18. 相三退五　炮 9 平 5
19. 炮三进六　士 6 进 5　20. 炮三退四　士 5 退 6
21. 相五进三　炮 5 平 9　22. 相七退五　炮 9 平 5
23. 炮三进四　士 6 进 5　24. 炮三退七　士 5 退 6
25. 相五进七　炮 5 平 9
26. 相三退五　炮 9 平 5
27. 炮三进七　士 6 进 5
28. 炮三退八　士 5 退 6
29. 相五退七　炮 5 平 6
(图 64 附图)

如改走炮 5 平 4，则炮三平五，将 5 平 4，车一平四，将 4 进 1，兵七进一，将 4 进 1，车四平六，红方胜。

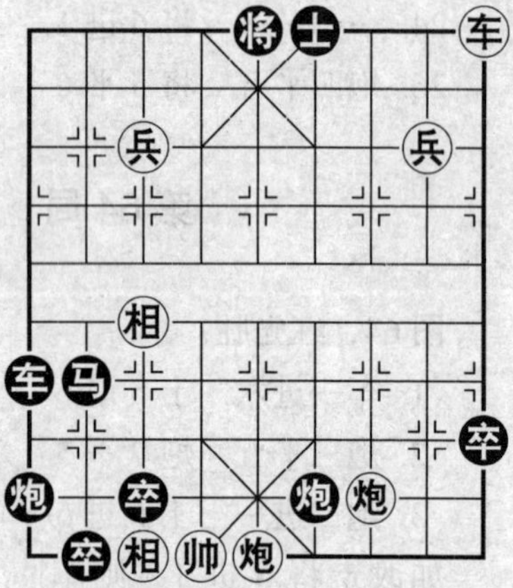

图 64 附图

30. 炮三进八　将 5 进 1
31. 车一退一　将 5 进 1
32. 兵七平六　将 5 平 6　33. 兵二平三

此局展示了借相用炮的技巧。

第 65 局　东征西讨

图 65，红先和：

1. 兵五进一　将 5 退 1　2. 兵五进一　将 5 进 1

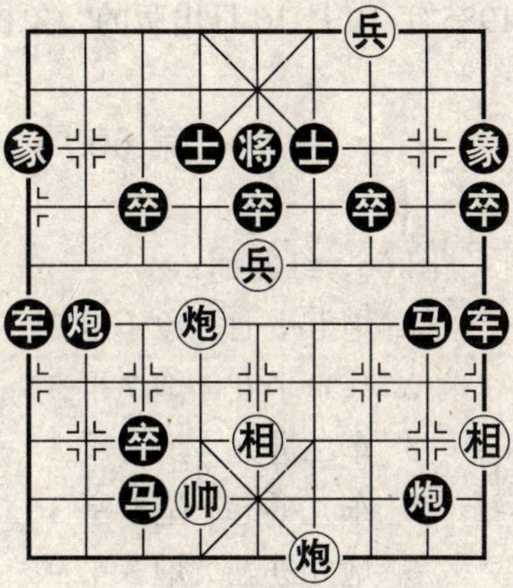

图 65

3. 炮四平五　炮 8 平 5
4. 相五进七　炮 5 平 6
5. 炮六平五　炮 6 平 5
6. 前炮平八　炮 5 平 6
7. 相七退五　炮 6 平 5
8. 相五进三　炮 5 平 6
9. 炮八平五　炮 6 平 5
10. 前炮平六　炮 5 平 6
11. 相三退五　炮 6 平 5
12. 相五进七　炮 5 平 6
13. 炮六平五　炮 6 平 5
14. 前炮平九　炮 5 平 6
15. 相七退五　炮 6 平 5　16. 相五进三　炮 5 平 6
17. 炮九平五　炮 6 平 5　18. 前炮平二　炮 5 平 6
19. 相三退五　炮 6 平 5　20. 相五进七　炮 5 平 6
21. 炮二平五　炮 6 平 5　22. 炮五平四　炮 5 平 6
23. 相七退五　炮 6 平 5　24. 相五进三　炮 5 平 6
25. 炮四平五　炮 6 平 5　26. 前炮平一　炮 5 平 6
27. 相三退五　炮 6 平 5　28. 相五进七　炮 5 平 6
29. 炮一平五　炮 6 平 5　30. 前炮平六　炮 5 平 6
31. 相七退五　炮 6 平 5　32. 相五进三　炮 5 平 6
33. 炮六平五　炮 6 平 5　34. 前炮平七　炮 5 平 6
35. 相三退五　炮 6 平 5　36. 炮七退三　前卒进 1
37. 帅六平五　将 5 退 1　38. 帅五平四　将 5 平 4
39. 炮五平一　象 9 退 7　40. 炮一进六　卒 3 进 1

本局红方双炮二兵对黑方十六子俱全，以和局告终，确属不易。此为孙经存先生生前见诸报刊的最后一则棋局，原载于

1985年10月16日出版的《象棋报》。

第66局　棋局测验

图66，红先和：

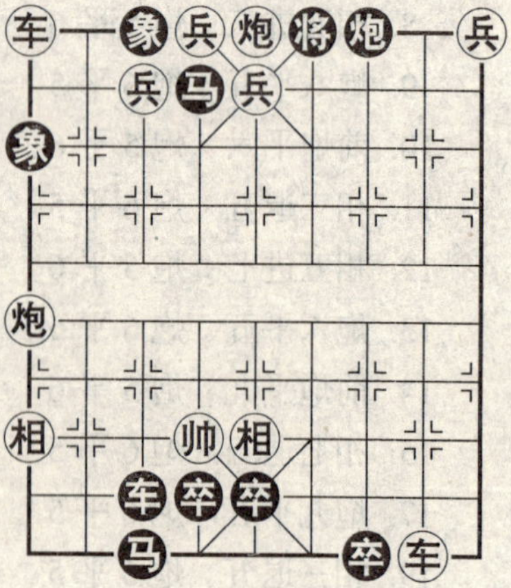

图66

1. 炮五平七　象1退3
2. 兵六平五　炮7平5
3. 车二进九　炮5平8
4. 车九平七　炮8平3
5. 炮九进五　炮3平9
6. 兵七进一　马4退2
7. 兵七平八　车3退8
8. 相九退七　车3平4
9. 炮九平六　炮9平4
10. 兵八平七　炮4进2
11. 兵七平六　炮4平5
12. 相五退三　炮5进1
13. 帅六平五　炮5退1　14. 兵六平五　炮5退2
15. 兵五进一　将6进1

本局原载于《象棋研究》总第9期（1979年2月发行），原题名“棋局测验”。

孙经存等拟局

第67局　岿然不动

图67，红先胜：

1. 车八平六　炮5平4　2. 车六进四　士5进4

如改走将 4 进 1，则车五平六，将 4 平 5，马四进三，红胜。

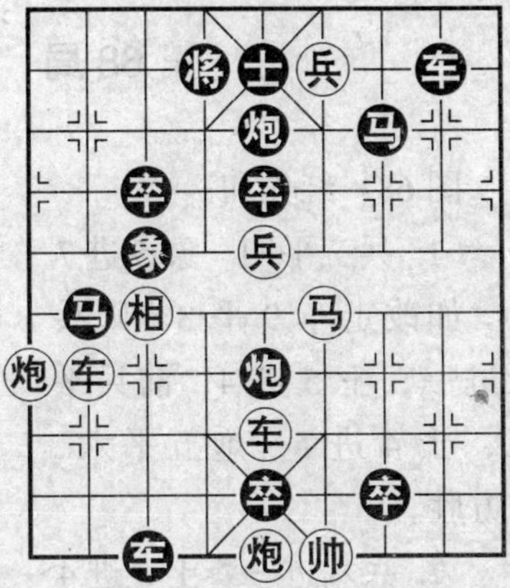

图 67

3. 炮九平六　士 4 退 5
4. 兵五平六　士 5 进 4
5. 兵六平七　士 4 退 5
6. 马四进六　士 5 进 4
7. 马六退五　士 4 退 5
8. 兵七平六　士 5 进 4
9. 兵六平五　士 4 退 5
10. 马五进六　士 5 进 4
11. 马六退八　士 4 退 5
12. 兵五平六　士 5 进 4　13. 马八进七　将 4 退 1
14. 马七进八　将 4 进 1

如改走将 4 平 5，则马八退六，将 5 平 4，兵六平七，红方胜。

15. 兵六平七　士 4 退 5　16. 马八退六　将 4 进 1
17. 兵七平六　将 4 平 5　18. 炮六平五　将 5 平 4
19. 兵六进一　将 4 退 1　20. 炮五平六　士 5 进 4
21. 兵六平五　士 4 退 5　22. 兵五平六　士 5 进 4
23. 兵四平五　马 7 退 5

如改走将 4 退 1，则兵六进一，红方胜。

24. 车五进六　车 8 平 5　25. 兵六平五

此局系孙经存与苏德龙合拟。

第68局 花开似锦

图68，红先和：

1. 兵三平四　象5进7

如改走车9平8，则兵六进一，士5进4，前兵平五，士4进5，炮五平六，红方胜。

2. 兵六进一　士5进4
3. 后兵平五　卒3进1
4. 帅六进一　卒6平5
5. 帅六进一　车9进5
6. 相七退五　车9平5
7. 帅六平五　象7退5
8. 帅五退一　士4退5

此局系孙经存与方长勤、王羽屏合拟。

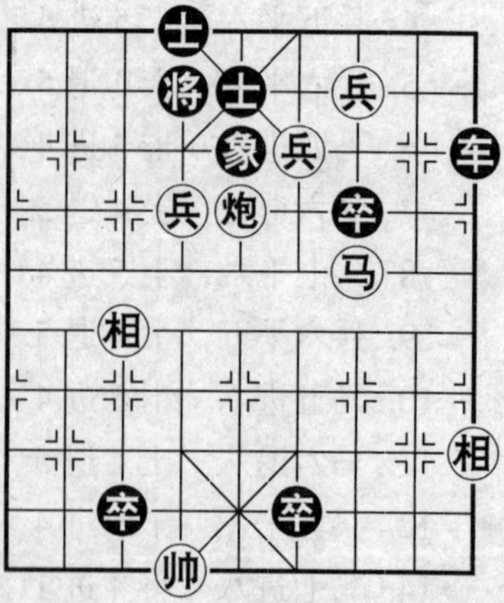

图68

第69局 左右开弓

图69，红先和：

1. 兵三平四　将6进1
2. 后炮平四　士6退5
3. 车三平四　士5进6
4. 车四平二　士6退5
5. 车二平四　士5进6

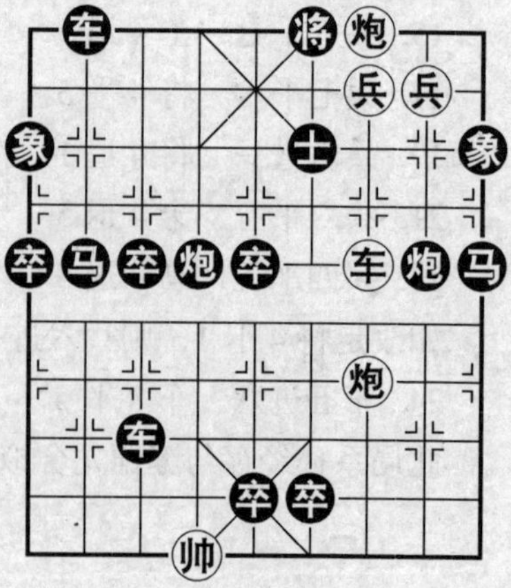

图69

6.	车四平一	士6退5	7.	车一平四	士5进6
8.	车四平五	士6退5	9.	车五平四	士5进6
10.	车四平六	士6退5	11.	车六平四	士5进6
12.	车四平七	士6退5	13.	车七平四	士5进6
14.	车四平八	士6退5	15.	车八平四	士5进6
16.	车四平九	士6退5	17.	车九平四	士5进6
18.	兵二平三	将6退1	19.	车四平八	将6平5
20.	车八进四	象1退3	21.	车八平七	车3退7
22.	炮三平七	卒6进1	23.	炮七退九	卒6平5
24.	炮七平五	卒5进1	25.	帅六进一	

此局系孙经存与崔鸿传、陈建新合拟。

第70局　网开三面

图70，红先胜：

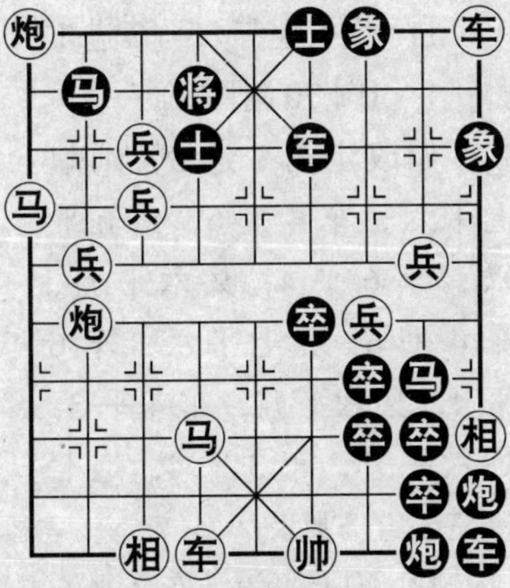

图70

1. 前兵进一　将4退1

如改走将4平5，则炮八进四，将5退1（如将5进1，炮九退二，士4退5，后兵进一，士5进4，后兵平六，将5平4，马九进七，红方胜），炮八进一，将5进1，炮九退一，将5退1，前兵进一，将5进1，马九进八，将5进1，马八进六，将5退1，车一退一，车6退1，车一平四，将5退1，马六退七，红方胜。

2. 前兵进一

如改走炮八平六，则将4平5，前兵进一，将5进1，车一退一，车6退1，黑方胜定。

2. ………… 将4进1　3. 车一退一

如改走炮九退一，则马2进1，车一退一，士4退5，马六退五，车6平4，以下着法同正变。

3. ………… 士4退5　4. 炮九退一

如改走马六退五，则马2进4，炮八平六，马4退6，后兵平六，士5进4，兵六进一，将4平5，兵六进一，将5进1，黑方胜。

4. ………… 马2进1　5. 马六退五　车6平4
6. 炮八平六　车4平6　7. 后兵平六　车6平4
8. 兵六平五　车4平3　9. 炮六平七　车3平4
10. 炮七进四　马1退2
11. 炮七退三　马2进1

(图70附图1)

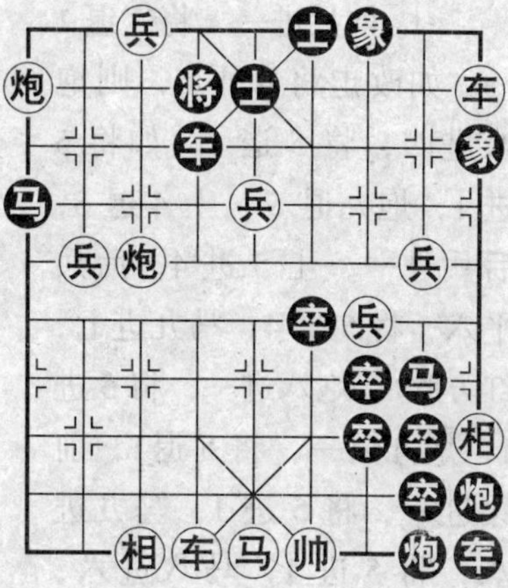

图70附图1

如改走马2进3，则炮七平六，车4平6，兵五平六，车6平4，兵六平七，车4平6，兵七平六，车6平4，兵六平五，车4平3，炮六平七，车3平4，炮七进三，红方胜。

12. 炮七平六　车4平6
13. 炮六平三　车6平4

14. 炮三进三　士5进6　15. 炮三退五　士6退5
16. 炮三平六　车4平3　17. 炮六平七　车3平4
18. 炮七进五　马1退2　19. 炮七退三　马2进1
20. 炮七平六　车4平6　21. 炮六平三　车6平4
22. 炮三进三　士5进6　23. 炮三退六　士6退5
24. 炮三平六　车4平3　25. 炮六平七　车3平4
26. 炮七进六　马1退2　27. 炮七退三　马2进1
28. 炮七平六　车4平6　29. 兵五平六　车6平4
30. 兵六平七　车4平6　31. 炮六平三　车6平4
32. 炮三进三　士5进6　33. 炮三退二　士6退5
34. 炮三平六　车6平4　35. 炮六平二　车6平4
36. 炮二进二　士5进6　37. 炮二退五　士6退5
38. 炮二平六　车4平6　39. 后兵平六　车6平4
40. 兵六平五　车4平3　41. 炮六平七　车3平4
42. 炮七进五　马1退2　43. 炮七退三　马2进1
44. 炮七平六　车4平6　45. 兵五平六　车6平4
46. 兵六平七　车4平6　47. 炮六平三　车6平4
48. 炮三进三　士5进6　49. 炮三退二　士6退5
50. 炮三平六　车4平6　51. 炮六平二　车6平4
52. 炮二进二　士5进6　53. 炮二退六　士6退5
54. 炮二平六　车4平6　55. 后兵平六　车6平4
56. 兵六平五　车4平3　57. 炮六平七　车3平4
58. 炮七进六　马1退2　59. 炮七退三　马2进1
60. 炮七平六　车4平6　61. 兵五平六　车6平4
62. 兵六平七　车4平6　63. 炮六平三　车6平4
64. 炮三进三　士5进6　65. 炮三退二　士6退5
66. 炮三平六　车4平6　67. 炮六平二　车6平4

68. 炮二进二　士5进6
69. 炮二退七　士6退5
(图70附图2)
70. 炮二平六　车4平6
71. 马五进六　车6平4
72. 马六进八　车4平6
73. 马八进六　车6平4
74. 马六进五　车4平5
75. 后兵平六

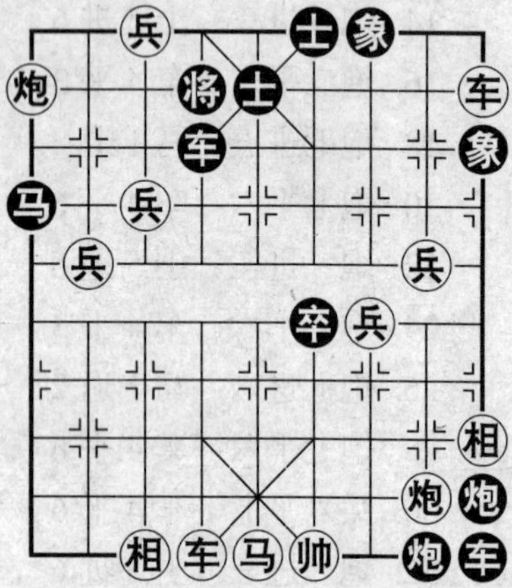

图70附图2

本局孙经存原作，陈建新修订，首创三面照将的长着排局。笔者在上世纪80年代初去拜望孙经存先生时，曾询问起该局的创作经过。他讲，这个排局创作于1951年，当时受福州林幼如创作长照排局启示而作，后发表于《象棋月刊》1952年9月第30期。20多年后，浙江瑞安排局家陈建新先生发现此局有误，于1975年3月征得孙先生认可对原局图修改，后来发表于1988年第1期《棋友》月刊。不意在90年代，陈建新重新排演发现仍有错。1995年第2期《棋海新友》月刊发表二次修订局势。其后有多位棋友指出，再修订局图有速胜着法。陈建新三次修订，方始觉得如图70稳妥。这一修订图及着法，刊载于《棋海新友》月刊1995年第5期。一则旧作，后人不厌其烦，再三修订。笔者为孙先生巧思而击节，为陈先生精益求精而感动。